Hans-Uwe Otto · Holger Ziegler (Hrsg.)

Capabilities – Handlungsbefähigung und
Verwirklichungschancen in der Erziehungswissenschaft

Hans-Uwe Otto · Holger Ziegler (Hrsg.)

Capabilities – Handlungsbefähigung und Verwirklichungs- chancen in der Erziehungswissenschaft

2. Auflage

VS VERLAG FÜR SOZIALWISSENSCHAFTEN

Bibliografische Information der Deutschen Nationalbibliothek
Die Deutsche Nationalbibliothek verzeichnet diese Publikation in der
Deutschen Nationalbibliografie; detaillierte bibliografische Daten sind im Internet über
<http://dnb.d-nb.de> abrufbar.

1. Auflage 2008
2. Auflage 2010

Lektorat: Stefanie Laux

VS Verlag für Sozialwissenschaften ist Teil der Fachverlagsgruppe
Springer Science+Business Media.
www.vs-verlag.de

Umschlaggestaltung: KünkelLopka Medienentwicklung, Heidelberg
Satz: Anne Fuchs, Pfofeld-Langlau
Druck und buchbinderische Verarbeitung: Ten Brink, Meppel
Gedruckt auf säurefreiem und chlorfrei gebleichtem Papier
Printed in the Netherlands

ISBN 978-3-531-16760-2

Inhaltsverzeichnis

I Einleitung

II Politisch-theoretische Grundlegungen

III Erziehungswissenschaftliche Perspektiven

IV Anschlüsse an Bildungstheorie und Bildungsforschung

I. Einleitung

Hans-Uwe Otto / Holger Ziegler

Der Capabilities-Ansatz als neue Orientierung in der Erziehungswissenschaft

Der mit den Namen des indischen Ökonomen und Nobelpreisträgers Amartya Sen (1992, 2000, vgl. Klasen/Günther 2006) und der US-amerikanischen Philosophin Martha Craven Nussbaum (vgl. 1999, 2006) verbundene Capabilities-Ansatz ist ein international zunehmend diskutierter, gerechtigkeitstheoretischer Ansatz, der die Frage nach einem guten Leben bzw. einer gelingenden praktischen Lebensführung in den Mittelpunkt stellt[1]. Der primäre Fokus von Sens *Capability Approach* ist das Arrangement differenter Handlungs- und Daseinsweisen, über das je unterschiedliche Menschen verfügen und damit verbunden die Frage nach ihren positiven Freiheiten, sich für ein als erstrebenswert betrachtetes Leben entscheiden zu können. Demgegenüber schlägt Martha Nussbaum mit ihrem *Capabilities Approach* eine „objektive Liste" fundamentaler Möglichkeiten und Befähigungen vor, die sie als Grundlage eines erfüllten, gedeihlichen Lebens („human flourishing") im Sinne komplexer menschlicher Zustände und Handlungsweisen begründet.

Amartya Sen und insbesondere Martha Nussbaum schließen sich dabei mit ihren Begründungen des Capabilities-Ansatzes an eine aristotelische Ethik an, die im „tugendhaften Charakter" eine wesentliche Bedingung zur Führung eines solchen guten Lebens sieht. Ein solcher tugendtheoretischer Fokus ist für eine Erziehungswissenschaft attraktiv, die sich auf die Komplexität von Lebenswelten und Lebensführungen bezieht und auf AkteurInnen „mit einer konkreten Geschichte, Identität und affektiv-emotionalen Verfassung" (Benhabib 1989: 460) sowie auf Fragen von „Kultur, also von Haltungen, Einstellungen und symbolisch artikulierten Lebensentwürfen" (Brumlik 2007: 82). Der aristotelischen Tradition folgend, nimmt der Capabilities-Ansatz über Regeln, Standards, Prinzipien und rationale Abwägungen hinaus auch Bedürfnisse, Neigungen, Empfindungen, Haltungen, Erlebnisperspektiven, Sinn- und Symbolsysteme sowie ästhetische Handlungsmotivationen der AkteurInnen in den Blick und verweist darauf, dass ein gutes Leben nicht nur ein individuelles, sondern immer auch ein soziales Projekt ist.

Mit seinem Bezug auf die aristotelische Tugendlehre stellt sich der Capabilities-Ansatz jedoch zugleich in eine Tradition, derzufolge sich ein gutes Leben dann einstellt, wenn Menschen ihr Leben gemäß einer spezifischen, ihnen ei-

---

1 Dies ist auch der Gegenstand der Pädagogik als Disziplin und Profession, wenn es ihr – wie beispielsweise in Rousseaus Emile – um das Glück oder, moderner formuliert, um einen gelingenderen Alltag, Wohlergehen (Well-Being) oder Lebensqualität geht.

gentümlichen dispositionalen Anlage und Natur, führen (vgl. Quante 2003). Diese Prämisse alleine ist Anlass genug, um dem Capabilities-Ansatz mit Skepsis zu begegnen. Denn eine solche Konzeptualisierung eines guten Lebens behauptet zumindest, über ein Grundverständnis darüber zu verfügen, was ein „wahres menschliches Leben" (Marx 1968) sei, um aus diesem eine objektive Bestimmung des Guten und eines gut geführten, erfüllten Lebens abzuleiten. Jeder Versuch, ein gutes, geglücktes oder glückliches Leben in einer solchen Weise substanziell zu bestimmen, gerät in den Verdacht eines metaphysisch-teleologischen Essentialismus. Zumal, wenn in gängigen Interpretationen der aristotelischen Tugendtheorie das gute Leben im Sinne einer Erfüllungen essentieller Anlagen und Fähigkeiten und nicht als Selbstverwirklichung individueller Originalität und Einzigartigkeit in den Blick genommen wird (kritisch: Nussbaum 1999), münden hierauf berufende „Werde-der-du-bist"-Theorien eines gelingenden Lebens (vgl. Horn 2006) schnell in rückwärtsgewandte Formen der Modernisierungskritik, wie sie sich etwa in traditionalistischen Naturrechtsbegründungen aber auch im Zuge des Erstarkens eines neo-konservativen Kommunitarismus finden. Über diese Tradition legitimieren sich auch pädagogische Versuche, verbindlich zu entscheiden, „was die Menschen als ihr Glück anzusehen hätten" (Seel 1998: 113) und das, was für alle gut sei, auf die Lebensführung beliebiger Dritter zu dekretieren. Eine solche Pädagogik wäre autoritär und stünde aufgeklärten, emanzipatorischen erziehungswissenschaftlichen Konzeptionen diametral entgegen: Eine allgemeinverbindliche inhaltlich ausgeführte Festlegung des Guten kommt einer Infragestellung liberaler und wertpluralistischer Grundprämissen gleich, die sich die Erziehungswissenschaft auch in der Auseinandersetzung mit ihrer eigenen Geschichte und Wirkung mit guten Gründen zu Eigen gemacht hat. Die Dekretierung einer materialen Formulierung des Guten würde nicht nur einer anti-pluralistischen und tendenziell totalitären Anmaßung gleichkommen und „zu einem unerträglichen Paternalismus führen" (Habermas 1996: 42), sondern wäre auch von Beginn an begründungslogisch kaum zu rechtfertigen. Denn die „Beteiligten müssten vor jeder moralischen Überlegung bereits wissen, was denn das für alle gleichermaßen Gute ist [...]. Aber niemand kann aus der Beobachterperspektive schlicht feststellen, was eine beliebige Person für gut halten soll. In der Bezugnahme auf ‚beliebige' Personen steckt eine Abstraktion, die auch den Philosophen[, die Lehrerin oder die Sozialpädagogin d. Verf.] überfordert" (Habermas 1996: 44).

Entwürfe, die vorgeben, über politisch und moralisch stets umstrittene Konzeptionen – wie der des Guten – „objektiv" entscheiden zu können, münden schnell in Ideologien, die mit modernen Autonomiekonzeptionen kaum zu vereinbaren sind. Der Capabilities-Ansatz gehört nicht zu diesen Ideologien. Zwar baut er auf einer „starken vagen Konzeption des Guten" (Nussbaum 1995: 456) auf und richtet sich auf die Schaffung und Aufrechterhaltung der sozialen Bedingungen, die es Individuen erlauben, ein gelingendes Leben zu führen. Es sei, so argumentiert Martha Nussbaum, die wesentliche öffentliche Aufgabe, jedem Bürger „die materiellen, institutionellen sowie pädagogischen Bedingungen zur Verfügung zu stellen, die ihm einen Zugang zum guten menschlichen Leben eröffnen und ihn in die Lage versetzen, sich für ein gutes Leben und Handeln zu entscheiden" (Nussbaum 1999: 24). Allerdings zielt der Capablities-Ansatz weder darauf, den AkteurInnen von außen zu oktroyieren, was sie als das Gute zu verstehen hätten, noch darauf, ihren Handlungs- und Daseinsfreiraum auf dieses Ziel hin zu verengen, noch befürwortet er (staatlichen) Zwang „to force people into excellence" (Hurka 1993: 147). Im Gegenteil: Der Capabilities-Ansatz repräsentiert einen jener modernen, liberalen Ansätze der Bestimmung des Guten, die nicht von einem allgemeinen view from nowhere aus, sondern *„aus der hypothetischen Perspektive eines beliebigen einzelnen* [fragen], was es für sie oder ihn bedeuten kann, nach Wohlergehen und Glück zu streben und Leid, Not, Unglück (soweit es denn geht) zu vermeiden"[2] (Seel 1998: 114) und denen es mit Blick auf die Ermöglichung eines guten Lebens um den Spielraum von Selbstbestimmung und Autonomie geht.

Der Capabilities-Ansatz nimmt diesen Fokus auf die Möglichkeits- und Freiheitsspielräume von Menschen, ihr eigenes Leben zu führen, systematisch ernst, indem er zwischen „Funktionsweisen" (*functionings*) und Verwirklichungschancen bzw. Befähigungen (*capabilities*) unterscheidet. Funktionsweisen beziehen sich darauf, ob Menschen tatsächlich etwas Bestimmtes sind oder tun. Demgegenüber richtet sich die Perspektive der Capabilities auf die *objektive Menge* an Möglichkeiten, *unterschiedliche Kombinationen* bestimmter Qualitäten von Funktionsweisen zu verwirklichen. Aus der Perspektive der Verwirklichungschancen geht es also um die *reale, praktische Freiheit* der Menschen, sich für oder gegen die Realisierung bestimmter Funktionen bzw. Lebensführungsweisen *entscheiden* und d. h. eine eigene Konzeption des guten Lebens entwickeln und realisieren zu können (vgl. Sen 1992, 1999). Diese objektiven Realfreiheiten – und nicht bestimmte Funktionsweisen als solche – werden als das zu fördernde Gut verstanden[3]. Mit dem Capabilities-Ansatz geht es also weniger um die Etablierung eines Zwangs oder einer Disziplinierung zum „Guten", sondern um die Formulierung von grundlegenden Gelegenheiten und Befähigungen auf deren Ermöglichung Menschen Anspruch haben und die sich als ein Funda-

---

2 Die wesentliche Frage, so erläutert Martin Seel an der selben Stelle, lautet dann nicht, ‚Was wäre für alle Menschen das Beste', sondern [...] ‚Was kann ich (im Vollzug meines Lebens) wollen?'" (Seel 1998: 114).

3 Wie Martha Nussbaum (2000: 87-88) hierzu erläutert, manifestiert sich ein gutes und vollständiges Leben zwar nur als real gelebtes Leben, d.h. in den tatsächlich verwirklichten Funktionsweisen und nicht in hypothetischen, potentiellen Optionalitäten, aber „nichtsdestoweniger ist es für politische Zielsetzungen angemessen, dass wir auf die Befähigungen zielen – und nur auf diese. Ansonsten muss es den BürgerInnen freigestellt sein, ihr Leben selbst zu gestalten. [... Denn] selbst wenn wir sicher wüssten, worin ein gedeihliches Leben besteht und dass eine bestimmte Funktionsweise dafür eine wichtige Rolle spielt, würden wir Menschen missachten, wenn wir sie dazu zwängen, diese Funktionsweise zu realisieren" (*eigene Übersetzung*).

ment für die Verfolgung und Verwirklichung der verschiedensten Entwürfe eines guten Lebens verstehen lassen[4] (vgl. Nussbaum 2000).

Das aus der Perspektive des Capabilities-Ansatzes entscheidende Maß ist mithin die Reichweite und Qualität des Spektrums sowie die Menge effektiv realisierbarer, hinreichend voneinander unterscheidbarer Möglichkeiten und Fähigkeiten von Menschen, für ihre eigene Konzeption eines guten Lebens wertvolle Handlungen und Daseinszuständen realisieren zu können. Dieses Maß ist *empirisch* mess- und rekonstruierbar.

Der Capabilities-Ansatz bietet die Möglichkeit, im Spannungsverhältnis zwischen einer sich geisteswissenschaftlich und einer sich sozialwissenschaftlich verortenden Erziehungswissenschaft zu vermitteln und diese im Sinne einer gerechtigkeitstheoretisch angelegten und empirischen fundierten Bildungsforschung weiterzuentwickeln. Dabei stellt der Capabilities-Ansatz die Erziehungswissenschaft vor die Aufgabe, eine relationale Perspektive zu entwickeln, die es erlaubt, den materiell, kulturell und politisch-institutionell strukturierten Raum *gesellschaftlicher Möglichkeiten* in Beziehung zum *akteursbezogenen* Raum der *individuellen Handlungs- und Selbstaktualisierungsfähigkeiten* ihrer AdressatInnen zu setzen. Diese Ermöglichungen und Befähigungen zusammen bestimmen die objektiven Chancen auf Wohlergehen im Sinne eines guten, gelingenden oder „glückseligen" Lebens. Das in dieser Form zu bestimmende gute Leben ist der zentrale Zielbegriff und Nutzwert der hier vorgeschlagenen gesellschaftsreflexiven Neufundierung einer Erziehungswissenschaft und einer neuen Bildungsforschung, die auf mehr zielt als auf effektive Humankapitalproduktion und Employabilitätssicherstellung.

---

4 Die von Martha Nussbaum hierzu vorgeschlagene „objektive Liste" grundlegender menschlicher Capabilities umfasst die Ausbildung von spezifischen körperlichen Konstitutionen, sensorischen Fähigkeiten, Denkvermögen und grundlegenden Kulturtechniken, die Vermeidung von unnötigem Schmerz, die Gewährleistung von Gesundheit, Ernährung und Schutz, die Möglichkeit und Fähigkeit zu Bindungen zu anderen Menschen, anderen Spezies und zur Natur, zu Genuss, zu sexueller Befriedigung, zu Mobilität und schließlich zu praktischer Vernunft und zur Ausbildung von Autonomie und Subjektivität. Ein auf der Grundlage dieser Capabilities fundierter Ansatz, so argumentiert Martha Nussbaum (2000: 88), „kommt dem Ansatz von Rawls sehr nahe, der den Begriff der Primärgüter verwendet. Wir können diese Liste von Capabilities als eine lange Liste von Möglichkeiten für Handlungen und Daseinszustände betrachten, so dass es unabhängig davon, was man ansonsten begehrt, immer vernünftig ist über diese verfügen zu wollen" (*eigene Übersetzung*).

Literatur

Benhabib, S., 1989: Der verallgemeinerte und der konkrete Andere. Ansätze zu einer feministischen Moraltheorie. In: *List, E./Studer, H.* (Hg.): Denkverhältnisse. Frankfurt a. M.: Suhrkamp.

Brumlik, M., 2007: Soll ich je zum Augenblicke sagen ... Das Glück: Beseligender Augenblick oder erfülltes Leben? In: *Kessl, F./Reutlinger, Ch./Ziegler, H.* (Hg.): Erziehung zur Armut? Soziale Arbeit und die 'neue Unterschicht'. Wiesbaden: VS Verlag für Sozialwissenschaften.

Habermas, J., 1996: Eine genealogische Betrachtung zum kognitiven Gehalt der Moral. In: *Habermas, J.*: Die Einbeziehung des Anderen. Studien zur politischen Theorie. Frankfurt a. M.: Suhrkamp.

Horn, Ch., 2006: Glück/Wohlergehen. In: *Düwell, M./Hübenthal, Ch./Werner, M.* (Hg.): Handbuch Ethik. Stuttgart/Weimar: Metzler.

Hurka, Th., 1993: Perfectionism. Oxford: Oxford University Press.

Klasen, S./Günther, I. (Hg.), 2006: Amartya Sen: Perspectives on the Economic and Human Development of India and China. Göttingen: Universitätsverlag.

Marx, K., 1968: Ökonomisch-philosophische Manuskripte. In: MEW 40 (Ergänzungsband 1) Berlin (Ost): Dietz.

Nussbaum, M., 1995: Human Functioning and Social Justice: in Defence of Aristotelian Essentialism. In: *Tallack, D.* (Hg.): Critical Theory: A Reader. New York: Harvester Wheatsheaf.

Nussbaum, M., 1999: Gerechtigkeit oder das gute Leben. Frankfurt a. M.: Suhrkamp.

Nussbaum, M., 2000: Women and Human Development. The Capabilities Approach. Cambridge: Cambridge University Press.

Nussbaum, M., 2006: Frontiers of Justice. Cambridge: Harvard University Press.

Quante, M., 2003: Einführung in die Allgemeine Ethik. Darmstadt: Wissenschaftliche Buchgesellschaft.

Seel M., 1998: Wege einer Philosophie des Glücks. In: *Schummer, J.* (Hg): Glück und Ethik. Würzburg: Königshausen & Neumann.

Sen, A., 1992: Inequality Re-examined. Oxford: Oxford University Press.

Sen, A., 2000: Ökonomie für den Menschen. Wege zu Gerechtigkeit und Solidarität in der Marktwirtschaft. München: DTV.

II. Politisch-theoretische Grundlegungen

Peter Dabrock

Befähigungsgerechtigkeit als Ermöglichung gesellschaftlicher Inklusion

1 Einleitung

Soziale Gerechtigkeit gilt vielen – vor allem in Deutschland – noch immer als ein zuhöchst attraktiver Wert politischen Zusammenlebens, der auch als gesellschaftliche Norm zu etablieren sei. Nicht nur in der politischen Rhetorik, sondern auch in der Sozialtheorie und politischen Philosophie schillert der Begriff vielfach. Er ringt vor dem anthropologisch nicht zu bestreitenden Spannungsverhältnis von Kooperationswilligkeit und Konkurrenz- und Konfliktbeladenheit menschlichen Zusammenlebens um die rechte gesellschaftliche Verhältnisbestimmung von „Freiheit" und „Gleichheit". Angesichts dieser grundlegenden Konstellation führt er den Grundgedanken des allgemeinen Gerechtigkeitsverständnisses, die gerechtfertigte und gleichmäßige Berücksichtigung des jedem jeweils Angemessenen,[1] einer Begründung, Begrenzung und Umsetzung in der modernen, d. h. funktional ausdifferenzierten und weltanschaulich pluralen Gesellschaft zu.

Im Folgenden soll gezeigt werden, wie der Begriff der Befähigungsgerechtigkeit, so wie er maßgeblich im neuesten Buch von Martha Nussbaum „Frontiers of Justice" (Nussbaum 2006)[2] entwickelt worden ist, den entscheidenden Schlüssel für ein begründungs- und anwendungsfähiges Verständnis sozialer Gerechtigkeit bereit stellen und dabei zugleich mit Gelingensbildern kultursprachlich partikularer Traditionen gekoppelt werden kann, ohne umgekehrt mit diesen identifiziert werden zu müssen.[3] *Begründungstheoretisch* ist dabei zu

---

1 Mit dieser hier nicht weiter zu entfaltenden Definition wird zum einen die alten Bestimmung von Gerechtigkeit „suum cuique tribuere" aufgegriffen, zum anderen wird sie von der Distributionskonnotation abgerückt, schließlich gleichzeitig um das Element der Universalisierung ergänzt.

2 Seitenzahlen im Text ohne weitere Referenzangabe beziehen sich auf Nussbaum 2006.

3 Zu diesem Punkt hier nur in aller Kürze: Die obige Formulierung soll andeuten, dass Fragen der Gerechtigkeit nicht ohne Rückbezug auf Vorstellungen des guten Lebens gestellt, geschweige denn beantwortet werden können. Damit wird nicht per se das bekannte Axiom politischer Philosophie, das einen Vorrang des Gerechten vor dem Guten (vgl. Rawls 1998: 266-311) behauptet, in Frage gestellt. Doch bieten sich gegenüber einer pauschalen Verwendung dieses Axioms Differenzierungen an: Es sollte zunächst nur *rechtsstaatlich* als Axiom verstanden werden. In *genealogischer* Perspektive gibt es demgegenüber einen Vorrang des Guten vor dem Gerechten, wenn oder insofern sich das Gerechte als Kernbestand unterschiedlicher Gelingensmodelle menschlicher Lebensführung herauskristallisiert hat. Trotz Universalisierungsstrategien forensischer Ethiken wie der des kategorischen Imperativs bieten die ursprünglichen kulturellen partikularen Prägungen einen interpretatorischen, motivationalen

bedenken, wie der Befähigungsgerechtigkeitsansatz die beiden Zentralfragen des aktuellen Diskurses zur sozialen Gerechtigkeit „why equality?" und „equality of what?" und ihr wechselseitiges Verhältnis berücksichtigen kann. *Anwendungstheoretisch* gilt es zu zeigen, dass der Befähigungsansatz von sich aus die Brücke zum Implementierungsdiskurs bauen kann, ohne selbst – was nicht Sinn einer sozialethischen Theorie sein kann – politische Entscheidungen treffen zu müssen. Nur wenn der Befähigungsgerechtigkeitsansatz intrinsisch-konzeptionell den Übergang zu möglichen Anwendungen unter Realbedingungen vorbereiten kann, wird er sich nicht dem Verdacht eines modelltheoretischen Fehlschlusses aussetzen, der immer dann eintritt, wenn ohne strukturelle Kopplung von idealisierenden Modellen auf Realsituationen geschlossen wird. Begründungs- und anwendungstheoretische Perspektive greifen im Nussbaum'schen Ansatz ineinander und sollen im Folgenden jeweils durch die Rekonstruktion der Zentralgedanken dieses Entwurfes sowie seiner Abgrenzungsbemühungen gegenüber konkurrierenden Modellen erschlossen werden. In einem abschließenden Kapitel werden einige Weiterführungen über die politiktheoretische Fokussierung der Nussbaum'schen Vorgaben hinaus angedeutet.

---

und reproduktiven Hintergrund, der von einer reinen Überprüfungsfunktion moraltheoretischer Reflexionsanstrengungen nicht ersetzt werden kann. In einer *kulturtheoretisch-soziologischen* Perspektive können rechtsstaatliche und genealogische Perspektive so verbunden werden, dass eine Vorstellung des Guten die Beweislast trägt, ob sie die im *overlapping consensus* einer Gesellschaft erreichten Standards des Gerechten in sich integrieren kann. In einer *kulturstaatspolitischen* Perspektive erscheint es legitim, dass der Staat solche umfassenden Lebensdeutungen fördert, die sich ihrerseits an der Kultivierung des in seinem Zuständigkeitsbereich gesellschaftlich anvisierten Gerechten beteiligen. Mit solchen Förderungen, die z. T. über das Rechtsinstitut der Körperschaft öffentlichen Rechts, aber auch schon über das Vereinsrecht geregelt sein können, gibt er seine weltanschauliche Neutralität nicht auf. Ausführungen an anderer Stelle muss vorbehalten sein zu zeigen, wie die biblisch-jüdisch-christliche Tradition im Sinne dieser unterschiedlichen Ausprägungen zur Gestaltung eines zwischen Begründung und Anwendung, zwischen Theorie und Praxis vermitteln könnenden Gerechtigkeitsbegriffs beigetragen hat und weiterhin beiträgt. Hingewiesen sei nur auf die Herausbildung und Beförderung eines jeweils in Zeit-, Sach- und Sozialdimension sich immer wieder als überaus konfliktsensibel erweisenden Sinns für Ungerechtigkeit, der alttestamentlich vor allem zurückgebunden ist an das Exodus-Motiv der Befreiung aus der Sklaverei und der neutestamentlich sein Zentrum in der Kreuzesbotschaft findet. Diese verdichtet die geglaubte Zuwendung Gottes zu den Menschen, der die Gläubigen in ihrem Tun zum Wohle ihrer Nächsten entsprechen sollen, ohne sich selbst noch um ihr Heil bemühen zu müssen, weil dafür nach ihrem Glauben durch Gottes Evangelium bereits gesorgt ist. Zum Motiv eines Sinns für Ungerechtigkeit, der nicht einfach nur als Vorstufe eines Gerechtigkeitssinns verstanden werden kann, weil er gegenüber diesem einem aus einer *memoria passionis* gespeisten, protestkommunikativen Überschuss besitzt, vgl. in vornehmlich philosophisch-inhaltlicher Perspektive Shklar 1992; Liebsch 2003, in eher ethisch-methodologischer Perspektive Dabrock 2005, in theologisch-inhaltlicher Perspektive Lebacqz 1987; zum weiteren Überblick insgesamt Kaplow/Lienkamp 2005. Die Beantwortung der Frage, wie weit über das Gesagte hinaus eine theologische Theorie der sozialen Gerechtigkeit die geglaubte göttliche Gerechtigkeit als Stachel einer Konzeption menschlicher Gerechtigkeit nutzen kann, hängt von hier nicht weiter debattierbaren fundamentaltheologischen Entscheidungen ab.

2 Die umstrittene Semantik von „soziale Gerechtigkeit"

Als Ausgangspunkt der neueren Debatte um soziale Gerechtigkeit, der es um die angemessene konzeptionelle Verhältnisbestimmung von „Freiheit" und „Gleichheit" (Rawls 2003: 20; Steinvorth 1999: 40-43) unter Berücksichtigung der Grundelemente des allgemeinen Gerechtigkeitsverständnisses – der gerechtfertigten und gleichmäßigen Berücksichtigung des jedem jeweils Angemessenen – geht, wird allgemein John Rawls' *Theorie der Gerechtigkeit* (Rawls 1975) angenommen. Deren Ziel besteht darin, mit Hilfe der methodisch kunstvoll über eine kontraktualistische Urzustandskonstruktion erschlossenen zwei berühmten Gerechtigkeitsprinzipien[4] die Grundstruktur einer wohlgeordneten Gesellschaft zu entwerfen. Diese wiederum muss der Aufgabe genügen, Personen, die als lebenslang kooperationswillig und -fähig vorgestellt werden und sich dabei wechselseitig als frei und gleich betrachten (Rawls 2003: 44), Grundgüter zur Verfolgung rationaler Lebenspläne bereitzustellen (Rawls 2003: 100). Notwendig erscheint diese reziproke Absicherung, insofern die Personen und ihre Lebenspläne beständig durch natürliche und soziale Kontingenzen bedroht sind (Rawls 2003: 96). Auch wenn sich der methodologische Status von einer vom Autor selbst als metaphysisch bezeichneten zu einer politischen Theorie verändert (Rawls 1998: 9-64) und das Urzustandsmodell einen weniger wichtigen, der *overlapping consensus* in der Rekonstruktion der wohlüberlegten moralischen Urteile einen wichtigeren Status erhält, bleibt Rawls' Ansatz insgesamt doch dem Typus begründungstheoretischer und verfahrensorientierter Modelle verhaftet (Nussbaum 2006: 22-25, 107f.). Weil die Modellierung der wohlgeordneten Gesellschaft vom Bild des *gleichen*, kooperationswilligen und -fähigen Bürgers ausgeht, sind es die *Ungleichheiten*, die begründungstheoretisch zu rechtfertigen sind (Hinsch 2002). Diese begründungstheoretische These widerspricht allerdings deutlich der Realwelt, in der sich jenseits einer rechtlichen Statusgleichheit mögliche „Gleichheitspräsumtionen" (Schramme 2003: 257), die ja nur durch massive Umverteilungen herstellbar wären, in die Beweislast gestellt sehen. Gemäß dem Motto „wir finden uns schon längst vor" sind angesichts dessen, was ich im lockeren Anschluss an Locke das eigentumstheoretische Axiom der Neuzeit nennen möchte, nicht rechtmäßig erworbene oder übertragene Eigentumsverhältnisse, sondern ihre Aberkennung (durch Umverteilungen) rechtfertigungspflichtig. Auf diesem Axiom beruht bekanntermaßen die erste Kritik am Egalitarismus der begründungstheoretischen Ansätze, pro-

---

4 Vgl. die Formulierung in Rawls 2003: 78: „a) Jede Person hat den gleichen unabdingbaren Anspruch auf ein völlig adäquates System gleicher Grundfreiheiten, das mit demselben System von Freiheiten für alle vereinbar ist. b) Soziale und ökonomische Ungleichheiten müssen zwei Bedingungen erfüllen: erstens müssen sie mit Ämtern und Positionen verbunden sein, die unter Bedingungen fairer Chancengleichheit allen offenstehen; und zweitens müssen sie den am wenigsten begünstigten Angehörigen der Gesellschaft den größten Vorteil bringen (Differenzprinzip)."

minent vertreten durch die *Entitlement*-Theorie von Robert Nozick (Nozick o. J.: 143-170). Sie sieht das einzige Kriterium der sozialen Gerechtigkeit darin, dass Besitz rechtmäßig angeeignet oder auf rechtem Wege übereignet wurde.[5] Die Kommunikationsschwierigkeiten zwischen den führenden Egalitarismusvertretern und ihren ersten Kritikern beruhen offensichtlich darauf, dass strukturell auf unterschiedlichen Ebenen, der eher begründungstheoretischen Ebene bei Rawls und der eher anwendungstheoretischen Ebene bei Nozick, argumentiert wird.

In der Gerechtigkeitsdebatte ist jenseits von Nozicks Intervention zunächst der egalitaristische Grundton prägend geblieben. Die meisten anderen Alternativentwürfe zu John Rawls, die ebenfalls *begründungstheoretisch* argumentierenden Konzeptionen von Ronald Dworkin, Amartya Sen, Richard Arneson, Gerald A. Cohen u. a., aber auch neuere Ansätze wie der von Stephan Gosepath, teilen mit Rawls die gemeinsame Ausgangsfrage „equality of what?" (vgl. zum Überblick: Kymlicka 1996; Pauer-Studer 2000: 66-121; Gosepath 2004). Differenzen ergeben sich hier nur aus abweichenden Antworten auf die gemeinsame Grundfrage, insofern die anvisierten Umverteilungen je nach Ansatz auf eine Gleichheit der Ressourcen, eine Gleichheit des Wohlergehens, eine Gleichheit der Chancen des Wohlergehens oder eine Gleichheit der Fähigkeiten zielen. Man hinterfragt also nicht das sozialethische Prinzip der Gleichheit, sondern die Ungleichheit. Ihre Gemeinsamkeit finden diese Autoren in dem, was Thomas Schramme ihre „Gleichheitspräsumtion" (Schramme 2003: 257) nennt, d. h. der Unterstellung, dass Ungleichheiten und nicht Gleichheitsansprüche rechtfertigungspflichtig sind.

Für die Verhältnisbestimmung von Freiheit und Gleichheit, die das Verständnis der sozialen Gerechtigkeit prägt, bedeutet diese Beurteilung der Rechtfertigungspflicht von Ungleichheit gegenüber Gleichheit zwar nicht, dass man die zentrale Bedeutung von Freiheit insgesamt in Frage stellen würde – alle Autoren sehen sich nämlich in der politikphilosophischen Traditionslinie des Liberalismus. Dennoch werden Eingriffe in die Freiheit (zum Zwecke des Ausgleichs von Ungleichheiten) der Bürger durch eine solche begründungstheoretische Beweislast eher möglich, als wenn man umgekehrt die Gleichheit für rechtfertigungspflichtig erklärt.[6]

---

5 Insofern auch alle Verfahren wertgebunden und von kryptonormativen Prämissen geprägt sind, bietet diese Umstandsbestimmung – ganz entgegen Nozicks eigener Intention – die Möglichkeit, die Art und Weise der Verfahren unterschiedlich auszugestalten. Wer sagt denn, dass nur solche Verfahren, die besonders minimalistisch sind, das Prädikat „auf rechte Art und Weise" erhalten? Warum zählen beispielsweise nicht Bildungschancen zu den notwendigen Verfahrensbedingungen, so dass von einer echten Verfahrensgerechtigkeit ausgegangen werden kann?

6 Das gilt jedenfalls an, wenn man mit einem begründungstheoretischen Argumentationsgang ohne weitere methodische oder inhaltliche Brüche Weichenstellungen für die Anwendungsebene vornehmen will.

Seit Mitte der 1990er Jahre hat sich das Klima jedoch grundlegend geändert. Sei es aufgrund einer stärkeren Ökonomisierung sämtlicher gesellschaftlicher Funktionssysteme, sei es aufgrund einer Erosion traditioneller sozialer Verpflichtungsverhältnisse – jedenfalls gilt auch begründungstheoretisch nicht mehr die Ungleichheit, sondern die Gleichheit als rechtfertigungsbedürftig. Im Diskurs der politischen Philosophie hat sich an die egalitaristische „equality of what?"-Frage die grundsätzlichere „why equality?"-Frage angeschlossen, die von vornherein eine egalitarismuskritische Stoßrichtung besaß. Autoren wie Henry Frankfurt, Joseph Raz, Derek Parfit, Elisabeth Anderson, Wolfgang Kersting, Angelika Krebs oder Thomas Schramme bezweifeln einen konzeptionellen Vorrang von „Gleichheit" gegenüber „Ungleichheit" und setzen damit auf eine stärke Emanzipation des Freiheitsbegriffs von den Klammern der begründungstheoretischen Gleichheitspräsumtion (zum Überblick: Krebs 2000). Entweder – so lauten die Vorwürfe – werde von den Egalitaristen Gleichheit mit Allgemeinheit verwechselt[7], oder man nehme durch die Unterscheidung zwischen auszugleichenden unverdienten Umständen und nicht zu egalisierenden Folgen freier Entscheidungen möglicherweise inhumane Konsequenzen in Kauf, oder aber man unterschlage die Komplexität unserer Gerechtigkeitssemantiken. Die Alternative der Egalitarismuskritiker lautet: Man beschränke sich bei Gerechtigkeitsdiskursen auf einen universal einklagbaren, menschenrechtlichen Minimalstandard – alles darüber hinaus sei Angelegenheit des Individuums oder der politischen (und damit in ihrem Ob und Wieviel grundsätzlich verhandelbaren) Solidarität.[8]

Am Rawl'schen Differenzprinzip scheint sich das Problem der Kontroverse sich wie in einem Brennglas zu konzentrieren. Fordert es doch, unabhängig vom Erreichen eines bestimmten Wohlstandslevels eine Verkettung und Kopplung von Wohlstandsgewinnen bis zu den „least advantaged"[9]. Wenn, bzw. da – zumindest im modernen, liberalen, demokratischen Rechtsstaat – das eigentumstheoretische Axiom der Neuzeit gilt, also auf dieser anwendungstheoreti-

---

7 Das ist übrigens ganz offensichtlich in Sens Aufsatzsammlung „Inequality reexamined" der Fall, wenn Sen behauptet, keine ethische Theorie komme ohne Gleichheitsunterstellungen aus, womit er aber eben nur den für die Theorie nicht negierbaren Anspruch auf Verallgemeinerung meint (vgl. Sen 1992: 3).

8 Auch die neuere, von Axel Honneth und Nancy Fraser angestoßene sozialtheoretische Kontroverse um die Grundlegung des sozialen Miteinanders entweder im Prinzip der Anerkennung – so Honneth – oder der bipolaren Spannung von Umverteilung und Anerkennung – so Fraser, die neuerdings sogar von der Trias Umverteilung, Anerkennung, Partizipation spricht – stellt einen Reflex dieser Wende vom Egalitarismus zum egalitarismuskritischen Nonegalitarismus dar (vgl. Fraser/Honneth 2003). Das Verdienst dieser Debatte besteht zwar darin, dass unterstrichen wird, dass die Frage nach sozialer Gerechtigkeit nicht einfach im Problem der Distribution materieller Güter aufgeht, sondern immer ein Augenmerk auf die Anerkennung unterschiedlicher Lebensformen haben muss. Gleichzeitig kann die zumindest bei Honneth erfolgte Nachordnung der Distributionsthematik dazu führen, dass es zu einer weiteren Unterhöhlung der moralischen und sozialethischen Bedeutung von Gleichheitsfragen kommt.

9 Zum Begriff der *least advantaged* vgl. Rawls 2001: 59; zur Begründung von Verkettung und Kopplung vgl. Rawls 1975: 101-104.

schen Ebene nicht das zu einem raumzeitlichen Indexpunkt jemandem gehörende Eigentum, sondern die (und sei es zu Steuerzwecken erfolgende) Redistribution legitimationspflichtig ist, muss eine diese Ebene im Blick behalten wollende Gerechtigkeitstheorie dieser Verteilung der Beweislast Rechnung tragen und darüber nachdenken, ob nicht bei Erreichen bestimmter Wohlstandslevels ein *cut-off point* in das Differenzprinzip einzuzeichnen ist. Diese Konsequenz zu ziehen stellt jedenfalls einen schweren Schlag für den Egalitarismus dar, weil Gleichheit damit nicht mehr, wie es die Formulierung, soziale Gerechtigkeit sei die rechte Verhältnisbestimmung von „Freiheit" und „Gleichheit" nahelegt, als intrinsisch moralischer Zweck anerkannt zu sein scheint. Ob man deshalb bereits bezweifeln muss, dass Gleichheit als intrinsisch moralisches Mittel zum Zwecke qualifizierter Freiheitsgestaltung angesehen werden kann, ob man also die soziale Gleichheitsforderung auf das Niveau eines weltgesellschaftlich gleichen Minimum reduzieren muss, was in unseren Breiten zu einem massiven *levelling down* führen würde, bleibt eine strittige Frage des Gerechtigkeitsdiskurses, der sich an dieser Stelle offensichtlich gemäß Hegels Wort vom Verhältnis der Philosophie zu ihrer Zeit (Hegel 1970: 26), als Reflex der gegenwärtigen politischen Einstellungsmuster erweist. Die folgende Darstellung des capabilities approach wird sich entscheidend daran bewähren müssen, wie er diese zentrale Kontroverse gegenwärtiger Gerechtigkeitsdebatten aufgreift.

3 Der *capabilities approach* zwischen Begründungs- und Anwendungsdiskurs

3.1 Anfragen an die ersten capabilities-Entwürfe

3.1.1 Essentialismus-Vorwurf

Obwohl in der Regel der *capabilities*-Entwurf zu Recht dem Egalitarismus und damit seinen Problemen zugerechnet wird, wird im Folgenden der Versuch unternommen, diesen Ansatz, zumindest in der aktuellen Nussbaum'schen Variante, der mit einigen eigenen Weiterführungen angereichert wird, als eine solche Theorie zu verorten, die nicht nur die Aporien der neueren Egalitarismus-Debatte überwinden, sondern zugleich auch weiteren Fallstricken der Gerechtigkeitstheorie entgehen kann.

Mit der Konzentration auf das jüngste Buch von Martha Nussbaum, „Frontiers of Justice" von 2006, wird eingestandenermaßen eine Komplexitätsreduktion vorgenommen. Da aber die hier vorgetragenen Überlegungen systematischer und nicht philosophiehistorischer Art sind, erscheint diese Beschränkung legitim.[10] Diese Fokussierung rechtfertigt sich zudem, weil der Befähigungsge-

---

10 Ohne Zweifel hat Martha Nussbaum die für eine Gerechtigkeitstheorie entscheidende Weiter-

rechtigkeitsansatz in den ursprünglichen Versionen, wie sie von Amartya Sen und Martha Nussbaum vorlagen, m. E. erhebliche Defizite aufwies. Sie seien wenigstens kurz erwähnt, um den Fokus auf die systematischen Erwägungen und die Konzentration auf das jüngste Werk von Nussbaum zu exkulpieren. Immer wieder ist Martha Nussbaum ein dezidiert oder schwach essentialistischer Ansatz vorgeworfen worden (u. a. Scherer 1993; Gosepath 1998: 167f.; Hinsch 2002: 221-225). Hinter dieser oft sehr pauschal geäußerte Kritik[11] verbirgt sich aber die tiefer gehende Anfrage, ob ein vornehmlich an Vorstellungen des Guten orientiertes, also evaluatives Konzept sozialtheoretischer Art in der Lage ist, für Fragen der Gerechtigkeit in einer weltanschaulich pluralen Gesellschaft allgemeinverbindliche, also normative Präskriptionen aus sich zu entlassen. Indem Vorstellungen des Guten und nicht nur des Gerechten als universal gültig behauptet würden, würde einem Paternalismus oder Perfektionismus menschlicher Lebensführung das Wort geredet, der im Widerspruch zur Lebenswirklichkeit in modernen Gesellschaften stehe und den man auch normativ nicht mehr einfach behaupten und folglich anderen aufbürden dürfe. Zudem sei nicht einsichtig zu machen, dass die von Nussbaum immer wieder mit leichten Modifikationen vorgetragene Liste der Mindestbedingungen eines guten Lebens a) erschöpfend und b) kulturinvariant sei. Schließlich gebe Nussbaum nicht hinreichend Rechenschaft darüber ab, ob und wie ein Leben, das die *capabilities* nicht erreiche, ein menschenwürdiges im Sinne eines schützenswerten Lebens sei. Kurzum: Dem Ansatz fehle die Konzentration oder zumindest der selbstkritische und so die eigenen Ansprüche limitierende Rückbezug auf ein universalisierbares, liberal-politisches Grundprinzip wie z. B. das Menschenwürde-Axiom, das als solches individuelle Freiheit zu achten und zu schützen in der Lage sei.

3.1.2 Die gerechtigkeitstheoretische Insuffizienz des capability[12] approach von Amartya Sen

Während – wie noch zu zeigen sein wird – Martha Nussbaum diese Kritikpunkte an entscheidenden Stellen im jüngsten Werk entkräften kann, ohne

---

entwicklung ihres Ansatzes bereits in Nussbaum 2000 vorgenommen, insofern sie hier erstmals die enge Verbindung von *capabilities approach* und Menschenwürde aufgezeigt hat. Dennoch hat sie erst in Nussbaum 2006 die konzeptionelle Auseinandersetzung mit den kontraktualistischen Ansätzen gesucht und die Abgrenzung ihres Entwurfes von diesen begründet und entfaltet, was m. E. die Neuausrichtung erst distinktiv deutlich macht.

11 Bisweilen gewinnt man den Eindruck, als ob sich mit der Charakterisierung eines Ansatzes als essentialistisch bereits weitere Beschäftigung mit ihm erledigen könnten.

12 Eigentümlicherweise nennt Sen seinen Ansatz mit der Singularformulierung *capability approach*, während Nussbaum den ihren mit der Pluralwendung als *capabilities approach* bezeichnet. Offen bleiben muss, ob diese jeweiligen Selbstcharakterisierungen zutreffend gewählt sind oder nicht. Man wird die jeweilige Wahl für angemessen erachten, wenn man bei Sen auf den einigenden und so den Singular konnotierenden Gedanken blickt, dass das übergeordnete Ziel die Fähigkeit zur Freiheitserreichung sei. Bei Nussbaum mag man den Plural für adäquat hal-

deshalb erhebliche Gewinne ihres *capabilities approach* gegenüber anderen liberal ausgerichteten Gerechtigkeitstheorien einbüßen zu müssen, liegt der Fokus der Sen'schen Ausführungen in wohlfahrtsökonomischen Diskussionen, die nicht beabsichtigen, philosophische Begründungsfragen oder sozialtheoretische *Limitation*srechenschaft zum Themenfeld „soziale Gerechtigkeit" in den Blick zu nehmen.

Das Verdienst von Amartya Sen liegt darin, darauf aufmerksam gemacht zu haben, dass Rawls' Theorie der *primary goods* präzisierungsbedürftig ist (vgl. Sen 1982). Sen hat bekanntlich darauf insistiert, dass die Rede von *primary goods* personen- und gesellschaftskontextsensitiv zu beantworten sei. Zudem reiche die Bestimmung der *least advantaged* über die Parameter „wealth" und „income", wie sie Rawls vornehme, nicht aus. Nicht Güter, sondern die Fähigkeit der realen Nutzung von Gütern sei der prekäre Punkt für eine Gerechtigkeitstheorie, den Rawls nicht hinreichend berücksichtige. Gleiche Ressourcen an Elementargütern, darauf verweist Sen zu Recht, können je nach unterschiedlichen Voraussetzungen zu völlig unterschiedlichen Effekten führen, wie umgekehrt unterschiedliche Bündel an Gütern gleiche Resultate hervorbringen können. Immer wieder erwähnt Sen das Beispiel des Behinderten, der einfach mehr Elementargüter benötige, um ungefähr die Freiheitsfähigkeit zu entwickeln, die ein sog. Nichtbehinderter unter Normalumständen erwarten kann (Sen 2000: 95 u. ö.). Oder er zeigt an dem bereits von Adam Smith überlieferten Beispiel des Armen, der sich mangels angemessener Kleidung schämt, das ihm formalrechtlich zustehende Wahlrecht zu nutzen, wie bestimmte gesellschaftliche Erwartungen die Wahrscheinlichkeit, in dieser Gesellschaft Teilhabechancen realiter zu ergreifen, hemmen können (vgl. Sen 2000: 94). Um das Gerechtigkeitspotential sozialer Strukturen zu ermessen, müsse daher gefragt werden, inwieweit diese sozialen Arrangements in der Lage sind, den betroffenen Personen reale Freiheit – im Englischen prosaisch: „effective freedom" – zu eröffnen. Kriterium sei die *Möglichkeit* der Erreichung dieser Ziele (*freedom to achive*), nicht schon das Ziel selbst.[13]

---

ten, wenn man an die berühmte Liste von *capabilities* denkt. Umgekehrte Verwendungen von Singular und Plural wären jedoch ebenso angebracht, vor allem wenn man in Erwägung zieht, dass Sen immer auch Bündel von Fähigkeiten im Blick hat, und bedenkt, dass Nussbaum gerade in ihren jüngeren Arbeiten der Würde eine integrierende Funktion für die *capabilities* zuerkennt. Diese Ambiguitäten mögen die Unsicherheit in der Selbst- und Fremdbezeichnung des Ansatzes erklären. Weil in gerechtigkeitstheoretischer Hinsicht m. E. – wie noch zu zeigen ist – das Modell Nussbaums dem Sen'schen Ansatz überlegen ist, wird Nussbaums Selbstcharakterisierung gefolgt, ohne diese Auswahl dogmatisch festzurren zu wollen. Inhaltlich spräche auch manches für die Singular-Formulierung.

13 Dass man in der Gerechtigkeitstheorie nicht allein outputorientiert argumentieren solle, sondern den Output an der *freedom to achive* auszurichten habe, illustriert Sen mit dem folgenden Beispiel: Ein Armer und ein brahmanischer Asket mögen beide Hunger leiden, der erste hat keine Alternative, der zweite besitzt sie und könnte auch anders leben; zur Rezeption des *capability*-Ansatzes von Sen vgl. Agarwal 2005.

Obwohl dieser von Sen eingeführte Hinweis auf eine gewisse Insuffizienz der Rawls'schen Theorie der Gerechtigkeit überzeugt,[14] und obwohl die Operationalisierungen von Lebensqualität, die im Anschluss an Sens Ansatz mit Hilfe des *Human Development Index* entwickelt werden konnten (vgl. Sen 2005: 337), erheblich differenzierter und sensibler für die Bedürfnisse verschiedener Gruppen, Schichten, Ethnien und Individuen sind als traditionelle Messmethoden wie das Bruttoinlandsprodukt, bleibt das Verdienst des Sen'schen Ansatzes auf dem begründungstheoretischen Feld der Gerechtigkeitstheorie beschränkt. Verhält sich doch sein Entwurf, wie Martha Nussbaum zu Recht kritisiert (Nussbaum 2005: 37), indifferent gegenüber einer *notwendigen*, wenn auch nicht *hinreichenden* Bedingung, die an jede Theorie sozialer Gerechtigkeit zu stellen ist. Sen ignoriert nämlich die Frage, wie Distributionen und Redistributionen der *capabilities to achive freedom* angesichts der Beweislastigkeit von Eigentumseingriffen in der Realwelt beschränkt werden können. Anders gesagt: Unter Realbedingungen einer Gesellschaft, in der Individuen und Gruppen ihre unterschiedlichen Lebensziele unterschiedlich verfolgen – und in der Regel wird diese Voraussetzung auch von kontrafaktisch ansetzenden Urzustands- oder äquivalent formulierten Modellen geteilt, ja, diese sehen ihre Aufgabe gerade darin, die Realisierbarkeit dieser Bedingung zu reflektieren –, herrscht (zumindest gemäßigte) Knappheit (vgl. Gosepath 2004: 67ff.). Folglich müssen nicht nur minimalanthropologische Konkurrenz- oder Konfliktmodelle, sondern auch solche Gesellschaftstheorien, die zwar weniger restriktiv ausgerichtet sind, aber dennoch modernitätssensibel akzeptieren, dass gesellschaftliche Eingriffe in die Freiheit der einzelnen Individuen reguliert werden müssen, darlegen können, *ab welchem Zeitpunkt* diese Limitationen greifen sollen. Nun kann man zwar theoretisch die These vertreten, dass bis auf die berühmt-berüchtigte Versklavung der Talentierten umverteilt werden dürfe. Doch spätestens an diesem von fast allen als absurd beurteilten und folglich abgelehnten Punkt zeigt sich, dass auch die Sen'sche Variante des *capabilities-approach* die Gewährung oder Gewährleistung effektiver Freiheit konzeptionell und praktisch mit dem Problem begrenzter, sozial zuzuteilender, in ihrer jeweiligen Verteilung zu achtender Ressourcen vermitteln muss. Denn im Fall der Versklavung der Talentierten wären es dann jene, die nicht mehr effektiv ihre Freiheit gestalten könnten. Wenn also Mittel begrenzt sind und so etwas wie das eigentumstheoretische Axiom der Neuzeit nicht nur politische, sondern auch moralpragmatische und sozialethische Geltung[15] besitzt, weil es sich zumindest im Gegenüber zu

---

14 Weder Rawls noch andere Kontraktualisten konnten, resp. wollten ihn hinreichend beantworten, weil sie weiterhin von anderen anthropologischen und methodologischen Voraussetzungen ausgehen wollten als die Vertreter des *capabilities approach*. So weicht Rawls in seiner Antwort auf Sen in *Gerechtigkeit als Fairness* nicht vom Menschenbild des kooperationsfähigen, auf wechselseitigen Vorteil bedachten Bürgers ab (Rawls 2003: 259-261).

15 Für Hinsch – was ich für sehr irritierend, um nicht zu sagen falsch halte – gilt nur als moralisch, was in der moraltheoretischen Begründungssituation eines Urzustandes an Rechten und Pflichten zugerechnet werden kann.

strikt egalitären oder etatistischen Modellen als gesellschaftsstabilisierender erwiesen hat,[16] dann fehlt in der Sen'schen Theoriearchitektur im Blick auf sozialtheoretische Fragestellungen ein entscheidendes Element. Sen rekurriert eben nicht hinreichend auf die sachlich wie legitimationstheoretisch nur begrenzt ausschöpfbare Quelle der *capabilities*, die ja nicht anders als gesellschaftlich bereitgestellt werden können[17] – allen Verdiensten zum Trotz, die dieser Theorie im Blick auf die Erarbeitung von Lebensqualitäts- und Wohlfahrtsmessung zukommen.

3.2 Capabilities als Realisierung von Menschenwürde

Im Unterschied zu Sen, der den für eine Gerechtigkeitstheorie auf der Schwelle von Begründungs- und Anwendungsdiskursen systematisch entscheidenden Punkt einer Limitation von Redistributionen ausblendet, hat Nussbaum ihren eigenen Ansatz in eine Richtung weiterentwickelt, die diesem Erfordernis gerecht wird. Möglich ist ihr dies dadurch, dass sie ihren Ansatz in eine Richtung weiter entwickelt hat, die man mit Herlinde Pauer-Studer als „freiheitsfunktional" (Pauer-Studer 2000: 61), aber auch als suffizienzorientiert (vgl. Powers/Faden 2006) bezeichnen kann, insofern Nussbaum dem Gedanken nicht nur einer gesellschaftlichen Gewährung, sondern auch einer Begrenzung von Freiheitsmöglichkeiten, sofern sie jedenfalls gesellschaftlich durch Redistributionen ermöglicht werden sollen, zunehmenden Rang einräumt.[18]

Was zeichnet nun den aktuellen Entwurf Nussbaums aus, so dass er das gerechtigkeitstheoretische, aber zunehmend auch politisch relevanter werdende Stichwort „Befähigungsgerechtigkeit" adäquat ausfüllt? Zunächst bemüht er

---

16 Der Hinweis auf das Scheitern des real existierenden Sozialismus, der jedenfalls die Eigentumsaxiomatik bestritt, mag als ethisch nicht hinreichendes Argument abgetan werden. Um den Stellenwert dieses Gedankens recht einzuordnen, sei konzediert: es handelt sich nicht um ein allgemein-ethisches Argument, sondern um eine Heuristik, die sicher präziser historischer Überprüfung bedarf, zumal auch das letzte Wort über kapitalistische Wirtschaftsformen noch nicht gesprochen ist. Dennoch gibt es gute Gründe zu behaupten, dass sich im direkten Systemvergleich ein Gesellschaftsmodell, das über die ohne Zweifel zu berücksichtigende soziale Verantwortlichkeit des Eigentums hinaus dessen prinzipielle Legitimität nicht bezweifelt, gegenüber einem Modell, das die Beweislast umgekehrt verteilt, als nachhaltig erfolgreicher gezeigt hat.

17 Obwohl Sen später auch flexibler zwischen *basic capabilities* und *capabilites* unterscheiden kann, weigert er sich eine *threshold* oder einen *cut-off-point* festzulegen, die ja nicht in absoluten Zahlen bestimmt werden müssten, sondern durchaus funktional oder mit Hilfe eines formalen Kriteriums angegeben werden könnten.

18 Wenn die Darstellung des freiheitsfunktionalen *capabilities approach* sich aus darstellungsökonomischen Gründen auf Nussbaum konzentriert, soll damit nicht in Abrede gestellt werden, dass andere Autorinnen und Autoren, wie eben Herlinde Pauer-Studer oder Powers und Faden, analoge Entwürfe vorgelegt hätten (vgl. Pauer-Studer 2000; Powers/Faden 2006). Insofern Nussbaum neben Sen jedoch als Pionierin des Entwurfs bezeichnet werden kann, ist die Fokussierung auf ihren Ansatz durchaus plausibel.

sich in innovativer Weise darum, die Gerechtigkeitstheorie auf der Schwelle von Begründungs- und Anwendungsfragen zu situieren. Deutlich wird diese Selbstverortung darin, dass Nussbaum drei ihres Erachtens bisher von den gängigen Gerechtigkeitstheorien ungelöst belassene Probleme wahrnimmt und sich anschickt, diese zu lösen, resp. neu zu perspektivieren. Zum einen solle eine Theorie und Praxis zusammenwachsen lassen wollende Gerechtigkeitstheorie in der Lage sein, intrinsisch und nicht nur via Solidarität oder Barmherzigkeit Behinderte, Kranke und andere vulnerable Personen/Individuen in den Kreis der originär Anspruchsberechtigten einschließen zu können. Dann sollten sich Gerechtigkeitstheorien angesichts der Effekte der Globalisierung nicht mehr nur, wie die meisten Vertragstheorien dies tun, auf nationale Kontexte beschränken und auf diese Weise in einer Container-Mentalität[19] verharren, die Probleme internationaler Gerechtigkeit nicht hinreichend bedenken kann. Schließlich müsse man sich zur Frage der Ansprüche nichtmenschlicher Lebewesen verhalten können. Auch diesen dritten Punkt können nach Nussbaum klassische Gerechtigkeitstheorien, sofern sie als Vertragstheorien konzipiert sind, nicht bearbeiten.

Wie will Nussbaum diese Defizite überwinden? Zu diesem Zweck[20] fordert Nussbaum zunächst dazu auf, die die jeweilige Gerechtigkeitstheorie prägenden Menschenbilder, orientierenden Wertmuster und moralischen Normen zu explizieren und der öffentlichen Deliberation, die sie auf ihre Tragfähigkeit zu prüfen hat, auszusetzen (4). Entsprechend stellt sie der Entfaltung ihres eigenen Entwurfs in durchaus polemischer Absicht eine Analyse kontraktualistischer Ansätze voran. Obwohl sie deren Anliegen, eine Gerechtigkeitstheorie *liberal* zu begründen, würdigt und sogar teilt, diagnostiziert und kritisiert sie das mangelnde Vermögen dieser Entwürfe, die genannten drei Grundprobleme auch nur ansatzweise zu lösen. Sie deutet dieses Versagen als Symptom einer falsch gewählten Axiologie, insofern die fraglichen Ansätze nur bei kooperationsfähigen Personen ansetzen und keine menschenrechtliche Weite und Tiefe besitzen. Letztere müsste jedoch von einer Theorie *sozialer* Gerechtigkeit vorausgesetzt werden, sofern diese sich dem Anspruch der *allgemeinen* Gerechtigkeitstheorie unterwirft, soziale Verbindlichkeitsrelationen auf gerechtfertigte, d. h. verallgemeinerbare, und gleichmäßige Berücksichtigung des jedem jeweils Angemessenen zu beziehen.[21]

---

19 Vgl. zu diesem Ausdruck Hinsch 2002.
20 Die vorliegende Darstellung wird sich auf den ersten Punkt konzentrieren. Er bildet im Übrigen die sachliche Brücke für den Umgang mit den anderen beiden Defiziten und erscheint m. E. damit als das wichtigste.
21 Dass diese Verallgemeinerungsforderung auch eine Verallgemeinerung der Relation von Individuum und partikularer Gemeinschaft meinen kann, dass also Gerechtigkeit nicht erst auf der globalen Ebene gilt, sondern bis in die lokale, ja familiäre Ebene hinunterreicht, dort dann aber nach Generalisierungen oder Universalisierungen fragt, sei ausdrücklich betont. Bezweifelt man dies, würden Modus (Universalisierung) und Topos (eben nicht nur Globalität, sondern auch Lokalität) der Verallgemeinerungsforderung verwechselt.

Gegen die vom Kontraktualismus vorgenommene Beschränkung auf kooperationsfähige Personen oder Bürger wendet Nussbaum ihren eigenen Ansatz. Entsprechend kann sie das konstruktive Grundanliegen ihres Neuentwurfs in einem knappen Satz zusammenfassen, der die alternative und umfassendere Orientierung an Menschenwürde und Menschenrechten offenlegt: „[...] I argue that the best approach to this idea of a basic social minimum is provided by an approach that focuses on human capabilities, that is, what people are actually able to do and to be, in a way informed by an intuitive idea of a life that is worthy of the dignity of the human being" (70; vgl. 74; 83-85).[22] Aufgrund ihrer liberal-theoretischen Grundintention, ihre Version des *capabilities approach* auf der Ebene des von Rawls so bezeichneten *overlapping consensus*, also der Gestaltung des öffentlichen Vernunftgebrauchs, so anzusiedeln, dass sie dabei nicht explizit auf starke und nur von wenigen geteilte metaphysische oder religiöse Annahmen[23] zurückgreifen muss (182), verzichtet Martha Nussbaum auf eine dezidierte Begründung des Würde-Axioms. Vielmehr nennt sie die Idee der Menschenwürde eine *Intuition*.

Ob der Intuitionsbegriff glücklich gewählt ist, mag bezweifelt werden, weil mit ihm häufig ein vermeintlich evidentes, präreflexives und gesellschaftlich-geschichtlich nur sehr indirekt vermitteltes oder rekonstruierbares Überzeugtsein zum Ausdruck gebracht wird (vgl. Fischer 2002: 124-127). Dem ist aber im Blick auf die lange Geschichte des Menschenwürdebegriffs sicher nicht so. In ihm verdichtet sich mit fundamentaler Allgemeinheitsprätention das Ergebnis einer langen Ideen- und Realgeschichte in Gestalt der Forderung, jeden Menschen um seiner selbst willen zu schützen und zu achten (vgl. Huber/Tödt 1988). Die Menschenwürde wird daher als Summar der über eine lange Geschichte des Leidens errungenen, nicht ideell imaginierten Menschenrechte verstanden, die ihrerseits alle staatlichen Aktivitäten begründen und begrenzen (vgl. Vögele 2000). Zwar deckt sich Nussbaums Begriffsintension des Menschenwürde-Axioms mit der aus dieser Geschichte heraus destillierbaren, weit verbreiteten funktionalen Definition, nämlich, dass „Menschenwürde" unabhängig zunächst von substantialistischen oder kommunikativen Begründungsstrategien die Anerkennung eines Anderen als Zweck an sich selbst ist. Auch wird durch den Rückgriff auf eine Intuition, wenn auch unglücklich, zum Ausdruck gebracht, dass das Überzeugtsein von der funktionalen Intension des Begriffs „Menschenwürde" nicht erzwungen werden kann, dass man – ähnlich wie beim Gottesgedanken – nur von ihm her denken, ihm möglichst zu entsprechen und gegenteilige Diskursprätentionen ihrer mangelnden Plausibilität zu

---

22 Zitat und Grundidee finden sich schon in Nussbaum 2000, Kap. II.
23 Das schließt bekanntermaßen nicht aus, dass bestimmte religiöse Traditionen versuchen können, sich aus ihrer Weltdeutung heraus an der Gestaltung des öffentlichen Vernunftgebrauchs zu beteiligen; wie wiederum der liberale Staat darauf reagiert, ist vor allem seit Habermas' Einwürfen Gegenstand intensiver Debatten; vgl. dazu näher Grotefeld 2006; Habermas 2006; Dabrock 2007.

überführen versuchen kann. Dennoch sollte man angesichts der unterschied-lichen kultursprachlich eingebundenen religiösen oder weltanschaulichen Kan-didaten, diese Plausibilisierung der Menschenwürde als Förderung der Selbst-achtung und Vermeidung von Demütigung zu denken, nicht einfach von einer Intuition sprechen – ein Ausdruck, der eben nicht nur Konnotationen von Dezision, sondern auch von Inhaltsleere und fehlender Rechtfertigungsmög-lichkeit mit sich führt. Daher erscheint es mir trotz der vermuteten Überein-stimmung im Grundanliegen, von der überwältigenden Überzeugungskraft des Gedankens auszugehen, dass wir zumindest jeden Menschen um seiner selbst willen zu achten und zu schützen haben, vorzugswürdig, diese funktionale Auf-gabe der Menschenwürde als „Axiom" (vgl. Dabrock 2004) und nicht nur als Intuition jeder Gerechtigkeitstheorie zu bezeichnen.

So sehr auch die kontraktualistisch ausgerichteten Gerechtigkeitstheorien die-sem *fundamentum inconcussum* nicht widersprechen würden, spielt es kaum eine Rolle für die begründungs- oder gar anwendungstheoretische Ausgestal-tung ihrer Konzeption sozialer Gerechtigkeit. Nussbaum dagegen vertritt die These, dass die Menschenwürde über rein formale Versicherungen hinaus nur dann effektiv geachtet und geschützt und dieser Anspruch nicht bloß formal versichert wird, wenn ihre bekannte Liste von zehn Grundfähigkeiten berück-sichtigt wird. Wegen der zentralen Bedeutung dieser Liste von *capabilities* für Nussbaums Theorie und dem hier in Übereinstimmung mit ihr vertretenen Be-fähigungsgerechtigkeitsansatz sei sie in ihrer aktuellen Version ausführlich zi-tiert:

"1. Life. Being able to live to the end of a human life of normal length, not dying pre-maturely, or before one's life is so reduced as to be not worth living.
2. Bodily Health. Being able to have good health, including reproductive health; to be adequately nourished; to have adequate shelter.
3. Bodily Integrity. Being able to move freely from place to place; to be secure against violent assault, including sexual assault and domestic violence; having opportunities for sexual satisfaction and for choice in matters of reproduction.
4. Senses, Imagination, and Thought. Being able to use the senses, to imagine, think, and reason – and to do these things in a 'truly human' way, a way informed and culti-vated by an adequate education, including, but by no means limited to, literacy and ba-sic mathematical and scientific training. Being able to use imagination and thought in connection with experiencing and producing works and events of one's own choice, reli-gious, literary, musical, and so forth. Being able to use one's mind in ways protected by guarantees of freedom of expression with respect to both political and artistic speech, and freedom of religious exercise. Being able to have pleasurable experiences and to avoid nonbeneficial pain.
5. Emotions. Being able to have attachments to things and people outside ourselves; to love those who love and care for us, to grieve at their absence; in general, to love, to grieve, to experience longing, gratitude, and justified anger. Not having one's emotional development blighted by fear and anxiety. (Supporting this capability means supporting forms of human association that can be shown to be crucial in their development.)

6. Practical Reason. Being able to form a conception of the good and to engage in critical reflection about the planning of one's life. (This entails protection for the liberty of conscience and religious observance)

7. Affiliation.

A. Being able to live with and toward others, to recognize and show concern for other human beings, to engage in various forms of social interaction; to be able to imagine the situation of another. (Protecting this capability means protecting institutions that constitute and nourish such forms of affiliation, and also protecting the freedom of assembly and political speech.)

B. Having the social bases of self-respect and nonhumiliation; being able to be treated as a dignified being whose worth is equal to that of others. This entails provisions of nondiscrimination on the basis of race, sex sexual orientation, ethnicity, caste, religion, national origin.

8. Other Species. Being able to live with concern for and in relation to animals, plants, and the world of nature.

9. Play. Being able to laugh, to play, to enjoy recreational activities.

10. Control over One's Environment.

A. Political. Being able to participate effectively in political choices that govern one's life; having the right of political participation, protections of free speech and association.

B. Material. Being able to hold property (both land and movable goods), and having property rights on an equal basis with others; having the right to seek employment on an equal basis with others; having the freedom from unwarranted search and seizure. In work, being able to work as a human being, exercising practical reason and entering into meaningful relationships of mutual recognition with other workers" (76-78).

Versteht man diese Liste nicht als Ausdruck eines anthropologischen Essentialismus, sei es in einer moderateren, sei es in einer stärkeren Variante, sondern liest sie so, wie Martha Nussbaum sie in „Frontiers of Justice" in Abgrenzung zu früheren Arbeiten (vgl. 432; Anm. 18) einführt und verortet, dann lautet die menschenrechts- und gerechtigkeitstheoretisch entscheidende Botschaft: Rechtlich und politisch zu achtende und zu schützende Menschenwürdegewährung und Anspruch auf die in der Liste genannten *capabilities* erklären und erhellen sich wechselseitig. Es scheint keinen ontologischen und auch moralischen Unterschied zwischen Menschenwürdeschutz und -achtung auf der einen und Grundfähigkeitengewährung auf der anderen Seite zu geben: „The capabilities are not understood as instrumental to a life with human dignity: they are understood, instead, as ways of realizing a life with human dignity, in the different areas of life with which human beings typically engage." (161) Diese starke normative Identifikationsthese hat im Prinzip[24] den Vorteil gegenüber anderen Menschenwürde- und im Gefolge dann auch gegenüber anderen Gerechtigkeitstheorien, Schutz und Achtung von Menschenwürde überaus *gehaltvoll* anzulegen. Nicht nur ein leeres Prinzip wird kommuniziert, sondern die mit dem

---

24 Auf problematische Aspekte der Nussbaum'schen Identifikationsthese ist unten (3.3) noch näher einzugehen.

Menschenwürde-Axiom sozialphilosophisch, menschenrechtsethisch und verfassungsrechtlich breit konsentierte Mindestintension, nämlich die Förderung von Selbstachtung und Nichtdemütigung[25], wird gekoppelt an Grundbedürfnisse, die im hohen Maße als prinzipiell – wenn auch nicht unbedingt in der konkreten Ausfüllung – kulturinvariant (vgl. 295-298) zu bezeichnen sind. Nussbaum erwähnt nicht nur die mit den Menschenrechten und mit der sie bündelnden Menschenwürde-Axiomatik konnotierten Grundrechte wie das Recht auf Leben und körperliche Unversehrtheit, das Recht auf allgemeine Persönlichkeitsentfaltung, bürgerliche Abwehr- und Teilhaberechte wie das Recht auf Meinungsäußerung, Versammlungs- und Vereinigungsfreiheit, das Recht auf Religionsausübung etc., sondern erinnert auch daran, dass diese inzwischen völkerrechtlich kodifizierten Menschen- und Bürgerrechte eingebettet sind in elementare anthropologische Bedürfnisse wie die Stillung von Hunger und Durst, Sexualität, Gesundheitsversorgung, dass sie menschliche und über die menschliche Sphäre hinausreichende Kommunikationsverhältnisse voraussetzen, dass sie in Bildungszusammenhänge eingebunden sind und dem Wunsch dienen, eine eigene persönliche Identität auszubilden, die wiederum nur aus kulturell-sozialen und bisweilen religiösen Kontexten heraus entstehen und diese dann auch wiederum verändern kann. Dass in diesem Prozess Emotionen eine elementare Rolle spielen und nicht unberücksichtigt bleiben dürfen, zählt zu den bemerkenswerten Einsichten der Nussbaum'schen Philosophie, die die Autorin schon früh und nachhaltig in sozialtheoretische Debatten eingespielt hat (vgl. Nussbaum 2001), ohne deshalb die Nüchternheit der Argumentation aufzugeben.

Die Pointe des Gerechtigkeitsansatzes von Martha Nussbaum, d. h. seine Menschenwürde-Fundierung, lässt sich auch mit Blick auf den in der Regel von liberalen Entwürfen als besonders kritisch angesehenen Gesichtspunkt dieses Entwurfes, nämlich mit Blick auf die Öffnung zu, ja Abhängigkeit von Vorstellungsmustern gelingenden Lebens, resp. essentialistisch erscheinenden Konzeptionen der Lebensführung verteidigen. Nussbaum kontert nämlich: Wenn ein Konzept von Menschenwürdeschutz und -achtung nicht in der Lage sei, zumindest im Sinne der *capabilities*-Liste die „highly general idea of human flourishing" (182) zu befördern, dann verfehle dieses sein Ziel. Denn nach Nussbaum formuliert die Liste, wenn auch in vager Form, universal notwendige Elemente eines jeden *guten* Lebens (78), so dass inhaltlich nicht nur Menschenwürde und die erwähnten Fähigkeiten sich wechselseitig erläutern, sondern auch methodisch gilt: „In this way, the right and the good seem thoroughly intertwined" (162).

---

25 Diese werden auch explizit in der Liste genannt; vgl. Nr. 7B. Zur verfassungsrechtlichen Deutung vgl. nur die einschlägigen Kommentare zu Art. 1 Abs. 1 GG; zur sozialtheoretischen Identifikation von Menschenwürde-Intension und Demütigungsverbot vgl. vor allem Margalit 1997.

Dieser Selbst- und Fremdanspruch, Gutes und Gerechtes sich wechselseitig durchdringen zu lassen, lädt zu Missverständnissen ein. Denn damit behauptet Nussbaum, dass die Erfüllung der grundlegenden Bedürfnisse für *human flourishing* nur vor dem Hintergrund konkreter, bzw. jeweils konkretisierbarer Vorstellungen des Guten erfolgen kann. Ja, von dieser teleologischen Dimension menschlichen Zusammenlebens kann nie abstrahiert werden, wenn der Bereich des Gerechten definiert werden soll, weil Nussbaums Auffassung nach die erwähnten Grundbedürfnisse zwar nicht in einer bestimmten Form, aber doch in ihrem *Dass* menschliches Leben als solches qualifizieren. Um diese teleologische Dimension als normativ „relevant" zu indizieren, nennt sie sie „stark"; um sie trotz ihrer behaupteten Kulturinvarianz für kulturelle Ausprägungen offen zu halten, nennt sie sie „vage" (vgl. Nussbaum 1999, 45).[26]

Dem in gewissen Stadien der Entwicklung des *capabilities approach* nicht zu Unrecht immer wieder erhobenen Vorwurf eines modernitätsinsensiblen Essentialismus, Paternalismus oder Perfektionismus, der ungefiltert und ohne integrierendes Moralprinzip Elemente guten Lebens für alle postuliere, entgeht Nussbaum also nicht einfach nur durch das methodische und inhaltliche Ineinanderfügen von Menschenwürdegarantie und *capabilities*-Liste. Diese Entkräftung gelingt ihr erst durch ihr Zugeständnis gegenüber liberalen Positionen, dass die die Menschenwürde explizierende Liste als „open-ended" und „vage" charakterisiert wird.[27] Je nach kulturellem Kontext seien also einzelne Fähigkeiten unterschiedlich konkretisierbar.[28] Zudem komme es nicht auf eine wie

---

26 Dieses Verständnis des Guten verleitet Nussbaum bisweilen dazu, gegen das Axiom liberaler Sozialphilosophie vom Vorrang des Rechten vor dem Guten zu polemisieren und das umgekehrte Geltungsgefälle einzuklagen (vgl. 160ff.). Diese Umkehrung mag ohne Zweifel motivational und genealogisch zutreffen, geltungstheoretisch bestenfalls in der eigentümlich definierten „starken, vagen" Vorstellung des Guten. Problematisch wird es aber dort, wo der geltungstheoretische Vorrang anzeigen soll, dass konfliktregulierend in einer weltanschaulich pluralen Gesellschaft interveniert werden soll. An diesen Stellen sollte man weiterhin – in Übereinstimmung mit dem Recht – vom Vorrang des Rechten vor dem Guten sprechen.

27 Dass Nussbaum die Liste nicht wesentlich geändert hat, spricht methodologisch überhaupt nicht gegen den Status der Vagheit und Veränderbarkeit, wie es Clark (vgl. Clark 2006) ihr vorwirft. Methodologisch hinreichend korrekt ist das Eingeständnis, dass die Liste revisionsoffen ist. Variationen der Liste sind auch von Nussbaum gewünscht, wenn dabei deren Grundanliegen gedient wird, eine Menschwürde-basierte Theorie sozialer Gerechtigkeit auszugestalten, die konkrete Menschen mit ihren realen Schwächen und Fähigkeiten im Blick behält. Bereits das Aufstellen einer solchen Liste ohne Berücksichtigung ihrer neuen Funktion und ihres methodologischen Status mit Essentialismus zu identifizieren, erscheint mir borniert. Da in diesem Aufsatz nur die erwähnte Funktion der Liste von Interesse ist, bedarf es keiner weiteren Vertiefung, ob und wie sie inhaltlich modifiziert werden könnte; vgl. dazu Robeyns 2006.

28 Nussbaum verweist in diesem Zusammenhang darauf, dass beispielsweise vor dem Hintergrund der Geschichte des Nationalsozialismus das Recht auf Redefreiheit in Deutschland aus guten Gründen eingeschränkt werden sollte, wenn es um die Verherrlichung der NS-Zeit oder die Leugnung der Shoa geht (Nussbaum 2006: 79, 180). Dabei bezweifelt sie nicht, dass solche Taten auch in anderen Ländern moralisch verwerflich sind, sondern vertritt lediglich die Auffassung, dass die strafrechtliche Einschränkung solcher Demagogien in anderen nationalen Kontexten nicht sinnvoll sei.

auch immer dann zu fordernde oder umzusetzende Ausübung dieser Fähigkeiten, also das *functioning*, sondern allein auf ihre Ermöglichung, also die *capabilites*, an – wie es ja bereits das Label des *capabilities approach* signalisiert. Durch die Betonung der Notwendigkeit wie Möglichkeit kultureller Ausformungen des *functioning* und die Reduktion moralischer Forderungen auf die Gewährung von *capabilities*, die wiederum systematisch ihre Legitimität genau nur dadurch erhalten, dass sie als Explikation des Menschenwürdeaxioms verstanden werden, wehrt Nussbaum dem Vorwurf des verkappten Perfektionismus: Jedem steht es frei, die *capabilities* nicht zu nutzen; der Asket mag auf ein in einem gesellschaftlichen Kontext als notwendig erachteten Bedarf an Nahrung und Unterkunft verzichten, Mitglieder bestimmter religiöser Gruppierungen auf ihr Wahlrecht.[29] Zwar ist ein Leben ohne das Zuhandensein *aller capabilities*, die deshalb auch nicht gegeneinander austauschbar oder substituierbar sind[30], als menschenunwürdig zu bezeichnen (78). Doch ist diese scharfe Aussage nicht dahingehend zu interpretieren, dass die von solchen Defiziten betroffenen Menschen ihre Menschenwürde verloren hätten und damit vogelfrei wären.[31] Das Gegenteil ist der Fall. Adressat der provozierenden Aussage, dass menschliches Leben bei Nichterreichen (eines bestimmten Levels) der zehn Items unter die Würde-Schwelle fällt, ist nämlich die Gesellschaft, nicht nur, aber sicher primär in ihren jeweiligen nationalstaatlichen Ausprägungen.[32]

---

29 Um zu demonstrieren, dass der Verzicht auf bestimmte *capabilities* aus religiösen Gründen nicht die prinzipielle Gültigkeit ihrer Liste infrage stellt, beruft sich Nussbaum auf die Praxis der Amish. Diese würden zwar auf die Inanspruchnahme des Wahlrechtes verzichten, negierten dieses und die Werte der Demokratie damit aber nicht grundsätzlich (Nussbaum 2006: 182-185; Nussbaum 2000: 167-240). Das eigentliche Problem religiöser Ansprüche in einer pluralen Gesellschaft beginnt natürlich genau dann, wenn dieser Boden eines „vernünftigen" Pluralismus verlassen wird. An dieser Stelle, wo die Toleranz zur Aufhebung der Toleranz missbraucht wird, gibt es unter der Wertvoraussetzung einer „wehrhaften Demokratie", aber auch einer Ethik, die in der Meinungs- und damit auch Religionsfreiheit ein intrinsisches hohes Gut sieht, nur die Möglichkeit der aktiven Zurückweisung einer solchen pluralismusfeindlichen Position.
30 Vgl. Nussbaum 2006, 167: „This account entails that the capabilities are radically nonfungible: lacks in one area cannot be made up simply by giving people a larger amount of another capability. This limits the kind of trade-offs that it will be reasonable to make, and thus limits the applicability of quantitative cost-benefit analysis." Die frühere Ausdifferenzierung in *basic capabilities* als „innative equipment of individuals, that is the necessary basis for developing the more advanced capabilities" (Nussbaum 2000: 84f.), in *internal capabilities*, die insofern über die ersten hinausgehen, als sie bestimmte personale, biologische oder psychologische Entwicklungsstadien berücksichtigen, und *combined capabilities*, die Bezug nehmen auf die äußeren Umstände, die diese *internal capabilities* nochmals fördern können, wird in „Frontiers of Justice" nicht mehr aufgegriffen. Unter der von Nussbaum 2006 gewählten normativ-ethischen Perspektive, *capabilities*, Menschenwürde und soziales Minimum zusammen zu denken, erscheint diese Ausdifferenzierung tatsächlich nicht mehr notwendig, wenn denn die Aufnahme als Item auf die Liste eben davon abhängt, ob eine *capability* unbedingt und immer Geltung als Bedingung eines jeden guten Lebens besitzt.
31 Nussbaum räumt allerdings selbst ein, dass frühere Äußerungen so missverstanden werden konnten; vgl. Nussbaum 2006: 432, Anm. 18.
32 In Kap. 4 und 5 von „Frontiers of Justice" wendet sich Nussbaum ausdrücklich der Frage internationaler und globaler Gerechtigkeit zu.

Wenn die *capabilities* als *entitlements* aufzufassen sind, dann besteht die entscheidende Funktion der Liste nicht in einer evaluativen Skizze guten Lebens, sondern dann formuliert sie *benchmarks* an eine jede Politik, sofern sie dem Kriterium einer *basalen* sozialen Gerechtigkeit im Sinne der Ausbuchstabierung von Menschenwürde und Menschenrechten genügen will.[33] Als *benchmarks* einer basalen Theorie sozialer Gerechtigkeit für staatliche oder staatlich gewährleistete Aktivitäten formuliert die Liste der *capabilities* keine umfassende Theorie sozialer Gerechtigkeit (75). Erst recht hat sie keine umfassende Theorie politischer Herrschaft oder sozialen Miteinanders im Blick. Eine solche umfassendere Theorie hätte weiterer Normen und Werte zu beachten wie Friede, Solidarität, Stabilität, Gemeinwohl etc. Nussbaum nennt ihre Theorie entsprechend nur eine Theorie des *basic social minimum* (70). Hat man diese Selbstbeschränkung im Blick, dann muss aber genauso dezidiert festgehalten werden: „a society that does not guarantee these (sc.: the ten capabilities supposed to be general goals that can be further specified by the society in question; MN ein Satz zuvor) to all its citizens, at some appropriate threshold level, falls short of being a fully just society, whatever its level of opulence." (75)[34]

Zudem legt Nussbaum Wert darauf, dass vor dem Hintergrund einer solchen Beschränkung der Theorie auf das Level einer Basistheorie auch die Differenz zwischen der *Rechtfertigung* bestimmter Basisgüter und ihrer *Implementierung* zu beachten sei (80). Konkret mag dies bedeuten, und davon lebt beispielsweise ein Großteil des Erziehungssystems, dass Fördern durch Fordern erreicht wird, auch wenn diese Implementierung (sofern sie nicht das eigentliche Ziel aus dem Blick verliert, was natürlich angesichts menschlicher Fehlbarkeit von Individuen und Strukturen geschehen kann) den Betroffenen nicht immer unmittelbar einleuchtet und ihnen bisweilen (sogar längerfristig) eher als Freiheitseinschränkung denn -ermöglichung erscheint.

Mit der intrinsischen und nicht nur extrinsisch-sekundären Beachtung und Integration von anthropologischen Grunderfahrungen wie Leiblichkeit, Sozialität, Vulnerabilität, Kommunikabilität, Relationalität, Responsivität, Bedürftigkeit, Fürsorge, Compassion, reziproker Achtung nicht nur in symmetrischen, sondern gerade in asymmetrischen Beziehungen[35], der Bestreitung einer strik-

---

33 Dass Nussbaum in ihrer Gerechtigkeitstheorie sich – systemtheoretisch formuliert – im Funktionssystem der Politik und deren Reflexionswissens bewegt, stellt ein Manko ihrer Überlegungen dar, das jedoch korrigierbar ist, wie im späteren Verlauf der Darstellung noch zu zeigen ist.

34 Um diese These gegen den möglichen Vorwurf der Sozialutopie zu verteidigen: Nussbaum spricht nur davon, dass die Gesellschaft die Realisierung dieser *capabilities* als generelle Ziel anerkennen muss. Das geschieht in der Verfassungswirklichkeit durch die Gewährung von Rahmenbedingungen, die je nach finanziellen Möglichkeiten (und dann auch politischen Voreinstellungen) mehr oder minder intensiv ausgefüllt werden.

35 Nussbaum 2006: 61 verweist auf einen Gedanken Humes, den sie teilt, dass gerade asymmetrische Beziehungen ein besonderer Gütetest für Gerechtigkeitstheorien darstellen, weil jenseits der wohlgeordneten Gesellschaft diejenigen, die sich in der besseren Position befinden, oftmals gar nicht kooperieren müssen, sondern die anderen ungestört dominieren können.

ten Zuordnung von Gerechtigkeitsfragen zum rein politischen, nicht jedoch privaten Bereich (1; 85-86; 105-106; 321f.), der Anerkennung aller Menschen als Bürger, denen bei mentalen Schwächen nötigenfalls ein Bevollmächtigter in der Ausübung dieser Rechte, die ihm jedoch nicht prinzipiell aberkannt werden dürfen, zur Seite gestellt werden kann (192-193), formuliert Nussbaum eine klare Alternative zu kontraktualistisch oder utilitaristisch formulierten Sozialtheorien und Theorien sozialer Gerechtigkeit. Nicht nur, dass der Utilitarismus alsbald als ernsthafter Kandidat einer normativen Sozial- und Gerechtigkeitstheorie scheitern muss. Hierin stimmt Nussbaum mit weiten Teilen der kontraktualistisch ausgerichteten Literatur überein. Die Gründe sind im Pro und Contra der Debatte hinreichend ausgetauscht, wobei der Hauptvorwurf von stark, aber auch schwach deontologisch ausgerichteten Theorien selbst gegenüber subtileren Varianten des Utilitarismus der bleibt, dass kein intrinsisches, sondern nur ein konsequentialistisch ableitbares Verbotsschild gegen die Instrumentalisierung von Einzelnen durch die Gesellschaft – so selten sie auch vorkommen mag – aufgeboten wird. Das Grundprinzip einer personenübergreifenden Aggregation von Nutzen und Schaden steht für dieses Manko, das Nussbaum mit allen Deontologen kritisiert (72-74), so sehr sie andere Elemente des Utilitarismus wie seine *outcome*-Orientierung und seine tierethische Sensibilität bedingt würdigen kann (338-346).

Innovativ gegenüber dem klassischen, aber auch dem modernen Kontraktualismus ist der Alternativentwurf Nussbaums durch das methodologisch reflektiert eingeführte *Menschenbild*. Zwar kann Nussbaum im *Anwendungsbereich* eine hohe Übereinstimmung mit zahlreichen anwendungspraktischen Konsequenzen, die auch Rawls u. a. ziehen, konstatieren, ja, sie wertet es sogar als Plausibilitätsbeweis für solche praktischen Ableitungen (vgl. 81), wenn diese aus unterschiedlichen Theoriedesigns gemeinsam gewonnen werden können. Dennoch reicht ein solches Indiz nicht, um die Frage begründungstheoretischer Herleitung sozialer Gerechtigkeit zu sistieren. Schließlich ist denkbar und in bestimmten prekären Anwendungsbereichen wie den genannten ungelösten Problemen des Kontraktualismus auch wahrscheinlich, dass sich solche begründungstheoretischen Differenzen dann doch, und oft erheblich, auswirken. Nussbaum legt deshalb großes Gewicht darauf, die Theoriedifferenzen gegenüber dem Kontraktualismus oder *rational choice*-Ansätzen darzulegen, wie sie sich aus dem jeweilig zu Grunde liegenden Menschenbild herleiten.

Letztgenannte Ansätze räumen ja in der Regel ein, dass sie keine umfassende Anthropologie entwerfen, sondern nur ein Modell konstruieren, das in der Lage ist, dem Grundanliegen ihrer Theorie gerecht zu werden, nämlich strukturelle Bedingungen für eine wohlgeordnete Gesellschaft zu eruieren, die gemäßigte Kooperationsgewinne trotz konkurrierender Interessen ermöglichen soll. Ob

---

Folglich gilt es, gerade jenseits symmetrisch-reziproker Beziehungen die Grundlagen für Zusammenleben zu schaffen.

Nussbaum das Problem an den älteren Theorien von Grotius, Hobbes, Locke, Hume und Kant durchspielt (35-54)[36] oder an den gegenwärtigen Ansätzen von Gauthier oder Rawls oder Scanlon (hier mit deutlich größerer Nähe denn zu den anderen Positionen) (54-69), ihr Fazit zu diesen Modellen lautet, dass von einem völlig insuffizienten Verständnis vom Menschen ausgegangen wird, das in seinen politischen Auswirkungen nicht auf den puren Modellstatus reduziert bleibt: „Whatever differences there are among the different founders of that tradition, all accept the basic Lockean conception of a contract among parties who, in the state of nature, are 'free, equal, and independent'" (Nussbaum 2005: 53). Das vordergründige Prägeelement der Prozeduralität, das trotz der *primary goods* und des Differenzprinzips die Rawls'sche Theorie auszeichnet (82), kann sich des Einflusses der impliziten Voraussetzungen, die durch dieses funktional zum Menschenbild sich ausdehnende Modell wirken, nicht erwehren: Ausgang zu Ziel der Gerechtigkeit ist die Rahmung von Kooperationsverhältnissen, nicht die Inklusion in die Gesellschaft.

Mit dem Ausgang von dieser konstitutiven Prämisse übersehen die Vertreter der kontraktualistischen Theorien aber nach Nussbaum, dass das durchaus hehre Ziel der fairen Gewährleistung von Kooperationschancen keineswegs die Basis für Gerechtigkeit im Allgemeinen und soziale Gerechtigkeit im Besonderen begründungstheoretisch hinreichend und umfassend rekonstruieren kann. Behinderte, Fremde und Nichtmenschen kommen so nur solidarisch, nicht jedoch auf der begründungstheoretischen Ebene als Destinatare, also als Zielobjekte von Gerechtigkeit in den Blick. Diese Individuen oder Gruppen sind eben nicht gleich an Kräften und Ressourcen (29), können und wollen nicht als unabhängige Individuen angesehen werden, sondern empfinden den Sinn ihres Lebens gerade in der engen Bindung an Andere.[37] Sie bleiben nicht nur kurzfristig, wie dies auch die kontraktualistischen Ansätze begründungstheoretisch auffangen können, sondern langfristig, ja vielleicht irreversibel in (massiven) Abhängigkeitsrelationen und scheinen dies keineswegs als Unglück zu erleben.

Irritiert wird von den Theorievertretern des Kontraktualismus dann meistens eingeräumt, dass diese Menschen[38] und Gruppen eben nicht das Kerngebiet

---

36 Unbeantwortet bleiben muss die Frage, ob sich diese Ansätze alle unter dem Sortal „Kontraktualismus" einordnen lassen.

37 Darin sieht Nussbaum auch die aus ihrer Sicht ungeheure Bereicherung von sogenannten Behinderten für die Gesellschaft. Die vielen Beispiele aus ihrem persönlichen Lebensumfeld illustrieren diese Einstellung nachdrücklich als authentisch. In jedem Fall weiß Nussbaum – was an dieser Stelle zu erwähnen mehr als ein *argumentum ad hominem* darstellt –, wovon sie redet.

38 Im Rahmen dieser Untersuchung können die speziesismustheoretischen Erwägungen Nussbaums, die einerseits an einer Sonderstellung jedes Menschen dadurch festhält, dass sie ihn – selbst als Schwerstbehinderten – in ein kommunikativ-relationales Netz eingebunden sieht und ihm nicht abspricht, auf seiner Stufe *capabilities* zu verwirklichen, andererseits aber auch Tieren spezifische *capabilities* einräumt, nicht weiter bedacht werden. Für die menschenrechtlichen und insbesondere die hier im Zentrum stehenden gerechtigkeitstheoretischen Reflexionen reicht der Ausgangspunkt, dass Menschen Menschenwürde zuerkannt wird.

der Begründung sozialer Gerechtigkeit bildeten. Für Gauthier sind diese Menschen schlechterdings nicht „party to the moral relationships grounded by a contractarian theory" (Gauthier 1986: 18). Nur wenn eine Gesellschaft die Bedingungen der Kooperation geschaffen habe, so ein Standardargument des Kontraktualismus, könne auch aus dem Überfluss solidarisch verteilt werden. Warum aber sollen nur Kooperationsüberschüsse die Begründung für soziale Gerechtigkeit bilden? Selbst wenn Kooperationsüberschüsse die materiale Grundlage von sozialer Gerechtigkeit bilden, folgt daraus noch nicht, dass damit Kooperation die geltungstheoretisch hinreichende Bedingung für soziale Gerechtigkeit mitliefert. Wenn sich nämlich mit Gerechtigkeit so etwas wie Rechte im Sinne von *entitlements* verbinden, dann muss sich deren Bewährung an den Schwächsten der Gesellschaft zeigen. Wie kann dies aber bewerkstelligt werden, wenn jene aus der intrinsischen Begründung des Konzeptes herausfallen? Wo dies geschieht, muss man gerade von Seiten solcher Theorien, die ja eingestehen, dass sie auch noch für ein „Volk von Teufeln (wenn sie nur Verstand haben)" (Kant 1983, Bd. 9: 224) gelten sollen, damit rechnen, dass das gegenüber Skeptikern, resp. verstandesbesitzenden Teufeln angebotene Solidaritätsband einfach gekappt wird. Anders formuliert: Theorien, die mit Anthropologie oder pessimistischen oder minimalistischen Akteursmodellen arbeiten und dies nicht aus weltanschaulichen, sondern vor allem epistemologischen Gründen tun – also ausdrücklich zugeben, dass die Methode ihre Legitimation darin findet, sich am *worst case* auszurichten –, müssen immer darauf gefasst sein, dass all das, was sie nicht intrinsisch in ihre Modelle integriert haben, dann auch nicht als intrinsisch dazu gehörig erachtet wird. Zu dieser Reduktion laden die kontraktualistischen Theorien von ihren anthropologischen Voraussetzungen her selbst ein. Daher ist Martha Nussbaums begründungstheoretische Skepsis gegenüber herrschenden Kontraktualismusmodellen nur zu berechtigt. Sie entspricht ganz der Grundintention dieser Theorien selbst. Wenn diese also im anwendungspraktischen Bereich, beispielsweise im Ausblick auf die Gestaltungsmöglichkeit von Verfassungsrecht oder einfacher Gesetzgebung, darauf verweisen, dass sich aus der begründungstheoretischen Reflexion eines Urzustandes oder einer wohlgeordneten Gesellschaft bestimmte Folgerungen anbieten würden,[39] dann ist gegenüber solchen Versicherungen zu Recht darauf hinzuweisen, dass solche Folgerungen möglich, aber doch nicht zwingend, vor dem Hintergrund der eigenen epistemologischen Voraussetzungen noch nicht einmal überaus plausibel sind.

Gegenüber diesem epistemologischen und dann auch sachlichen *wost case*, also der Nichtbeachtung von dauerhaft Abhängigen beim jeweiligen Übergang vom Urzustand zum Modell der wohlgeordneten Gesellschaft, von dort zur

---

39 So deutet Rawls zwar an, dass sich bestimmte Folgerung aus seiner Theorie der Gerechtigkeit als Fairness für das Gesundheitswesen anbieten, verzichtet aber auf eine dezidierte Kopplung zwischen seiner grundlegend gedachten Theorie und diesem Aufgabenfeld, das er rein auf der Anwendungsebene positioniert (vgl. Rawls 2003: 264-271).

Verfassungswirklichkeit und schließlich von dort zur einfachen Gesetzgebung resp. Verordnungsebene insistiert Nussbaum darauf, phänomenologisch rekonstruierbare, d. h. stabile, aber auch instabile Gemeinsamkeiten menschlichen Lebens und Zusammenlebens als Ausgangspunkt für eine jede Theorie basaler sozialer Gerechtigkeit zu wählen. Indem man anders als die Kontraktualisten von der Menschenwürde ausgehend den Schutz vulnerablen menschlichen Lebens intrinsisch in die Gerechtigkeitstheorie integriert, ist jede begründungs- und schließlich dann auch anwendungstheoretische Abweichung von diesen Schutz- und Achtungsstandards von vorn herein beweislastig.

Mit dem Hinweis auf eine phänomenologisch überzeugendere Anthropologie als die modelltheoretisch eingeführte, dann aber funktional doch oft wie ein Menschenbild gehandhabte Minimalanthropologie des Kontraktualismus, erinnert Martha Nussbaum schlicht und einfach an diese Beweislastaufgabe. Meines Erachtens ist in solchen Theoriedebatten damit schon die entscheidende strategische Weichenstellung vorgenommen. Mehr ist angesichts weltanschaulicher Pluralität, die ja bis in solche Begründungsdebatten hineinspielt, kaum zu erreichen. Und doch ist der mit Gründen belegte Hinweis auf die jeweilige Beweislastverteilung – gerade auch im moralpragmatischen und rechtspolitischen Konfliktfall – überaus bedeutsam, insbesondere wenn eine gewollte Änderung auch noch gegen eine etablierte Rechtskultur angeht.[40]

Die zurückliegende Skizze mag ausreichen, um eine erste begründungstheoretische Einordnung dieser nicht-idealen Theorie sozialer Gerechtigkeit leisten zu können, die den Umfang basaler sozialer Gerechtigkeit an die revisionsoffen und vage formulierte Liste von *capabilities* knüpft, die wiederum nicht nur instrumentell auf Menschenwürdeschutz und -achtung bezogen sind, sondern als Ausdruck ihrer Realisierung verstanden werden und damit die Grundlage für ein *human flourishing* bereitstellen sollen.

3.3 Vertiefungen

Nach der Darstellung der Grundidee der aktuellen Version von Nussbaums *capabilities approach* und der sie entscheidend von anderen Konzeptionen abgrenzenden Besonderheiten in Menschenbild und Methode sind zum Abschluss dieses Kapitels noch einige methodologische und inhaltliche Vertiefungen und Kontextualisierungen vorzunehmen, die dazu dienen sollen, die Wahrnehmung für das Profil des Befähigungsgerechtigkeitskonzeptes weiter zu schärfen. In diesem Sinne gilt es a) zu prüfen, ob das durch das Menschenwürdeaxiom grundgelegte Telos der Befähigung zu einem *human flourishing*, nämlich als Einbin-

---

40 Wo beispielsweise der Präferenzutilitarismus sich gegen die abwehrrechtliche Identifikation von Personsein und Menschsein wendet, hat er die Beweislast gegenüber der Menschenrechtstradition und in Deutschland auch gegenüber der Verfassung zu tragen.

dung in ein soziales Miteinander, kurz, ob gesellschaftliche *Inklusion* gerade auch derjenigen Gruppen, die durch diesen Ansatz besonderen Schutz erhalten sollen, nämlich u. a. sogenannte Behinderte, begründungs- und/oder anwendungstheoretisch greift. Schließlich ist b) noch zu klären, ob Nussbaums Variante des *capabilities approach* tatsächlich die offene Debatte zwischen Gleichheitsverteidigern und neueren Gleichheitskritikern (vgl. Kap. 2) entscheidend aufgreifen und weiterführen kann.

ad a) Immer wieder wird der Einwand laut, dass der Befähigungsgerechtigkeitsansatz nicht in der Lage sei, gerade die Menschen zu schützen und zu fördern, für die er sich einsetze:[41] die Schwächsten der Schwachen. Der Begriff der Befähigung impliziere, dass es überhaupt etwas zu befähigen gebe. Das sei aber bei schwerstgradig geistig Behinderten nicht der Fall.

Zur Widerlegung dieses Vorwurfes bietet sich eine mehrgleisige Strategie an. Zunächst kann man – ohne dass dies allerdings ein echtes moraltheoretisches Argument darstellen würde – zurückfragen, ob die anderen, an kognitive Fähigkeiten der Individuen anknüpfenden ethischen Ansätze bzw. Sozialtheorien wie z. B. *rational choice*-Theorien, aber auch der Präferenzutilitarismus, bessere Argumente zum Schutze der genannten Zielgruppe liefern. Eine solche polemische Rückfrage entlastet zwar nicht von der eigenen Rechenschaftspflicht, macht aber deutlich, dass die Debatte hier in jedem Fall auf dünnem Eis stattfindet. Sodann lässt sich erwidern, dass ein Großteil der vermeintlich nicht berücksichtigbaren Fälle von Behinderung sehr wohl vom *capabilities approach* erfasst werden können, sofern man den Befähigungsbegriff nur weit genug, d. h. nicht einfach nach Maßgabe eines vorgegebenen Normalitätsspektrums, versteht. Mit der oft gar nicht wahrgenommenen Identifizierung von Normalität und Normativität gerät man nämlich in eine soziologisch und sozialpsychologisch vielleicht nachvollziehbare, jedoch keineswegs ethisch zu legitimierende Normalitätsfalle (vgl. Waldenfels 1998), die einem Sein-Sollens-Fehlschluss erliegt. Dass es dem *capabilities*-Ansatz um einen Fähigkeiten-Begriff zu tun ist, der sich nicht nur am statistisch gewonnenen und anschließend normativ überhöhten Normalitätsbegriff orientiert, wird durch den wiederholten Hinweis auf das zu Grunde liegende Menschenbild mit seiner Sensibilität gegenüber Vulnerabilität und Schwachheit, aber auch seiner Rückbindung an Kommunikabilität und Responsivität deutlich. Im Unterschied zu vermeintlich deskriptiv eingeführten, aber letztlich doch normativ aufgeladenen Normalitätsunterstellungen expliziert der *capabilities approach* sein Menschenbild von vornherein als ein evaluatives (vgl. 181) und bewirbt dessen komparative Lebensdienlichkeit mit dem Hinweis, dass es gutes Leben zu ermöglichen sucht und dabei alles menschliche Leben schützt.

---

41 Bei meinen Vorträgen zum Befähigungsgerechtigkeitsansatz bin ich keinem Einwand so häufig begegnet wie diesem.

Geradezu in Aufnahme inventional-rhetorischer Strategien narrativer Ethik (vgl. Lesch 2002) bewegen Nussbaums gegen den Strom der kryptonormativen Identifizierungen von Normalität und Normativität Nussbaums geradezu anrührende Geschichten von Behinderten, die in ganz unterschiedlichen Gebieten ganz unterschiedliche, aus der Normalitätsperspektive formuliert: eigentümliche und irritierende Verhaltensgewohnheiten zeigen und die ohne Zweifel nicht nur l(i)ebenswürdig für sich sind, sondern offensichtlich auch das Leben ihres Umfeldes bereichern. Weder dass es andere als die erzählten Geschichten gibt, noch dass solche Bemühungen, die Talente der vom biostatistischen Normalitätsbegriff abweichenden Menschen zu fördern, finanzielle, soziale und emotionale Ressourcen binden, leugnet Nussbaum. Doch auch hier gilt die Rückfrage, ob dies bei anderen Menschen nicht ebenso sein kann. Kurzum, diejenigen, die bestreiten, dass der *capabilities approach* Behinderte erfassen könne, verraten mehr über ihre eigenen *taken-for-granted assumptions*, als dass der *capabilities approach*, gerade in seiner Rückbindung an die Menschenwürdeaxiomatik, hier ein echtes Problem hätte.

Dennoch bleibt der Extremfall eines schwerstgradig Behinderten, bei dem nur noch im Sinne eines Euphemismus von Befähigung gesprochen werden könnte. An einem Grenzfall gerät die Funktion jeder Begriffsbestimmung an ihre Grenzen. Doch auch an ihm versucht sich Nussbaum. Zum einen schiebt sie diesen Punkt eines nicht mehr befähigbaren menschlichen Lebens sehr weit hinaus: „there is a close relation between this threshold and the medical definition of death" (181). Entgegen einem an *aktuellen* Fähigkeiten rationaler Artikulation bzw. zukunftsbezogener Interessenverfolgung orientierten Ansatz (vgl. Singer 1994) bringt sie die sozial-relationale und kommunikative Dimension der *Leiblichkeit* ins Spiel (187f.). Zwar kann sie einräumen, dass manche Behinderte erheblich und dauerhaft hinter den Fähigkeiten beispielsweise von Menschenaffen zurückbleiben (192). Dennoch sind solche Minderbefähigungen als Defizite einer an sich für die Spezies typischen Fähigkeit zu interpretieren. Diese Privatio wird bei Nussbaum freilich nicht allein biologisch ausgelegt, so dass allein der (allerdings auch von ihr zumindest als heuristisch nicht völlig irrelevant eingestufte) biologische Umstand, dass ein Mensch einen menschlichen Körper hat und menschliche Eltern besitzt, schon ein hinreichendes Argument für Nussbaum wäre, auch diese Menschen als Destinatare des *capabilities approach* aufzufassen. Nussbaum erschließt vielmehr umgekehrt, nämlich von der soziokulturellen und kommunikativen Einbindung Schwerstbehinderter in ihre Umwelt und ihren (durchaus begrenzten, aber doch vorhandenen) *capabilities* her, die Legitimität, diese Menschen als Menschen im Sinne von Menschenwürdeträgern aufzufassen, resp. die vorgängige Anerkennung rekonstruktiv zu plausibilisieren. Vor diesem Hintergrund schreibt sie paradigmatisch über Sesha, einen geistig schwerst behinderten Menschen: „To the extend that we do think of Sesha's life as a human life, and I think we are not deceived when we do, it is presumably because at least some of the most important human capabilities are manifest in it, and these capabilities link her to the human community rather than to some other: the ability to love and relate to others, perception, delight in movement and play. In this sense the fact that she is the child of human parents matters: her life is bound up in a network of human relations, and she is able to participate actively in many of those relations, albeit not in all" (187f.).[42] Mit dem gewählten Argumentationsvektor von der sozialen Kommunikation hin zur Unterstellung, dass jeder von einem Menschen Geborene auch ein Träger der Menschenwürde ist, macht man sich keines Sein-Sollens-Fehlschlusses schuldig. Anders formuliert: Eine Gesellschaft begibt sich im Blick auf die schwachen Mitglieder der Gemeinschaft, zu denen keine symmetrischen Beziehungen aufgebaut werden können (192), und im Blick auf die Gemeinschaft selbst in eine problematische soziale Schräglage, wenn diese grundlegende Unterstellung der Inklusion auch nicht arttypischen Lebens in Frage gestellt wird. Wer noch mehr an Begründung verlangt, erwartet, das nur rekonstruktiv plausibilisierbare Axiom der Menschenwürde, von dem her man nur denken und dem man nur entsprechen kann, nochmals in etwas anderem zu begründen, was wiederum dessen Charakter als anerkennungstheoretischem Axiom widersprechen würde (vgl. Dabrock 2004).

Nur wenn man die anthropologischen Prämissen, die nicht analytisch zum *capabilities*-Begriff, jedoch synthetisch zum Ansatz Nussbaums hinzugehören – dass menschliches Leben ständig auf Kommunikation angewiesen und mit Vulnerabilität konfrontiert ist – nicht mehr berücksichtigt, besteht tatsächlich die Gefahr des Ausschlusses derjenigen, um derentwillen eigentlich der Ansatz als Korrektur zu vorherrschenden kooperationsbasierten Gerechtigkeitsansätzen formuliert worden ist. Gegen Missinterpretationen ist allerdings kein Ansatz prinzipiell gewappnet. Dass der Fähigkeitenansatz diese Problemstelle erkannt hat und durch die enge Kopplung von Menschenwürde und Fähigkeiten aus

---

42 Angesichts unterschiedlicher kultureller Deutungen des Zusammenhangs von menschlichem und menschenwürdigem Lebens erinnert ein Teil der christlichen Theologie mit Hilfe der intrinsisch-theologischen Figuren von Gottebenbildlichkeit und Rechtfertigung daran, dass – mit W. Härles formaler Unterscheidung (vgl. Härle: 2005: 370-373) gesprochen – solche immanent-relationalen Begründungen der Menschenwürde, wie sie Nussbaum vorlegt, in gewissem Grade zwar sinnvoll sind (weil sie gegenüber rein eigenschaftsorientierten den Vorzug besitzen, dass sie über eine kommunikative Bindung, sofern sie vorhanden ist, auch Menschen in die Schutzgemeinschaft integrieren, denen es an klassischen Eigenschaften, die ansonsten für die Sonderstellung des Menschen aufgeboten werden wie bspw. Vernunft, mangelt), aber doch auch ein erhebliches Defizit aufweisen. Gegenüber den immanent-relationalen Ansätzen verweisen deshalb transzendent-relationale Modelle, die die Menschenwürde aus besagten theologischen Figuren ableiten, darauf, dass auch die zwischenmenschliche Zuerkennung der Menschenwürde von einer Gewissheit (im Sinne von *certitudo*, nicht *securitas*) transzendiert werden kann, deren innermenschliche Bestimmungen ihrerseits nicht ausreichen. Dass diese Gewissheit nur im Glauben erfahren werden kann, ändert nichts an der Plausibilität des Anliegens, auf die Gefahr immanenter Ansätze hinzuweisen. Erfahrungen des Fremden, bspw. in der Kunst, vermitteln aber auch im Immanenten eine Ahnung davon, dass das „was ist, nicht alles [ist]" (Adorno 1973: 391).

sich selbst heraus einzudämmen in der Lage ist, kann m. E. nicht bestritten werden.

ad b) Kann der *capabilities approach* einen produktiven Beitrag zum Streit zwischen Gleichheitsprätention und Egalitarismuskritik leisten? Zur Beantwortung dieser Frage reicht es nicht aus, einfach zu eruieren, wie der *capabilities approach* das Verhältnis von Freiheit und Gleichheit vordergründig bestimmt, denn diese Unterscheidung erscheint vor dem Hintergrund der neueren Egalitarismus-Debatte doch zu grobmaschig gestrickt, insofern hier offensichtlich verschiedene Gleichheitsbegriffe – fundamentale Statusgleichheit, soziale Gleichheit im strikten Sinne oder nur als Zielangabe, aber auch im problematischen Sinne einer Verwechselung mit dem Allgemeinheitsbegriff – im Schwange sind, die sorgsam differenziert werden müssen. Deshalb ist in ethischer Perspektive zu prüfen, ob und welche Form von Gleichheit als intrinsisch moralischer Wert betrachtet werden kann und welche nicht, ob es zwischen einem intrinsischen moralischen Ziel und einem extrinsischen moralischen Mittel auch noch einen moraltheoretischen Zwischenstatus gibt, und ob folglich verschiedene Erfüllungsformen und damit auch *cut-off-points* für Gleichheitsforderungen in Erwägung gezogen werden müssen.

Vom Grundgedanken des *capabilities approach*, der Menschenwürde, her kann gesagt werden, dass dieser Ansatz von einer *fundamentalen reziproken, damit jedoch nicht unbedingt symmetrischen* (160) *Statusgleichheit* ausgeht, die man philosophisch und auch fundamentaltheologisch als transzendentale Anerkennung oder als aspektiv-relational anerkanntes Personsein rekonstruieren und plausibilisieren kann (vgl. Honneth 1992; Frey 1998: 33-48; Fischer 1999). Nicht, wenn es um gradualisierbare moralische Achtung geht, sehr wohl aber, wenn die fundamentale Anerkennung betroffen ist, die durch jede Kommunikationseröffnung schon vorlaufend realisiert wird,[43] muss man von dieser fundamentalen Gleichheit ausgehen.[44] Entsprechend führt Nussbaum aus: „For the capabilities approach, at any rate, equality is important at the very base of the theory; for it is not just human dignity that must respected, it is equal human dignity" (295). In diesem Sinne sind moralische *equality* der fundamentalen Anerkennung und Anerkennung der *human dignity* für Nussbaum extensional deckungsgleich.

Andererseits hat die Egalitarismuskritik ja intensiv darauf hingewiesen, dass soziale Gleichheit nicht einfach mit dieser statustheoretischen, transzendentalen

---

43 In Extremo hat sie Levinas gedacht, wenn er das Antlitz des Anderen als nicht negierbaren Imperativ: „Du sollst mich nicht töten!" deutet, der zugleich die Botschaft: „Du kannst mich nicht töten!" kommuniziert: Solange das Antlitz nicht getötet wird, wird sein Imperativ befolgt, wird es – Gott behüte – getötet, kann es seine Botschaft nicht mehr kommunizieren; vgl. Lévinas 1992: 17-20.

44 Die Rede „ein bisschen Würde", resp. einer gradualisierbaren Würde im strengen Sinne der Anerkennung des Anderen als eines Selbstzwecks in sich, als eines *jemand* und nicht eines *etwas*, der entsprechend nicht gedemütigt werden darf, ist in sich widersprüchlich.

Anerkennungsgleichheit zu verwechseln ist. Letztere gelte absolut, die Forderung nach sozialer Gleichheit basiere dagegen auf interpersonellen Vergleichen und rufe somit relationale Gesichtspunkte auf den Plan begründungstheoretischer Debatten um soziale Gerechtigkeit (vgl. Krebs 2000). Daraus ziehen maßgebliche Vertreterinnen der Egalitarismuskritik den Schluss, dass eine an einem absoluten Standard ausgerichtete, egalitarismuskritische Suffizienztheorie eine hinreichende Basistheorie sozialer Gerechtigkeit darstelle. Status, Vermögen und Fähigkeiten anderer seien dabei nicht in Rechnung zu stellen. Eine egalitarismuskritische Gerechtigkeitstheorie vertrete in der Bestimmung des angemessenen sozialen Minimum einer Gesellschaft einen absoluten, keinen relationalen Ansatz.

Der im Anschluss an Nussbaums neuestes Werk vorgestellte Befähigungsansatz kann dieser Forderung insofern entgegen kommen, als er vom absoluten Menschenwürde-Kriterium herkommend gerechte Ansprüche auf ein an diesem Status orientiertes Suffizienzlevel beschränkt (71; 75; 179-180; 291-295; 401-402). Anders als das Rawls'sche Differenzprinzip, das theoretisch noch unter einer aus Einkommensmillionären zusammengesetzten Gesellschaft umverteilt,[45] konzediert Nussbaum nämlich, dass es einen *cut off point* oder ein *threshold level* für Sozialtransfers gibt, ab dem Ansprüche einer Person an andere gekappt werden können, vorsichtiger formuliert: beweislastig werden.

Doch nicht nur von der Gefahr der Überbetonung interpersoneller Vergleiche, wie sie zumindest in Rawls' Theorie nicht gebannt ist, grenzt sich der Nussbaum'sche Ansatz ab. Im Unterschied zur Egalitarismuskritik ermittelt Nussbaum diesen *cut off point* nämlich ausdrücklich gesellschaftsrelativ. Nur in einer mit Idealisierungen arbeitenden Theorie kann man einen solchen Suffizienzpunkt vermeintlich absolut festlegen. Unter Realbedingungen, und es sei daran erinnert, dass Martha Nussbaum ihre Theorie als nicht-ideale Theorie begreift, ist die Bestimmung des Suffizienzlevels immer vom Vermögen der anderen abhängig. Pointiert hat Herlinde Pauer-Studer, deutschsprachige Vertreterin eines freiheitsfunktionalen *capabilities*-Ansatzes, diese Abgrenzung von der auf absolute Standards setzenden Egalitarismuskritik zum Ausdruck gebracht: „Unter Bedingungen der Ressourcenknappheit ... ist die Frage, wie viel jemandem zusteht, nicht ablösbar davon zu beantworten, wie viel andere erhalten sollen" (Pauer-Studer 2000: 53). Zwar sagt diese These noch nichts über das Verhältnis von Anerkennungsgleichheit, Freiheit und sozialer Gleichheit aus, aber sie erinnert im Blick auf die Frage der Verteilung, und gemeint ist die Verteilungsgerechtigkeit, an eine leicht übersehene unhintergehbare Bedingung aller sozialphilosophischen Begründungs- wie Anwendungsreflexionen: Knappheit. Unbeschadet der Unterscheidung zwischen absoluter und gemäßigter Knapp-

---

45 Dieser Gedanke erscheint vor allem deshalb absurd, weil bei Rawls ja nur Vermögen und Einkommen, nicht aber gesellschaftlicher Einfluss oder andere in systemtheoretischer Perspektive relevant erscheinen könnende kommunikative Anschlussmöglichkeiten verteilt werden.

heit bleibt die Einsicht grundlegend, dass viele entscheidende und alle sozial-staatlichen Verteilungsfragen unter gemäßigten Knappheitsbedingungen statt-finden (Gosepath 2004: 67ff.). Auch wenn man von der distributiven Meta-pher abrücken will, weil sie einem zu etatistisch konnotiert ist, wenn man also statt von „Distribution" von der Berücksichtigung kommunikativer Anschluss-möglichkeiten sprechen will, gilt das Pauer-Studer'sche Diktum.

Wo nämlich nur wenige auf bestimmte Ressourcen, die für die souveräne Be-wegung in einer gesellschaftlichen Sphäre unerlässlich sind, zugreifen können, schließt ein bestimmtes Maß an Ungleichverteilung andere von einer solchen realen Inklusion aus, wobei eine besonders gravierende Ungleichheit zudem noch zu wechselseitig sich steigernden Exklusionsverstärkungen einzelner Funk-tionssysteme gegenüber einer Person führen kann (Luhmann 1995: 237-264; Dabrock 2006a; vgl. Kap. 5). Geht es also um die Möglichkeit der realen Inklu-sion in die Gesellschaft, dann kann nicht von der Gesellschaft selbst, deren kommunikative Anschlussmöglichkeiten prekär sind (in der Sprache der tradi-tionellen politischen Philosophie gesprochen: deren Verteilungspotential auf dem Spiel steht), abstrahiert werden. Um es am Beispiel des Gesundheitswesens zu verdeutlichen: Wenn ein bestimmtes Medikament eine enorme, lang anhal-tende Verbesserung des Gesundheitsstatus bewirkt, sind diejenigen, die sich dieses Medikament nicht leisten können, in der betreffenden Gesellschaft nach-haltig gegenüber denjenigen benachteiligt, denen die finanziellen Mittel zum Erwerb zur Verfügung stehen. Über das virtuelle Beispiel hinaus verweisen zahl-reiche gesundheitswissenschaftliche Studien darauf, dass eine hohe Korrelation zwischen sozialem Status und Gesundheitszustand besteht (Mielck 2005; Rich-ter/Hurrelmann 2006). Sie lässt sich auf die einfache Formel bringen: Wer är-mer ist, wird eher und dann auch chronifizierter krank und stirbt früher als der reiche Zeitgenosse in derselben Gesellschaft.[46]

Nun könnte man natürlich zynisch antworten, dass dies alles sicher richtig sei, aber insgesamt noch nicht ausreiche, um die soziale Gleichheit und die aus ihr abgeleitete relationale Betrachtung der sozialen Gerechtigkeit wieder in ihr von der Egalitarismuskritik angezweifeltes Recht einzusetzen. Zwar könne man konzedieren, dass unter gemäßigten Knappheitsbedingungen die Verteilung nicht ohne Bezug der Distributionsempfänger aufeinander gedacht werden könne, aber dieser Einwand sage noch nichts über das *Maß* möglicher Umver-teilungen aus; dieses ergebe sich vielmehr erst aus einem am reziproken Ach-tungsanspruch abgelesenen *absoluten* Standard. Wo Probleme jenseits dieser Schwelle auftauchten, müssten diese *eigenverantwortlich* gelöst werden.[47] Wo

---

46 Auf die noch weiter gehende, heftig diskutierte Wilkinson-These (vgl. Wilkinson 2001; die im Übrigen Norman Daniels u. a. 2000 normativ aufgegriffen haben), dass Gesellschaften mit größerer sozialer Stratifikation einen durchschnittlich niedrigeren Gesundheitsstatus aufwei-sen als vergleichbare Gesellschaften mit geringerer Stratifikation, kann hier nicht näher einge-gangen werden, zumal sie empirisch durchaus umstritten ist (vgl. Mackenbach 2005).

47 Die Begrenztheit des Eigenverantwortungsparadigmas für die Sozialpolitik im Allgemeinen

solcherart argumentiert wird, darf man zunächst bescheiden festhalten, dass dabei unter der Hand ein puristischer Standpunkt der Fokussierung auf ein absolutes Niveau aufgeben worden ist, insofern zumindest für die Genealogie dieses absoluten Standards relationale Erwägungen in Rechnung gestellt werden mussten.

Aber auch systematisch kommt eine solche Erwiderung nicht ohne relationale Aspekte aus, will sie die beiden unumstritten, als Normen und Werte gleichermaßen geschätzten moralischen Orientierungsmuster gesellschaftlichen Zusammenlebens der westlich geprägten Kulturen, aber auch des globalen Völkerrechts nicht missachten, nämlich Anerkennung und Freiheit, und will sie diese als wirkliche und nicht nur formale denken. Wird Freiheit nämlich nicht nur formal als Freiheit *von*, sondern kommunikativ als Freiheit *zu* gedacht,[48] ist sie notwendig auf Ressourcen oder allgemeiner gesprochen: auf Chancen, angefangen von der notwendigen Zuneigung bis hin zu Rechten und materiellen Gütern (Fraser/Honneth 2003), angewiesen. Ein phänomenologisch angemessener und lebensweltlich gedeckter Freiheitsbegriff kann also nicht ohne Sozialbezug gedacht werden. Damit steht der relationale Aspekt, der den Konzeptionen sozialer Gleichheit ja zum Vorwurf gemacht wird, in einem *intrinsischen* Verhältnis zur Freiheit. Daraus lässt sich wiederum ableiten: Soziale Gleichheit kann zwar nicht – darin ist den Egalitarismuskritikern zuzustimmen – in den Rang eines moralischen *Endzieles* eingerückt werden.[49] Aber durch den genannten engen Bezug zu der als intrinsisches Endziel charakterisierten Freiheit muss sie als *intrinsisch moralisches Mittel* qualifiziert werden. Eine Bestimmung als extrinsisches Mittel wäre angesichts ihrer Funktion als Ermöglichungsbedingung eines intrinsisch moralischen Endzieles unangemessen.[50]

---

und für das Gesundheitswesen in Besonderen ist in den letzten Jahren verstärkt ins Zentrum sozialwissenschaftlicher Untersuchungen gerückt. Kaum ein Begriff zeigt so deutlich wie dieser, wie vorsichtig der Übergang zwischen Begründungs- und Anwendungsdiskurs vollzogen werden muss. Denn in einem freiheitsfunktionalen Begründungsdiskurs spricht alles für den Vorrang der Eigenverantwortung als Respekt vor der Handlungsfreiheit der Individuen, im Anwendungsdiskurs zeigt sich, dass oftmals die – vor allem bildungspraktischen – Bedingungen der Eigenverantwortung nicht hinreichend berücksichtigt werden, so dass auf dieser Ebene das Paradigma oftmals zur Verschärfung sozialer Gegensätze führt; vgl. zum Überblick das Themenheft 4/2006 „Der Sozialstaat zwischen Eigenverantwortung und Solidarität" der WSI Mitteilungen.

48 Man kann sogar darauf insistieren, dass auch das Konzept „Freiheit von" sich geltungstheoretisch nicht behaupten kann, wenn es nicht in kommunikative Prozesse eines „Freiheit zu" eingebunden ist, so dass diese Genealogie auch auf die Geltung zurückschlägt.

49 Dies wäre – theologisch gesprochen – unter den Bedingungen der Endlichkeit eine falsche Erwartung, die zudem im real existierenden Sozialismus ihr Fiasko erlebt hat, welches die soziale Gleichheit – vorsichtig gesprochen – in eine erhebliche Beweislastigkeit ob ihrer (Wieder-) Realisierbarkeit bringt.

50 Die genannten Unterscheidungen zwischen intrinsischen und extrinsischen Dimensionen von Mitteln und Zwecken gehen zurück auf Christine Korsgaard (Korsgaard 1996: 249-274). Über die eingespielte Gewichtung von Werten danach, ob sie als Mittel oder Zwecke fungieren, will Korsgaard noch eine weitere Differenzierung zwischen intrinsischer und extrinsischer Wertigkeit berücksichtigt wissen. Diese fragt nach dem *Ursprung* eines Wertes, d. h. danach,

Selbst wenn damit sozialer Gleichheit nicht derselbe sozialethische Wertrang wie der Anerkennungsgleichheit oder der Freiheit (als allgemeinem Persönlichkeitsrecht) zukommt, so bedeutet diese Qualifizierung als intrinsisch moralisches Mittel zumindest, dass die Frage der Ungleichverteilung gesellschaftlicher Chancen im Blick auf das übergeordnete Ziel der gesellschaftlichen Inklusion keineswegs moralisch belanglos ist. Anders formuliert: Beim Ausgang von einem qualifizierten Freiheitsbegriff, wie er auch im allgemeinen Grundsatz des deutschen Sozialrechts vorausgesetzt wird,[51] kann nicht von der real existieren-

---

ob er seine Werthaftigkeit aus sich selbst gewinnt oder nicht, während die Zweck-Mittel-Unterscheidung nach der *Art* eines Wertes fragt und damit geklärt wissen will, ob er um seiner selbst willen („final") oder um eines anderen Gutes willen („instrumentell") geschätzt wird. Für die Frage der Verhältnisbestimmung der sozialtheoretischen Grundwerte untereinander wird diese Unterscheidung von Herlinde Pauer-Studer aufgegriffen (2000: 37-54). An dieser Stelle ergeben sich trotz erheblicher Gemeinsamkeiten in der Sache begriffliche Unterschiede zwischen meiner Darlegung und dem Entwurf von Pauer-Studer: Sie sieht im Sinne der Korsgaard'schen Begrifflichkeit nur in der Achtungs- resp. (in meiner Terminologie:) Anerkennungsgleichheit ein intrinsisches *und* finales Gut, also ein Gut, das weder in einem anderen Wert begründet ist noch einem anderen Ziel dient. Freiheit ist ihres Erachtens in der Achtungsgleichheit begründet und daher nur als extrinsisches Gut anzusehen, wird aber um ihrer selbst willen gesucht und stellt daher einen finalen Wert dar (vgl. Pauer-Studer 2000: 37-47). Auf einer begründungstheoretischen Ebene kann ich dieser Zuordnung zwar zustimmen, bezweifele aber ihre Angemessenheit auf der jenseits von nichtrealen Modellszenarien arbeitenden, anwendungstheoretischen Ebene beispielsweise des Verfassungsrechts oder des „öffentlichen Vernunftgebrauchs" (Rawls 1998: 312-363). Auf dieser Argumentationsebene kommt nach grundlegenden Überzeugungen des westlichen Kulturkreises, wie sie sich auch in entsprechenden Menschenrechtsdeklarationen niedergeschlagen haben, nicht nur der Achtungsgleichheit, sondern auch der Entfaltung der eigenen Persönlichkeit, sprich der wie oben skizzierten Freiheit, sowohl ein finaler als auch ein intrinsischer Wert zu. Es scheint mir auf der Ebene des öffentlichen Vernunftgebrauchs nicht unangemessen, sondern sogar geboten, darauf zu insistieren, dass auch Freiheit ihre Werthaftigkeit aus sich selbst heraus gewinnt. Weil Herlinde Pauer-Studer nur der Achtungsgleichheit (bzw. „Anerkennungsgleichheit") einen intrinsisch moralischen Wert zuerkennt, nicht aber der Freiheit, kann sie auch der sozialen Gleichheit nicht den Rang eines intrinsisch moralischen Wertes einräumen. Von der Sache her weist sie aber wie die obigen Ausführungen auf den inneren und nicht nur äußerlichen Bezug des Mittels der sozialen Gleichheit zur Freiheit hin (vgl. 2000: 47-54). Folglich besteht die Grunddifferenz zwischen ihren und meinen Reflexionen nicht in der Verhältnisbestimmung von „Freiheit" und „Gleichheit", sondern von „Achtungsgleichheit" bzw. „Anerkennungsgleichheit") und „Freiheit". Konzediert man diese Abweichung, ist von der Sache her meine anwendungstheoretische Charakterisierung der sozialen Gleichheit als eines intrinsischen moralischen Mittels mit ihren Unterscheidungen durchaus kompatibel. Der Gedanke wiederum, ein Mittel dann als *intrinsisch*, also in sich selbst moralisch wertvoll zu bezeichnen, wenn es zur Erlangung eines intrinsisch moralischen Endzwecks derartig konstitutiv hinzugerechnet werden muss, dass die Nichtgewährung dieses Mittels den Wert und die Realisierung dieses Endzwecks verunmöglicht, ist inspiriert durch die im kritischen Gespräch mit Korsgaard entwickelten Ausführungen von Shelly Kagan (1998). Eben in dem skizzierten Sinne ist soziale Gleichheit ein in sich moralisch wertvolles Gut, das der Freiheit als Instrument dient.

51 Vgl. § 1, Abs. 1 SGB I: „Das Recht des Sozialgesetzbuchs soll zur Verwirklichung sozialer Gerechtigkeit und sozialer Sicherheit Sozialleistungen einschließlich sozialer und erzieherischer Hilfen gestalten. Es soll dazu beitragen, ein menschenwürdiges Dasein zu sichern, gleiche Voraussetzungen für die freie Entfaltung der Persönlichkeit, insbesondere auch für junge Menschen, zu schaffen, die Familie zu schützen und zu fördern, den Erwerb des Lebensunterhalts durch eine frei gewählte Tätigkeit zu ermöglichen und besondere Belastungen des Lebens, auch durch Hilfe zur Selbsthilfe, abzuwenden oder auszugleichen."

den Gesellschaft abstrahiert werden, kann also auch auf der Schwelle von sozialtheoretischer Begründungs- und sozialmoralpragmatischer Anwendungsebene
nicht nichtrelational argumentiert werden. Wenn in antiegalitaristischen Argumentationen dennoch auf vermeintlich absoluten Minimalstandard beharrt
wird, muss zurückgefragt werden, ob diese Position den hier skizzierten qualifizierten Freiheitsbegriff teilt. Wird dies offen verneint, dann verschiebt sich die
konzeptionelle Differenz auf die hinter den jeweiligen begründungs- *und* anwendungstheoretischen Argumentationen liegenden Menschenbilder. Sie auf-
zudecken und auf die jeweiligen Konsequenzen hinzuweisen – wie hier geschehen – muss dann die vordringliche Aufgabe einer im sittlich-politischen Diskurs als Entscheidungskriterienberatung fungierenden Sozialethik sein (vgl. Dabrock 2000).

Inhaltlich kann mit Blick auf die Frage nach der Verortung zwischen Gleichheitspräsumtion und Egalitarismuskritik als Ergebnis festgehalten werden: Gegen einen klassischen Egalitarismus insistiert der Befähigungsgerechtigkeitsansatz auf einem *cut off point* von Umverteilungen. Gegen die Egalitarismus-Kri-
tik will er die relationale Dimension in der Festlegung einer solchen Schwelle,
an der die Beweislastigkeit kippt, nicht vergessen. Die damit gewonnene Einsicht kann nun ihrerseits genutzt werden, um eine bislang nur kurz angedeutete
Schwäche, resp. Spannung in Nussbaums Argumentationsgang *in intentione
operis* zu überwinden. Unübersehbar ist nämlich, und in der Darstellung sollte
es auch bereits deutlich geworden sein, dass Nussbaum einerseits alle *capabilities* als Realisierungsformen von Menschenwürde begreift (161), so dass beide
Begriffe geradezu austauschbar zu sein scheinen. Andererseits, und dabei sei an
die Ausführungen zu Sesha erinnert, kann sie dem schwerstgradig geistig behinderten Mädchen doch ein menschenwürdiges Leben zuerkennen, obwohl nicht
alle *capabilities* erreicht werden können. Während man hier zunächst noch auf
die Differenz zwischen evaluativen und normativ-schutzrechtlichen Verwendungen der *capabilities* verweisen könnte, zeigen andere Stellen, dass Nussbaum
trotz des engen wechselseitigen Bezuges dezidiert zwischen Menschenwürde
und *capabilities* unterscheidet: „Some capabilities ... are important, and some ...
are relatively trivial; a just constitution will protect the important ones and not
the trivial ones. ... No constitution protects capabilities *qua* capabilities. There
must be a prior evaluation, deciding which are good, and, among the good,
which are most central, most clearly involved in defining the minimum conditions for a life with human dignity" (166; vgl. 295). Das Zitat belegt zum einen
das geltungstheoretische Gefälle vom Menschenwürdeaxiom zu den *capabilities*,
zum anderen bietet es eine Aufforderung, die Liste nochmals systematischer
nach dem von Nussbaum selbst genannten Kriterium der Menschenwürde*nähe*
zu ordnen.[52] Dabei scheint man einerseits (vgl. die vorige Anm.) nicht umhin

---

52 Hier scheint sich freilich ein Dilemma aufzutun: Entweder man orientiert sich wiederum an
    den *capabilities* und verfängt sich damit in einem *circulus vitiosus*, oder man folgt der klassi-

zu kommen, im Sinne eines Überlegungsgleichgewichtes (vgl. Daniels 1996; Daniels 2003) den erwarteten und erhofften Gehalt des Menschenwürdeaxioms immer wieder mit den rechtlich normativen *entitlements* und den notwendigen Bedingungen sozialer Regenerierung seiner Bedeutung in kultursprachlichen und zwischenmenschlichen Praktiken abzugleichen. Methodisch scheint es von daher wegen des axiomatischen Charakters der Menschenwürde, bei der es eben nicht, wie bei den *capabilities*, mehr oder minder Bedeutsames gibt, doch sinnvoller, sie nicht mit den *capabilities* völlig koextensiv zu verstehen und zu konzipieren. Vermeidet man dies, so bringt man den funktionalen Überschusscharakter des Menschenwüdeaxioms auch methodisch stärker zum Ausdruck, als dies Nussbaum an den erwähnten programmatischen Stellen tut. Zumindest diejenigen *capabilities*, die bis zum Schwellenwert der Ermöglichung gesellschaftlicher Inklusion eine notwendige Bedingung für ein *human flourishing* darstellen, müssten in den moraltheoretischen Rang intrinsisch moralischer Ziele und nicht nur in den von intrinsisch moralischen Mitteln gestellt werden.[53]

4 Gesellschaftstheoretische Weiterführung

Auch wenn man den freiheitsfunktionalen Suffizienzansatz der Befähigungsgerechtigkeit als ein überaus überzeugendes Konzept der Verknüpfung von idealtheoretischen Begründungs- und auf Realwelten zielenden Anwendungsdiskursen betrachtet, das zudem einen dritten Weg zwischen Gleichheitspräsumtion und Egalitarismuskritik eröffnet und dabei noch zwischen Gerechtem und (zumindest stark-vagem Verständnis von) Gutem, folglich zwischen deontologischen und teleologischen Ethiktypen und analog zwischen liberalen und kommunitaristischen Konzeptionen politischer Theorie vermitteln kann, ohne sich als schlechter Kompromiss zu präsentieren, muss doch konstatiert werden: Nussbaums Variante des *capabilities approach* ist letztlich doch zu stark in den Reflexionsprogrammen und der Semantik der politischen Theorie formuliert und ihnen verhaftet. Nun reichen diese Ansätze m. E. aber überhaupt nicht mehr aus, um die komplexen Hinderungsmöglichkeiten von *human flourishing* oder menschenwürdeadäquater Entfaltung von *capabilities* in der nicht nur weltanschaulich pluralen, sondern vor allem funktional ausdifferenzierten Ge-

---

schen Hierarchie der Grundrechte mit dem Geltungsgefälle „Abwehr- und Freiheitsrechte, subjektive Teilhaberechte, derivative Teilhaberechte"; dann handelt man sich u. U. den Vorwurf ein, man unterschätze die über das Recht hinausragenden, aber für ein *human flourishing* so entscheidenden kommunikativen und sozialen Dimensionen der *capabilities*. „Auflösbar" ist das Dilemma nur, wenn man sich eingesteht, dass solche Fragestellungen gar nicht anders denn durch einen hermeneutischen Zirkel zu bearbeiten sind.

53 Dass es auch jenseits des formalen *Dass* von Menschenwürdeschutz und -achtung weitere intrinsisch moralische Ziele gibt, scheint nur dann abwegig, wenn man ein sehr eng gefasstes normatives oder evaluatives Menschenbild oder -modell vertritt; vgl. Anm. XXX.

sellschaft zu detektieren, geschweige denn gesellschaftlich zu beheben. Wenn denn die Pointe des Befähigungsgerechtigkeitsansatzes nach eigenem Bekunden darin besteht, gesellschaftliche Inklusion zu ermöglichen, dann sollte man auch die soziologische, konkret: systemtheoretische Einsicht berücksichtigen, dass es *die* Gesellschaft (womöglich noch identifiziert mit dem politischen System) nicht gibt, sondern dass sie jeweils nur in den unterschiedlichen Funktionssystemen mit deren jeweiligen Codes, Programmen, Medien etc. existiert, wobei eingestandenermaßen strukturelle Kopplungen zwischen den einzelnen Funktionssystemen, aber auch zwischen den verschiedenen Ebenen von Organisationen bis hin zu den Personen mehr oder minder erfolgreich versucht werden. Man muss kein Anhänger der Systemtheorie – und dann noch in Luhmann'scher Prägung sein –, um anzuerkennen, dass die Politik nicht mehr alleine, ja nicht einmal mehr dominant Gesellschaft gestaltet. Auch dürfte phänomenologisch unwidersprochen einleuchten, dass unterschiedliche gesellschaftliche Sphären unterschiedliche Inklusionsbedingungen – oder in der Terminologie Nussbaums gesprochen – Befähigungen erfordern. Umgekehrt wird man nicht von der Hand weisen können, dass in der Gesellschaft eine gefährliche Tendenz dahingehend beobachtbar ist, dass der Ausschluss aus einem Funktionssystem den Ausschluss aus einem anderen bewirken kann. An folgenden Beispielen illustriert kein geringerer als der sonst so nüchterne Luhmann solche sich wechselseitig verstärkenden Exklusionstendenzen: „Wer keine Adresse hat, kann nicht zur Schule angemeldet werden (Indien). Wer nicht lesen und schreiben kann, hat kaum Chancen auf dem Arbeitsmarkt, und man kann ernsthaft diskutieren (Brasilien), ihn vom politischen Wahlrecht auszuschließen. Wer keine andere Möglichkeit findet unterzukommen, als auf dem illegal besetzten Land der favelas, genießt im Ernstfall keinen Rechtsschutz" (Luhmann 1997: 631).

Soll der Befähigungsgerechtigkeitsansatz in einer funktional ausdifferenzierten Gesellschaft umgesetzt werden, muss er m. E. auf deren Polykontexturalität reflektieren und sie in das eigene Konzept integrieren, folglich über die Grenzen des politischen Systems und seiner Semantiken hinausblicken. Der Grundsatz einer Befähigung zur Teilnahmemöglichkeit an gesellschaftlicher Kommunikation wäre dann in die systemtheoretische Sprache zu übersetzen als Verhinderung wechselseitiger Exklusionsverstärkung *und* Ermöglichung von Inklusion.

Strukturell betrachtet bieten verschiedene Systeme jeweils spezifische Praktiken an, die Spirale nach unten zu durchbrechen. Neben einem neuen „sekundäre[n] Funktionssystem" (Luhmann 1997: 633)[54], das international auf der Ebene der *Entwicklungshilfe* und national auf der Ebene der *Sozialhilfe* anzusiedeln ist, traut Luhmann der Familie und den Religionen mit ihren unterschied-

---

54 Vgl. kritisch zur Terminologie eines „sekundären" Funktionssystems mit dem Hinweis, dass dieses Epitheton eher von geprägten Voreinstellungen denn von systemtheoretischer Beobachtung zeuge, Baecker 2000.

lichen caritativen und vor allem rituellen Praktiken die Ausübung dieser Funktion zu.[55] Vor allem kommt der Bildung eine zentrale Rolle zu, dass Personen in die Lage versetzt werden, die immer komplexer werdenden kommunikativen Anschlussoperationen angesichts funktionaler und semantischer Unübersichtlichkeit kompetent und differenzsensibel zu gestalten. Befähigung heißt unter diesen Bedingungen vor allem Bildung. Auch zu ihrem Verständnis gibt Luhmann eine wichtige Marschrichtung aus: „Es müßte folglich eine Pädagogik geben, die den zu erziehenden Nachwuchs auf eine unbekannt bleibende Zukunft einstellt. Dabei geht es nicht nur um das gewohnte Nichtwissen, um Informationsbedarf und um die Einsicht, daß man mit wenig Information auskommen muß, weil mehr Information die kognitiven Kapazitäten rasch überfordern, das heißt: nicht mehr in Wissen umgearbeitet werden könnte. Das auch, aber die wichtigere Einsicht ist, dass das Unbekanntsein der Zukunft eine Ressource ist, nämlich die Bedingung der Möglichkeit, Entscheidungen zu treffen. Die Konsequenz wäre, dass das Lernen von Wissen weitgehend ersetzt werden müßte durch das Lernen des Entscheidens, das heißt: des Ausnutzens von Nichtwissen" (Luhmann 2002: 198).[56]

Diese wenigen Andeutungen mögen ausreichen, um zu zeigen, dass der Befähigungsgerechtigkeitsansatz zwar innerhalb der politischen Theorie maßgebliche Ziele erreichen und Probleme wenn nicht lösen, so doch zumindest perspektivieren kann. Auf dem Weg in die funktional ausdifferenzierte Gesellschaft bedarf er jedoch der Flankierung durch systemtheoretische Erwägungen, die wiederum auf die Bedeutung von Bildung und Religion strukturell und semantisch verweisen. Als output-orientierter Ansatz dürfte ihm die erste Koalition so lange nicht unbehaglich sein, wie systemtheoretische Analysen eben diesem Ziel dienen. Mit seiner Offenheit für Vorstellungen des Guten sollte er sich solchen religiösen Deutungen, die sich ihrerseits durch vorrangige Bemühungen um die Inklusion der Benachteiligten auszeichnen, nicht verschließen. Jer 29,7 scheint beide Perspektiven zu verbinden.

Literatur

Adorno, Th. W., 1973: Negative Dialektik. Frankfurt a. M.: Suhrkamp.
Agarwal, B./Humpries, J./Robeyns, I., 2005 (Hg.): Amartya Sen's Work and Ideas. A Gender Perspektive. London/New York: Routlege.
Baecker, D., 2000: ‚Stellvertretende' Inklusion durch ein ‚sekundäres' Funktionssystem: Wie ‚sozial' ist die soziale Hilfe? In: *Merten, R.* (Hg.): Systemtheorie Sozialer Arbeit. Neue Ansätze und veränderte Perspektiven. Opladen: Leske + Budrich.
Beck, U., 2003: The Analysis of Global Inequality: From National to Cosmopolitan Perspective. In: *Kaldor, M./Anheier, H./Glasius, M.* (Hg.): Global Civil Society Yearbook 2003. Oxford: Oxford University Press.

---

55 Die Beurteilung der Luhmann'schen Vorschläge, vor allem seine Auffassung von der Bedeutung der Religion im Zusammenhang der Inklusionsproblematik, können hier nicht weiter entfaltet werden; vgl. dazu ausführlicher Karle 2004; Dabrock 2006a.
56 Zur theologischen Interpretation dieses Gedankens vgl. Dressler 2006; Dabrock 2006b.

Clark, D. A., 2006: Capability Approach. In: *Clark, D. A.* (Hg.): The Elgar Companion to Development Studies. Cheltenham: Edward Elgar.

Dabrock, P., 2000: Menschenbilder und Priorisierung. In: Vögele, Wolfgang/Dörries, Andrea (Hg.): Menschenbild in Medizin und Theologie. Fachsymposium zum interdisziplinären Dialog (Loccumer Protokolle 25/00). Rehburg-Loccum: Evangelische Akademie Loccum.

Dabrock, P., 2004: Bedingungen des Unbedingten. Zum problematischen, aber notwendigen Gebrauch der Menschenwürde-Konzeption in der Bioethik. In: *Dabrock, P./Klinnert, L./Schardien, S.*: Menschenwürde und Lebensschutz. Gütersloh: Gütersloher Verlagshaus.

Dabrock, P., 2005: Weniger kann mehr sein. Die bereichernde Belastung des Sinns für Ungerechtigkeit im ethischen Theoriemodell des weiten Überlegungsgleichgewichts. In: *Kaplow, I./Lienkamp, Ch.* (Hg.): Sinn für Ungerechtigkeit. Ethische Argumentationen im globalen Kontext (Interdisziplinäre Studien zu Recht und Staat 38). Baden-Baden: Nomos Verlagsgesellschaft.

Dabrock, P., 2006a: Inklusion und soziale Gerechtigkeit. Eine theologisch-sozialethische Suchbewegung zwischen Rawls und Luhmann. In: *Thomas, G./Schüle, A.* (Hg.): Luhmann und die Theologie. Darmstadt: WGB.

Dabrock, P., 2006b: Zwischen Aneignung und Befremden. Ethische und theologische Beobachtungen zu Luhmanns „Erziehungssystem der Gesellschaft". In: *Dallmann, H. U./Kreuzer, Th.* (Hg.): Gutes Gelingen (Fundraising-Studien 2). Berlin: Lit Verlag.

Dabrock, P., 2007: Das Gut des öffentlichen Vernunftgebrauchs. Aktuelle Herausforderungen im Verhältnis von Kirche und Staat. In: *Reuter, H. R./Meireis, T.* (Hg.): Perspektiven der Güterethik. Berlin.

Daniels, N., 1996: Justice and Justification. Reflective Equilibrium in Theory and Practice. Cambridge: Cambridge University Press.

Daniels, N., 2003: Reflective Equilibrium. In: *Zalta, Edward N.* (Hg.): The Stanford Encyclopedia of Philosophy. URL: http://plato.stanford.edu/archives/sum2003/entries/reflective-equilibrium [Zugriff: 2007-05-18].

Daniels, N./Kennedy, B./Kawachi, I./Cohen, J./Rogers, J., 2000: Is Inequality Bad for Our Health? Boston: Beacon Press.

Dressler, B., 2006: Unterscheidungen. Religion und Bildung (Forum Theologische Literaturzeitung 18/19). Leipzig: Evangelische Verlagsanstalt.

Fischer, J., 1999: Mensch – Person – Würde. In: Baseler Theologische Zeitschrift 55: 239-246.

Fischer, J., 2002: Theologische Ethik. Grundwissen und Orientierung. In: Forum Systematik 11. Stuttgart/Berlin/Köln: Kohlhammer.

Forst, R., 1997: Gerechtigkeit als Fairness: ethisch, politisch oder moralisch? In: *Hinsch, W./Philosophische Gesellschaft Bad Homburg* (Hg.): Zur Idee des politischen Liberalismus. John Rawls in der Diskussion. Frankfurt a. M.: Suhrkamp.

Fraser, N./Honneth, A., 2003: Umverteilung oder Anerkennung? Eine politisch-philosophische Kontroverse. Frankfurt a. M.: Suhrkamp.

Frey, Ch., 1998: Konfliktfelder des Lebens. Theologische Studien zur Bioethik. Göttingen: Vandenhoeck & Ruprecht.

Gauthier, D., 1986: Morals by Agreement. Oxford: Clarendon Press.

Gosepath, S., 1998: Zur Begründung sozialer Menschenrechte. In: *Gosepath, S./Lohmann, G.* (Hg.): Philosophie der Menschenrechte. Frankfurt a. M.: Suhrkamp.

Gosepath, S., 2004: Gleiche Gerechtigkeit. Grundlagen eines liberalen Egalitarismus. Frankfurt a. M.: Suhrkamp.

Grotefeld, S., 2006: Religiöse Überzeugungen im liberalen Staat. In: Forum Systematik 29. Stuttgart/Berlin/Köln: Kohlhammer.

Härle, W., 2005: Menschsein in Beziehungen, Studien zur Rechtfertigungslehre und Anthropologie. Tübingen: Mohr Siebeck.

Hegel, G. W. F., 1970: Grundlinien der Philosophie des Rechts oder Naturrecht und Staatswissenschaft im Grundrisse (Georg Wilhelm Friedrich Hegel Werke 7), Frankfurt a. M.: Suhrkamp.

Hinsch, W., 2002: Gerechtfertigte Ungleichheiten. Grundsätze sozialer Gerechtigkeit. Berlin/New York: de Gruyter.

Hinsch, W./Philosophische Gesellschaft Bad Homburg 1997 (Hg.): Zur Idee des politischen Liberalismus. John Rawls in der Diskussion. Frankfurt a. M.: Suhrkamp.

Honneth, A., 1992: Kampf um Anerkennung. Zur moralischen Grammatik sozialer Konflikte. Frankfurt a. M.: Suhrkamp.

Huber, W./Tödt, H. E., 1988: Menschenrechte. Perspektiven einer menschlichen Welt. München: Chr. Kaiser Verlag.

Kagan, Sh., 1998: Rethinking Intrinsic Value. In: The Journal of Ethics 2: 277-297.

Karle, I., 2004: Exklusionsprobleme der modernen Gesellschaft als Herausforderung für die Diakonie. In: *Schibilsky, M./Zitt, R.* (Hg.): Theologie und Diakonie. Gütersloh: Gütersloher Verlagshaus.

Korsgaard, Ch. M., 1996: Creating the Kingdom of Ends. Cambridge: Cambridge University Press.

Krebs, A., 2000 (Hg.): Gleichheit oder Gerechtigkeit. Texte der neuen Egalitarismuskritik. Frankfurt a. M.: Suhrkamp.

Kymlicka, W., 1996: Politische Philosophie heute. Eine Einführung. Frankfurt a. M./New York: Campus.

Lebacqz, K., 1987: Justice in an Unjust World. Foundations for a Christian Approach to Justice. Minneapolis: Augsburg Fortress Publishers.

Lesch, W., 2002: HermeneutischeEthik/Narrative Ethik. In: *Düwell, M./Hübenthal, Ch./Werner, M. H.* (Hg.): Handbuch Ethik. Stuttgart/Weimar: J. B. Metzler.

Lévinas, E., 1992: Schwierige Freiheit. Versuch über das Judentum. Frankfurt a. M.: Jüdischer Verlag.

Liebsch, B., 2003: Sinn für Ungerechtigkeit und Perspektiven institutionalisierter Gerechtigkeit. In: Archiv für Rechts- und Sozialphilosophie 89: 497-518.

Luhmann, N., 1995: Soziologische Aufklärung 6: Die Soziologie und der Mensch. Opladen: Westdeutscher Verlag.

Luhmann, N., 1997: Die Gesellschaft der Gesellschaft. Frankfurt a. M.: Suhrkamp.

Luhmann, N., 2002: Das Erziehungssystem der Gesellschaft. Frankfurt a. M.: Suhrkamp.

Mackenbach, J. P., 2002: Income inequality and population health. Evidence favouring a negative correlation between income inequality and life expectancy has disappeared. In: British Medical Journal 2002-01-05. 324: 1-2.

Margalit, A., 1997: Politik der Würde. Über Achtung und Verachtung. Berlin: Fest.

Mielck, A., 2005: Soziale Ungleichheit und Gesundheit. Einführung in die aktuelle Diskussion. Bern: Huber.

Nozick, R., (o. J.): Anarchie, Staat, Utopia. München: MVG.

Nussbaum, M., 1999: Gerechtigkeit oder Das gute Leben. Frankfurt a. M.: Suhrkamp.

Nussbaum, M., 2000: Women and Human Development. The Capabilities Approach. Cambridge: Cambridge University Press.

Nussbaum, M., 2001: Upheavals of Thought. The Intelligence of Emotions. Cambridge: Cambridge University Press.

Nussbaum, M., 2005: Capabilities as Fundamental Entitlements. Sen and Social Justice. In: *Agarwal, B./Humpries, J./Robeyns, I.* (Hg.): Amartya Sen's Work and Ideas. A Gender Perspektive. London/New York: Routlege.

Nussbaum, M., 2006: Frontiers of Justice. Disability, Nationality, Species Membership. Cambridge: Belknap Press of Harvard University Press.

Pauer-Studer, H., 2000: Autonom leben. Reflexionen über Freiheit und Gleichheit. Frankfurt a. M.: Suhrkamp.

Powers, M./Faden, R. R., 2006: Social Justice. The Moral Foundations of Public Health and Health Policy. Oxford: Oxford University Press.

Rawls, J., 1975: Eine Theorie der Gerechtigkeit. Frankfurt a. M.: Suhrkamp.

Rawls, J., 1998: Politischer Liberalismus. Frankfurt a. M.: Suhrkamp.

Rawls, J., 2001: Justice as Fairness. A Restatement. Cambridge: Belknap Press of Harvard University Press.

Rawls, J., 2003: Gerechtigkeit als Fairness. Ein Neuentwurf. Frankfurt a. M.: Suhrkamp.

Richter, M./Hurrelmann, K., 2006 (Hg.): Gesundheitliche Ungleichheit. Grundlagen, Probleme, Perspektiven. Wiesbaden: VS Verlag für Sozialwissenschaften.

Robeyns, I., 2005: Sens's Capability Apporach and Gender Inequality. Selecting Relevant Capabilities. In: *Agarwal, B./Humpries, J./Robeyns, I.* (Hg.): Amartya Sen's Work and Ideas. A Gender Perspektive. London/New York: Routlege.

Schramme, Th., 2003: Die Anmaßung der Gleichheitsvoraussetzung. In: Deutsche Zeitschrift für Philosophie 51, 2: 255-273.

Scherer, Ch., 1993: Das menschliche und das gute menschliche Leben. Martha Nussbaum über Essentialismus und menschliche Fähigkeiten. In: Deutsche Zeitschrift für Philosophie 41: 905-920.

Sen, A., 1982: Choice, Welfare, and Measurement. Oxford: Blackwell.

Sen, A., 2000: Ökonomie für den Menschen. Wege zu Gerechtigkeit und Solidarität in der Marktwirtschaft. München: Hanser.

Sen, A., 2005: Capabilities, Lists, and Public Reason. Continuing the Conversation. In: *Agarwal, B./Humpries, J./Robeyns, I.* (Hg.): Amartya Sen's Work and Ideas. A Gender Perspektive. London/New York: Routlege.

Shklar, J., 1992: Über Ungerechtigkeit. Erkundungen zu einem moralischen Gefühl. Berlin: Rotbuch-Verlag.

Singer, P., 1994: Praktische Ethik. Stuttgart: Reclam.

Steinvorth, U. 1999: Gleiche Freiheit. Politische Philosophie und Verteilungsgerechtigkeit. Berlin: Akademie-Verlag.

Vögele, W., 2000: Menschenwürde zwischen Recht und Theologie. Begründungen von Menschenrechten in der Perspektive öffentlicher Theologie. In: Öffentliche Theologie 14. Gütersloh: Kaiser/Gütersloher Verlagshaus.

Waldenfels, B., 1998: Grenzen der Normalisierung. Studien zur Phänomenologie des Fremden 2. Frankfurt a. M.: Suhrkamp.

Wilkinson, R. G., 2001: Kranke Gesellschaften. Soziales Gleichgewicht und Gesundheit. Wien: Springer.

Jan-Hendrik Heinrichs

Capabilities: Egalitaristische Vorgaben einer Maßeinheit

Der Begriff der Capabilities bezeichnet im ersten Zugriff eine Maßeinheit. Eine Maßeinheit, deren Verwendung es erlauben soll, Bewertungen sozialer Zustände und Arrangements auf die Basis einer aussagekräftigen Datenbasis zu stellen. Ihr Erfinder Amartya Sen hatte in erster Linie ökonomische und verteilungs-politische Fragestellungen als den Kontext auserkoren, in dem sein neues Maß die Informationsbasis von Erklärungen wie Entscheidungen bereichern sollte. Seit dem ist dieses Maß aber über die Grenzen dieser Fragestellung und über Disziplingrenzen hinweg populär geworden. Die Orientierung des Ansatzes an individuellen Entwicklungsprozessen zeichnet ihn beispielsweise als geeignet für eine konstruktive Aneignung durch die Pädagogik aus.

In der Literatur um das Konzept der Capabilities (im weiteren Deutsch: „Be-fähigungen")[1] ist auffällig geworden, dass Sen selbst keine Festlegung hinsicht-lich der distributiven und politischen Prinzipien trifft, auf denen die Entschei-dungen fußen sollten, die von der erweiterten Datenbasis profitieren. Im Ge-genteil kann mit Sabina Alkire der Prinzipienpluralismus geradezu als Kennzei-chen der Senschen Arbeiten ausgemacht werden (vgl. Alkire 2002: 102f.). Im Folgenden soll dagegen die These verteidigt werden, dass bereits aufgrund der Struktur und Begründung des Maßes „Befähigungen" nur ein limitiertes Set

---

1 Der Begriff der *Capabilites* wird wie bereits bemerkt im Folgenden mit „Befähigungen" über-setzt. Die Semantik des Begriffes *„Capabilites"* wie auch den hier verwendeten „Befähigungen" ordnet sie in eine Mittelstellung in einer Reihe ein. *Capabilites* sind zwischen den individuellen Fähigkeiten von Einzelpersonen, den *abilities* oder *capacities* und den ihnen zu Gebote stehen-den, gesellschaftlichen und durch die Umwelt bedingten Möglichkeiten *possibilities, options* ein-zureihen. Häufig wird *„capability"* mit „Fähigkeit" übersetzt (vgl. einige deutsche Übersetzun-gen der Arbeiten von Sen – wie etwa der Tanner-Lectures von 1985 (*Der Lebensstandard*, Ham-burg 2000) – und Nussbaum, so etwa in Nussbaum 1999 und 2002.) Teilweise ist die Überset-zung mit „Fähigkeit" auch in der Forschungsliteratur übernommen worden. Dies ist aber gemäß der gerade aufgeführten Mittelstellung zwischen individuellen (Fähigkeiten) und gesellschaftli-chen Aspekten der Lebensführung unzureichend. Mit dem Begriff der Fähigkeiten würden le-diglich die individuellen Eigenschaften von Personen erfasst. Auf der anderen Seite würden mit dem Begriff „Möglichkeiten" nur die externen Umstände impliziert, nicht aber die menschliche Eigenschaft, zu bestimmten Funktionen imstande zu sein. In der Mittelposition zwischen Fä-higkeiten und Möglichkeiten, ebenso wie zwischen abilities und possibilities stehen die Begriffe der Befähigungen bzw. das Original *Capabilities*. Der deutsche Ausdruck impliziert, dass Men-schen immer schon über Anlagen zu Fähigkeiten verfügen, aber erst durch zusätzliche Umstän-de dazu befähigt werden, diese zu entwickeln und auszubilden. (*Capabilities* wird im deutschen Sprachraum neuerdings auch mit „Verwirklichungschancen" übersetzt, vgl. die deutsche Ausga-be von *Development as Freedom* (*Ökonomie für den Menschen*, München/Wien 2000; vgl. auch Volkert 2005.)

von Prinzipien mit diesen vereinbar ist. Befähigungen legen bereits eine egalitä-re Entscheidungs- und Verteilungsstruktur nahe. Mit Entscheidungs- und Ver-teilungsstruktur sind hier alle die Verfahren gemeint, in denen darüber ent-schieden wird, ob und wie die sozialen Zustände zugunsten individueller oder kollektiver Entwicklungsmöglichkeiten durch Regierungs- oder Nichtregie-rungsorganisationen beeinflusst werden sollen. Der Begriff der sozialen Zustän-de ist dabei weit zu fassen. Aufgrund der Ausweitung des Befähigungsansatzes über die Entwicklungsökonomie hinaus, können damit beispielsweise auch Entscheidungen über die Förderungsprinzipien im Schulwesen oder städtebau-liche Maßnahmen gemeint sein.

Nach einer knappen Darstellung des Senschen Befähigungsansatzes wird die These, es gebe eine Affinität des Befähigungsmaßes mit egalitären Prinzipien mit zwei Argumenten untermauert. Für diese Verwandtschaft spricht demzufol-ge 1) der Umstand, dass in der Definition von Befähigungen bereits vorausge-setzt wird und werden muss, dass Personen eine evaluative Haltung zu ihrer Le-bensführung einnehmen, und 2) die enge Verbindung von Befähigungen und Partizipation, deren Missachtung unangemessen stark paternalistische Elemente in die Theorie und Praxis der Befähigungsansatzes einbringt.

Entwicklung und Struktur des Ansatzes

Im Jahre 1979 von Amartya Sen in der Tanner-Lecture Equality of what? erst-mals vorgestellt und 1980 publiziert (vgl. Sen 1980), entwickelt der Befähi-gungsansatz frühe Arbeiten zur interpersonellen Vergleichbarkeit von Lebens-qualität (vgl. Sen 1970) weiter. On Economic Inequality (vgl. Sen 1973) kann als erste Schrift gelten, in der Sen eine bedürfnisorientierte Theorie der Distri-bution erwägt und Leistung sowie Verdienst als unzureichende Verteilungskri-terien verwirft.

Die bedürfnisorientierte Konzeption der basic capabilities, denen ein Vertei-lungsmodus bereits eingeschrieben scheint, wird von Sen bald durch eine Kon-zentration auf die Maßeinheit, d. h. das allgemeinere Konzept capabilities, ab-gelöst (vgl. Sen 1982). Eine ausgearbeitete Version des Ansatzes stellt Sen wenig später vor (vgl. Sen 1984). Neoaristotelische Bezüge treten erstmals in Sens Tanner-Lecture The Standard of Living von 1985 (vgl. Sen 1987) und deutli-cher in dem von Nussbaum und Sen gemeinsam herausgegebenen Band Qual-ity of Life zutage[2] (vgl. Nussbaum/Sen 1993).

Eine umfangreiche, systematische Darstellung des Befähigungsansatzes findet sich in Inequality Reexamined (vgl. Sen 1992), praktische Umsetzungen des Ansatzes in einer Reihe von Beiträgen zur Armutsanalyse und zu Familienun-

---

2 Diese interdisziplinäre Studie wurde im Rahmen eines Forschungsprogramms des *World Insti-tute for Development Economics Research* (WIDER) erarbeitet.

gleichheiten (vgl. Sen 1984, 1984b) sowie im World Development Report, an dessen Informationsbasis Sen bereits seit 1989 mitwirkt.

Der Befähigungsansatz kann im Kern als die These verstanden werden, dass soziale und Umweltzustände daran gemessen werden können, welche positiven Freiheiten sie Personen einräumen. Diese Konzentration auf Freiheiten kommt in den Titeln und Überschriften zahlreicher Werke Sens selbst – wie Development as Freedom – aber auch der Sekundärliteratur – wie Alkires Valuing Freedoms – zum tragen. Was die viel diskutierten positiven Freiheiten sind, wird durch den Begriff der Befähigungen bestimmt und näher spezifiziert.

Befähigungen können als Bündel von Freiheiten und Lebensoptionen betrachtet werden, aus denen Personen ein Set auswählen und realisieren können. Die in diesem Bündel enthaltenen Freiheiten werden als functionings, Funktionen, bezeichnet. Es handelt sich dabei um Tätigkeiten und Eigenschaften, die das Wohl bzw. ein gutes Leben für eine Person konstituieren, Beispiele hierfür sind bedeutungsvolle Arbeit, körperliche Gesundheit, Alphabetisierung, Freundschaften etc.

Befähigungen unterscheiden sich von den Funktionen dadurch, dass sie lediglich die Möglichkeit derselben sind. Funktionen sind die Tätigkeiten und Eigenschaften selbst. Der Befähigungsansatz macht die Evaluation von sozialen Umständen daran fest, dass eine Person in der Lage ist – also die Befähigung hat – Funktionen auszuüben oder zu erreichen. Er untersucht beispielsweise, ob eine Person in der Lage ist, sich hinreichend zu ernähren, und nicht, ob sie hinreichend ernährt ist. Personen können beispielsweise beim Fasten die Befähigung haben, ohne von ihr Gebrauch zu machen. Der Ansatz orientiert sich deshalb nicht an der tatsächlichen Umsetzung der Befähigung. Allerdings gibt es zahlreiche Gelegenheiten, bei denen die Befähigung nur durch die Ausübung einer Funktion erworben werden kann. Dies ist immer dort der Fall, wo Befähigungen von Fähigkeiten der Person abhängen, die es durch Übung zu erwerben gilt. Eine Person kann die Befähigung Gedichte zu schreiben nicht erlangen, wenn sie nie eines schreibt.

Befähigungen richten sich laut Sen auf vier Dimensionen eines guten Lebens: Well-being freedom und well-being achievement, agency freedom und agency achievement. Well being freedom bezeichnet die Freiheit, jene Dinge zu erlangen, die konstitutiv für das eigene Wohlergehen sind, well being achievement steht für das Erlangen dieser Dinge. Agency freedom ist die Fähigkeit oder Freiheit, sein Handeln auf für wertvoll erachtete Umstände auszurichten, agency achievement das selbständige Erreichen solcher Umstände. Mit diesen vier Dimensionen werden die aktiven und passiven Aspekte personaler Lebensführung angesprochen. Sie bestehen einerseits darin, das eigene Wohlergehen aktiv anstreben zu können, und es zumindest in Teilen auch zu erreichen, sowie für wertvoll erachtete Ziele jenseits dessen aktiv verfolgen und erreichen zu können. Als Beispiele für solche Ziele hat Sen insbesondere politische Partizipation und ökonomische Betätigung für die und in der eigenen Gemeinschaft im

56

Auge, dazu können aber auch andere Lebenspläne, wie der des Wissenschaftlers oder Künstlers zählen. Befähigungen werden auch als Eigenschaften und Fähigkeiten bezeichnet, die Personen Grund haben, wertzuschätzen. Besonders im agency-Aspekt der Befähigungen wird deutlich, dass dieser in konstitutiver Abhängigkeit von der aktiven evaluativen Kompetenz und Tätigkeit der jeweiligen Person steht. Agency beinhaltet die Fähigkeit von Personen, gemäß der eigenen begründeten Werthaltungen zu handeln. Ohne solche evaluativen Haltungen wäre agency in diesem anspruchsvollen Sinne nicht möglich. Diese begründeten Werthaltungen, die Personen für oder gegen mögliche soziale Zustände zu entwickeln in der Lage sind, bestimmen darüber, ob diese Zustände auf der Skala der Befähigungen höher oder niedriger einzustufen sind.

Sens Arbeiten konzentrieren die Debatte um Verteilungsgerechtigkeit explizit auf die Operationalisierbarkeit von Maßeinheiten und Verteilungskriterien. Diese Bemühung geht – zum Teil aufgrund der Orientierung an punktuellen Vergleichen von einzelnen Befähigungen in unterschiedlichen Umständen – zulasten einer einheitlichen Theorie des menschlichen Guten.

Gerade aufgrund der scheinbaren Beschränkung des eigenen Ansatzes auf die Präsentation einer Maßeinheit nimmt Sen allerdings eine Stufe des Universalismus, die zu nehmen Rawls sich scheut, nämlich den Bezug auf internationale Vergleiche. Während Rawls die einschränkende Bedingung akzeptiert, nur die Mitglieder einer einzelnen Gesellschaft könnten in Gerechtigkeitserwägungen berücksichtigt werden, und ein Gerechtigkeitsverhältnis sei nur zwischen Personen anzustreben, die durch gemeinsame Institutionen verbunden seien, verweigert Sens Ansatz sich dieser Limitation.

Sen weist vielmehr nach, dass diese Einschränkung des Rawlsschen Ansatzes auch für diesen selbst unnötig ist. Es gebe zwar durchaus pragmatische Grenzen der Erfüllung von Gerechtigkeitsforderungen, eine prinzipielle Einschränkung, wie sie sich in der Theorie der Gerechtigkeit finde, lässt Sen jedoch nicht gelten. Er macht darauf aufmerksam, dass es im Rawlsschen Werk keinen einschlägigen Grund für diese Einschränkung gebe, sondern diese lediglich aus Vorsicht akzeptiert würde. Mit Hinsicht auf internationale Verteilungsprobleme heißt es: „In a universalized consequentialist moral structure, the population of the world has to be viewed together, and the outcome morality chosen has, in principle, to be applied to the world population an a whole. (Needless to say actual moral debates must be based on less exacting exercises in view of practical difficulties, but the general approach is the one against which practical shortcuts have to be judged.)" (Sen 1984b: 295).

Ohne weltweite Sozialstaatlichkeit zu fordern und damit eine unrealistische Maximalforderung zu stellen, kann Sen doch darauf verweisen, mit seiner Theorie ein über lokale Geltungskontexte hinaus einschlägiges Maß für Lebensverhältnisse vorgelegt zu haben.

Ob dieses Maß jedoch eine einheitliche Theorie des menschlichen Guten oder lediglich die Grammatik einer solchen Theorie angibt, darüber werden noch immer Debatten geführt. In Sens frühen Schriften bekommt der Leser den Eindruck, er könne eine Aufstellung der Befähigungen von Sen erwarten, die für ein menschenwürdiges Leben unumgänglich sind: so genannte Grundbefähigungen (basic capabilities). In späteren Werken werden Grundbefähigungen von Sen jedoch zunehmend nur als spezieller Zugang zur Armutsproblematik diskutiert (vgl. Sen 1993: 41). Eine ausgearbeitete Konzeption, welche Befähigungen als grundlegend für ein gelingendes menschliches Leben anzusehen sind, hat Sen nicht vorgelegt. Am nächsten kommen einer solchen Ausarbeitung die Begründungen für die Datenbasis der World Development Reports.[3]

Die einzige explizite Vorentscheidung hinsichtlich der Entscheidungsstrukturen, die Sen selbst getroffen hat, muss in der Maßeinheit selbst gesehen werden. Die Maßeinheiten herkömmlicher Theorien wie Ressourcen, Grundgütern oder Nutzen berücksichtigen nicht die ungleichen Fähigkeiten von Personen, die entsprechenden Güter in gelebte Freiheiten umzusetzen. Mit der Einführung der Maßeinheit Befähigungen werden diese Ungleichheiten überhaupt erst Bestandteil der Analyse sozialer Zustände.

Gesellschaftliche Evaluation von Eigenschaften und Fähigkeiten als Befähigungen muss Sen zufolge das Ergebnis partizipatorischer, kollektiver Entscheidungen sein (vgl. Sen 1999: 153). Die Bedingungen solcher kollektiver Entscheidungen sind Sen mehr als bewusst. Für ihn bedeutet kollektive Entscheidung immer demokratische, aufgeklärte Entscheidung (vgl. Sen 1999: 146ff., 282ff.). Diese können nur unter bestimmten gesellschaftlichen Bedingungen stattfinden, die bereits in der Messgröße „Befähigungen" verankert sind. Wie bereits erwähnt sind Befähigungen jene Eigenschaften und Fähigkeiten, die Personen Grund haben, wertzuschätzen, darin sind mit der agency-Dimension gerade auch Lebenspläne in und für die Gemeinschaft enthalten. Sowohl die enge Anbindung an die Evaluation durch die Einzelperson als auch an die innergesellschaftlichen Handlungsmöglichkeiten des Einzelnen verweist ebenso wie die politische Entscheidung über gesellschaftliche geteilte Werte immer schon auf die entwickelte individuelle Perspektive. Wie im Weiteren gezeigt werden wird, können Befähigungen nicht jenseits der begründeten evaluativen Haltung von Personen definiert und nicht jenseits partizipatorischer Prozesse angestrebt werden. Die enge Verflechtung von Partizipation und Entwicklung war nicht nur immer wieder Thema seiner theoretischen, sondern auch Antrieb von Sens praktischer Arbeit beispielsweise im UNDP. Die Grundbefähigungen, die er zwar nie expliziert hat, bleiben in seinem Ansatz dennoch die ermöglichende Bedingung gerechtfertigter kollektiver Entscheidung.

---

3 Sens nachlässiger Umgang mit dem Konzept der *basic capabilities* ist jüngst von Sabina Alkire beklagt worden, die gleichzeitig einen Versuch unternommen hat, diesem Mangel abzuhelfen; siehe Alkire 2002, Kapitel 5, insbesondere S. 156f.

Evaluative Haltung zur eigenen Lebensführung

Befähigungen werden als diejenigen Eigenschaften und Fähigkeiten beschrieben, die Personen Grund haben, wertzuschätzen (vgl. Sen 1999: 75, 87, Sen 1992: 5) Mit dieser Charakterisierung weist Sen bereits auf die selbstreferentielle Struktur des Grundbefähigungskonzeptes hin. In der Entscheidung, ob bestimmte Eigenschaften und Fähigkeiten als Befähigungen zu charakterisieren sind, ereignet sich ein komplexes Wechselspiel zwischen der Perspektive der ersten und der dritten Person. Dieses Wechselspiel kann besonders dann zu moralisch auffälligen Situationen führen, wenn die je betroffene Person über eingeschränkte Informationen und Fähigkeit zur Prüfung dieser Informationen verfügt. Dies ist besonders bei Kindern und Jugendlichen der Fall, aber auch bei Personen, die in Situationen der Auszehrung sozialisiert wurden.

Aus der ersten Personperspektive erscheinen im noch unaufgeklärten Zugriff zahlreiche Dinge als schätzenswert, von denen einige nicht so bewertet würden, verfüge die Person über weiterreichende Informationen und die Möglichkeit zur unvoreingenommenen Prüfung. Ebenso erscheinen einige Dinge als nicht schätzenswert, die zu schätzen bei reiflicher und aufgeklärterer Überprüfung durchaus Grund vorläge. Diese Prüfungskompetenzen können allerdings gerade aufgrund der Unterversorgung mit Fähigkeiten und Möglichkeiten mangelhaft ausgebildet sein und die Informationen aufgrund dessen unzugänglich. Aus der dritten Personperspektive hingegen können einige Eigenschaften und Fähigkeiten als wertvoll für die Person betrachtet werden, die diese selbst – eventuell noch – nicht wertschätzt. Dieses „von außen herantragen" kann gleichermaßen ein Entwicklungsprojekt oder eine Bildungsmaßnahme sein, die von der betroffenen Person nicht selbst initiiert wurde. Dabei ist es durchaus denkbar, dass einige der von außen an die Person herangetragenen Möglichkeiten und Fähigkeiten auch bei vollständigerer Information und Prüfung von dieser nicht wertgeschätzt würden. Solche Diskrepanzen treten gerade dann auf, wenn kulturelle oder eben auch individuelle Vorstellungen von einem erstrebenswerten Leben auseinander treten. Antworten auf die Frage nach einem erstrebenswerten Leben sind zwar wahrheitsfähig, aber diese Frage lässt nicht nur eine einzige Antwort zu. Daher können durchaus gültige Antworten, die aus der dritten Personperspektive heraus formuliert werden, an Gründen scheitern, die aus der ersten Personperspektive entwickelt werden können.

Die erste Personperspektive ist die einzige, aus der ersichtlich wird, ob Antworten auf die Frage nach dem guten Leben mit dem eigenen Lebensplan vereinbar sind. Allerdings kann von einem Lebensplan in einem relevanten Sinne erst dann gesprochen werden, wenn Personen in der Lage sind, über ihre primären Impulse zu reflektieren. Ein Set von Wünschen und Bedürfnissen, zu denen sich deren Träger nicht kritisch verhalten kann, verfehlt den Anspruch eines möglichen gelingenden Lebens. Für die Fähigkeit, sich zu den eigenen Wünschen und Bedürfnissen kritisch zu verhalten, steht der Begriff der Volitionen zweiter Stufe ein. Befindet sich der Lebensplan wenigstens auf der Stufe von Volitionen zweiter Stufe, d. h. von Wünschen, die sich auf direkte Wünsche (d. h. Wünsche nach bestimmten Gütern, Zuständen etc.) beziehen, dann kann und wird darüber reflektiert werden, welche möglichen Bestandteile eines guten Lebens dem eigenen Entwurf entsprechen. Der Bezug auf die Volitionen zweiter Stufe soll hier dafür einstehen, dass der Bezug auf die gegebenen und unreflektierten Wünsche für eine evaluative Haltung im gemeinten Sinne nicht ausreicht. Wünsche und Bedürfnisse sind stark von ihrer Genese abhängig. Sie ohne Betrachtung dieser Genese bzw. ohne eine zusätzliche kritische Instanz als Informationsbasis hinsichtlich sozialer Arrangements zu übernehmen, würde beträchtliche Verzerrungen zulassen. Daher entscheiden über die Kompatibilität von eigenem Lebensplan und vorliegenden Alternativen nicht die unreflektierten Wünsche und Bedürfnisse, sondern Wünsche höherer Ordnung, die sich dadurch auszeichnen, bereits kritische Distanz von den Zufälligkeiten der primären Bedürfnisse und Wünsche aufzuweisen.

Dennoch oder gerade deshalb wird die Person erst unter der Bedingung der Übernahme einiger Eigenschaften und Fähigkeiten, die an sie herangetragen werden, in die Lage versetzt, sich kritisch evaluativ zu ihrer eigenen Lebensführung zu verhalten. Erst indem sie Eigenschaften erwirbt, zu deren Erwerb sie zwar durchaus Grund hätte haben können, deren Erwerb aber keinem aktualen Grund in ihrem kognitiven und emotionalen Set entspricht, kann sie entscheiden, ob sie wirklich Grund zu diesem Erwerb hatte, oder ob dieser Erwerb in ihrem nun aufgeklärten Interesse stand. Dasselbe gilt für Fähigkeiten. Erst indem sie Fähigkeiten erlernt und ausübt, kann die Person entscheiden, ob sie tatsächlich Grund zum Erwerb dieser Fähigkeiten hatte. Die Ausbildung eines Lebensplanes oder von Volitionen zweiter Stufe ist nicht bedingungslos. Die Bedingungen dafür können häufig nur dadurch geschaffen werden, dass Personen Handlungen ausführen, die sie von selbst nicht ausführen würden. Die damit einhergehende Paternalismusproblematik wird im folgenden Abschnitt diskutiert werden.

Diese eigentümliche Struktur verdankt sich den unterschiedlichen Verhältnissen, die Personen zu Gründen haben können. Einerseits sprechen wir von „Gründe haben" wenn eine Person eine Überzeugung oder einen Wunsch zum Bestandteil ihres kognitiven und motivationalen Sets gemacht hat. Die aktivische Formulierung soll hier kein aktives Verfügen andeuten, Überzeugungen wie Wünsche drängen sich häufig als nicht einfach auf. In dieser Verwendungsweise sprechen wir von Gründen als im Motivationalen/Überzeugungsset der Person verankert.

Andererseits sprechen wir auch dann davon, eine Person „habe Gründe", wenn Überlegungen, die von ihrem motivationalen Set abstrahieren, etwas als für sie wertvoll erscheinen lassen. Man kann durchaus davon sprechen, dass eine Person Grund hat, Lesen und Schreiben zu lernen, obwohl in ihrem Motivationalen und Überzeugungsset kaum etwas zu finden ist, was damit kohärent wäre. Kleine Kinder sind nicht das einzige Beispiel dafür, sondern eben auch Personen, deren Motivationales und Überzeugungsset aus anderen Gründen keine oder nur eingeschränkte Entwicklung durchlaufen konnte. Für diese Zuschreibung lässt sich mit einem konstruierten Beispiel argumentieren: Gesetzt den Fall Personen a und b leben in derselben Umgebung, denselben Lebensumständen; Person a hat erfahren, dass Alphabetisierung ihre Möglichkeiten bereichern würde, Person b weiß um diese Möglichkeit nicht. Tatsächlich ist es so, dass die Wahrscheinlichkeit eine von beiden Personen erstrebte Tätigkeit auszuführen mit dem Erlernen der Schrift um einen festen Prozentsatz, denselben für beide Personen, stiege. In dieser Situation ist es zwar korrekt zu sagen, dass nur a ein Motiv, aber beide einen Grund haben, Lesen und Schreiben zu lernen.

Der hier zugeschriebene Grund ist – trotz gewisser Ähnlichkeiten zur Differenzierung von internen und externen Gründen – kein Handlungsgrund im Sinne von Williams. Wir sind nicht in der Lage, die Handlungen von b damit zu erklären. Es ist ein rechtfertigender Grund, wir sind in der Lage, Handlungen Dritter – etwa den verpflichtenden Schulunterricht – damit zu rechtfertigen.

Befähigungen sind nun als Eigenschaften und Fähigkeiten definiert, die auch aus der Perspektive der betroffenen Person wertgeschätzt werden, wobei sie die Gründe zur Wertschätzung, die von außen an sie herangetragen wurden, als für sie zutreffend akzeptiert hat. Diese komplizierte Konstruktion ist deshalb wichtig, weil Befähigungen gerade nicht unabhängig von der Perspektive der Person betrachtet werden können (vgl. nächster Abschnitt Paternalismus). Würde eine Person zwar externen Grund haben, eine Eigenschaft oder Fähigkeit zu erwerben, aber in Kenntnis dieses Grundes und fähig zur Prüfung dieses Grundes dabei bleiben, weder die Überzeugung von deren Wert noch den Wunsch danach zu entwickeln, könnte kaum von Befähigungen gesprochen werden. „But activities or states that people do *not* value or have reason to value could not be called capabilities" (Alkire 2007: 2).

Im ersten Zugriff klingt diese Konstruktion unwahrscheinlich, welcher Fall kann wohl davon abgedeckt werden? Eine solche Situation ist dann möglich, wenn eine Fähigkeit oder Eigenschaft von außen an eine Person herangetragen wird, die zwar mit Lebensplänen vereinbar wäre, die aus der externen Perspektive denkbar sind, aber in keiner Lebensgestaltung einen Platz haben, die aus der internen Perspektive wünschenswert ist. Der externe Beobachter kann durchaus der Überzeugung sein, dass eine Eigenschaft einer Person in einem bestimmten Set von Lebensplänen dienlich wäre, und dass darüber hinaus diese Lebenspläne eine Option für die Person darstellen. Diese Überzeugungen können durchaus wahr sein. Gleichzeitig kann die betrachtete Person aber der Meinung sein, dass diese Lebenspläne für sie nicht in Frage kommen, sei es aus kulturellen Gründen oder aufgrund der Inkompatibilität mit individuellen Werthaltungen und Überzeugungen. Beide Sets von Überzeugungen können gleichzeitig wahr sein, denn die eine behauptet, dass es sich bei einem Lebensplan um eine mögliche Option handelt, die andere negiert nicht die Möglichkeit, sondern lediglich die Vereinbarkeit mit anderen Bestandteilen des von der Person gewählten Lebens. So kann an eine Person von außen herangetragen werden, eine Erwerbstätigkeit im industriellen Sektor sei für sie vorteilhaft und wertvoll, während diese Person entscheidet, dass sie die von ihr geschätzte Lebensweise nur innerhalb der selbstversorgenden Landwirtschaft möglich ist. Obwohl die Entscheidung für die Subsistenzlandwirtschaft oft auf nicht aufgeklärten Präferenzen basiert, kann sie doch ebenso gut eine aufgeklärte und informierte Entscheidung für einen bestimmten Lebensstil sein, in dem die angebotene Industrialisierung gerade keine Befähigungen bereitstellt. Diese Konstellation ist verantwortlich für zahlreiche der so genannten weißen Elefanten der Entwicklungshilfe: Projekte, die der lokalen Bevölkerung zwar nahe gelegt wurden, die von dieser aber nicht als Lebensoption wahrgenommen wurden und werden konnten (vgl. van Laak 1999).

Daraus folgt, dass die Charakterisierung von Eigenschaften und Fähigkeiten als Befähigungen sich immer daran messen lassen muss, ob sie in der rückwärtsgerichteten Betrachtung aus der kritisch aufgeklärten Perspektive der betroffenen Person gerechtfertigt ist. Kann die betroffene Person den Vorwurf erheben, dass ihr Eigenschaften und Fähigkeiten aufgedrängt worden sind, die sie nicht hätte wertschätzen können, so handelt es sich nicht um Befähigungen, und bei der Bereitstellung nicht um die Förderung der Entwicklung einer Person, sondern um einen Fall von unangemessenem Paternalismus. Eine Person, die etwa innerhalb eines Entwicklungsprojekts verpflichtet wurde, die vom Projektträger verwendete Buchhaltungsstruktur zu erlernen, obwohl eine andere Abrechnungsart verbreiteter, sinnvoller und vor allem in ihrem Kulturkreis und weiteren Leben angemessener gewesen wäre, darf durchaus darauf aufmerksam machen, dass es sich hier nicht um eine Befähigung sondern lediglich um eine bürokratische Maßnahme gehandelt hat.

Inwiefern nun spricht diese Analyse von Befähigungen über das Konzept der Gründe für eine egalitäre Entscheidungs- und Verteilungsstruktur? Wie gezeigt, kann man von Befähigungen nur sprechen, wenn Personen Gründe haben, etwas wertzuschätzen. Diese Gründe wiederum können nicht einfach auf ahistorisch betrachtete Wünsche und Bedürfnisse reduziert werden. Täte man dies, würde man gerade keinen Befähigungsansatz sondern eine Werttheorie der Präferenzbefriedigung verwenden. Der Befähigungsansatz erklärt nur jene Eigenschaften und Fähigkeiten für wertvoll, die Personen Grund haben, wertzuschätzen. Eine Werttheorie der Präferenzbefriedigung erklärt alle Eigenschaften und Fähigkeiten für wertvoll, die Personen gewünscht haben, egal ob begründet oder nicht.

Der Befähigungsansatz verlangt also nach der Betrachtung solcher Zustände, die Personen Gründe haben, wertzuschätzen. Gründe müssen von Personen erst entwickelt werden, sie sind nicht gegeben oder unveränderlich. Würde man sich nun mit einem Entscheidungs- und Verteilungsverfahren zufrieden geben, das nicht allen Personen gleichermaßen erlaubt, ihre Gründe zu entwickeln, d. h. einem nicht egalitären Verfahren, so folgte daraus, dass bei einigen Personen gerade nicht entwickelte Gründe, sondern Präferenzen und Wünsche jenseits kritischer Evaluation beachtet werden müssten (oder andere Messgrößen jenseits der Evaluation durch die Person). Damit würde aber der Befähigungsansatz durchbrochen, denn für einige Personen würden gerade solche Zustände und Fähigkeiten nicht betrachtet, die sie Gründe haben, wertzuschätzen.[4]

Eine Spannung innerhalb des Befähigungsansatzes bleibt mit dieser Analyse bestehen: Ein Grund für eine Person kann in etwas liegen, was sie zwar aktual noch nicht wertschätzt, rückblickend aber muss wertschätzen können. Daher bleibt eine Paternalismusgefahr bestehen, da fraglich sein kann, inwiefern ein Erziehungs- oder Entwicklungsprozess die Motive einer Person legitimerweise beeinflusst. Sonst könnte ein Programm eingerichtet werden, das aufgrund guter Konditionierung nachher auf Zustimmung aus der ersten Personperspektive stößt. Solche zugegebenermaßen eher in science-fiction-Szenarien beheimatete Befürchtungen können nur dadurch beruhigt werden, dass die Einbindung der Person in die jeweiligen Entwicklungsprozesse geklärt wird. Daher wird der nächste Abschnitt sich den partizipatorischen Anforderungen des Befähigungsansatzes widmen. Auf diese Weise kann unterschieden werden zwischen aufgeklärten Wünschen und lediglich veränderten Wünschen.

Befähigungen, Partizipation und Paternalismus

Die evaluative Haltung, die Personen zu Ihrer Lebensführung einnehmen können müssen, verlängert sich in politische und soziale Partizipation. Die hier vertretene These lautet: Nur auf der Basis egalitärer, an der evaluativen Haltung der Einzelperson ausgerichteter partizipatorischer Prozesse lässt sich klären, welche Eigenschaften und Fähigkeiten als Befähigungen anzusehen sind und wie diese in legitimier Weise praktisch realisiert werden können

Partizipation erfüllt im Rahmen des Befähigungsansatzes drei elementare Funktionen: A) Sie ist selbst intrinsisch wertvoll, insofern sie die „agency freedom" einer Person d. i. einen Aspekt von Befähigungen erweitert, B) Partizipation ist instrumentell wertvoll, insofern sie die Ergebnisse von Entwicklungsprozessen verbessert und C) sie ist konstruktiv wertvoll, insofern sie die evaluative Haltung von Personen in kollektive und kulturelle Bewertungsprozesse einbettet und entwickelt.

---

4 Dieses Argument kann ebenfalls über den Begriff der positiven Freiheit aufgezogen werden. Demnach ist das Maß für soziale Zustände die darin realisierte Freiheit von Personen. Freiheit wiederum ist die Fähigkeit, aus Gründen zu handeln. Wenn einige Personen nicht in die Lage versetzt werden, Gründe zu entwickeln, ist dieses Maß auf die nicht anwendbar.

A) Partizipation erweitert direkt die Handlungsfreiheit einer Person, die von Sen „agency freedom" genannte Dimension von Befähigungen. Agency freedom definiert Sen als „what a person is free to do and achieve in pursuit of whatever goals or values he or she regards as important" (Sen 1985a: 203). Damit ist die evaluative Perspektive der Einzelperson bereits in der Definition dieser Dimension von Befähigungen enthalten, sie ist zudem konstitutiv für die hier diskutierte Umsetzungsweise dieser Dimension. Mit Umsetzungsweise wird eine interne Differenzierung unterschiedlicher partizipatorischer Prozesse und Verfahren angesprochen, deren einige wie bereits angedeutet dem Vorwurf eines unangemessenen Paternalismus Vorschub leisten. Das Differenzierungskriterium ist das Verhältnis der partizipatorischen Prozesse zu den evaluativen Haltungen der einzelnen Personen.

Partizipatorische Elemente in Entwicklungsprozessen eröffnen nur dann neue Handlungsfreiheiten, sind also dann intrinsisch wertvoll, wenn sie die evaluative Perspektive der betroffenen Personen ernst nehmen. Das bedeutet, sie müssen direkt dem Einfluss der Einzelpersonen, sowie deren Kontrolle unterworfen sein. Dieser Einfluss und diese Kontrolle sind vor Verzerrungen durch Repräsentation durch Vertreter einer kulturellen oder gesellschaftlichen Gruppe oder durch Sanktionen durch diese Gruppe zu schützen.

Partizipatorische Elemente können allerdings auch dergestalt sein, dass kollektiv verankerte Werthaltungen abgefragt werden, deren Verhältnis zu den je individuellen Einstellungen der beteiligten Personen durchaus ambivalent sein kann. Dies geschieht besonders dann, wenn Repräsentanten anstatt der betroffenen Einzelpersonen an Entscheidungen teilnehmen, oder wenn die Teilnahme der Einzelpersonen nicht so geschieht, dass sie ohne Sanktionen ihre eigenen Haltungen zum Ausdruck bringen können. Diese Form der Partizipation nimmt die evaluative Haltung der Individuen gerade nicht ernst, sondern verabschiedet diese zugunsten bereits etablierter – und oft nicht auf partizipatorischem Wege etablierter – kultureller oder kollektiver Normen. Personen wird so gerade nicht die Möglichkeit gegeben, gemäß ihrer eigenen Ziele für sich oder ihre Gemeinschaft aktiv zu werden. Partizipation diesen Charakters, d. h. solche, die sich an kollektiven Werthaltungen orientiert, kann durchaus nicht-egalitär sein. Hingegen können partizipatorische Prozesse, die sich tatsächlich an den evaluativen Haltungen von Personen ausrichten, nur egalitär gestaltet sein.

Eine Versammlung, in der beispielsweise traditionelle Rollenmuster gewahrt bleiben, indem nur Personen ab einem bestimmten Alter sprechen dürfen, vermag kaum die Perspektive der jüngeren Personen zu artikulieren. Selbst wenn jüngere Personen anwesend sind, partizipieren sie kaum. Und sollten sie dennoch sprechen, so müssen sie mit Sanktionen aus der Gruppe rechnen. Eine solche Versammlung wäre kaum geeignet, an der Planung eines Entwicklungsprojektes zu partizipieren, das den Vorgaben des Befähigungsansatzes entspricht.

Die an kollektiven Werthaltungen orientierte Variante partizipatorischer Prozesse ist gegenüber Einzelpersonen in zweierlei Hinsicht paternalistisch. Einerseits wird Personen von Seiten ihrer Kultur oder ihrer Gruppe eine Werthaltung vorgegeben. Gruppendynamische Prozesse, die dafür verantwortlich sind, dass Personen weniger ihre eignen reflektierten Werthaltungen als vielmehr einen Gruppenkonsens in ihren Entscheidungen berücksichtigen, sind hinlänglich bekannt. Solche Prozesse gilt es aber gerade für die partizipatorischen Prozesse, die über die Werthaltungen des Individuums bestimmen, auszuschließen. Die oben bereits angeführten festen Rollenmuster wären ein solcher Gruppenprozess; sie tragen für ihre eigene Perpetuierung Sorge, indem sie einerseits vorgeben, wer eine aktive Rolle in den Entscheidungen der Gruppe einnimmt, und andererseits abweichende Überzeugungen als der kollektiven Lebensführung unangemessen oder eben falsch brandmarken. Um das oben eingeführte Beispiel weiterzuführen: Nicht nur sprächen die Jüngeren in der Gegenwart der Älteren nicht, sie würden auch dahingehend sozialisiert, dass nicht ihre eigenen Überzeugungen, sondern eben diejenigen der Älteren darüber Auskunft geben, was gut für alle Gemeinschaftsmitglieder und damit für sie selbst ist.

Andererseits wird diese Werthaltung von außerhalb noch einmal bestätigt. Von außen an eine Gruppe herangetragene Entwicklungsprojekte, seien sie ökonomisch, erzieherisch oder politisch, laufen Gefahr, die Überzeugungen, die in der Gruppe transportiert werden, denjenigen vorzuziehen, die Einzelindividuen aufweisen. Kollektive Werthaltungen bilden zwar den Rahmen individueller Evaluation, aber sie erschöpfen letztere nicht. Daher ist der Bezug nur auf die kollektiven Wertungen insofern paternalistisch, als angenommen wird, die kollektiven Werthaltungen seien hinreichend, um das Wohl des Einzelnen bzw. dessen Befähigungen zu bestimmen. Diesen Paternalismus kann man nur aufgeben, wenn Partizipation sich an den individuellen Werthaltungen orientiert. Diese können nur gleichermaßen für alle Personen beachtet werden, will man wirklich von Partizipation und nicht lediglich von Repräsentation sprechen. Der Paternalismus kann also nur durch einen Egalitarismus ausgeschlossen werden. Egalitarismus bedeutet gerade die Verabschiedung repräsentativer Elemente in der Evaluation möglicher Entwicklungen als Befähigungen und in der Entscheidung über die Art ihrer Umsetzung. Es bedeutet auch, ein Umfeld zu schaffen, in der die Evaluation von jeder betroffenen Person ohne Sanktionen vorgenommen werden kann.

B) Der instrumentelle Wert partizipatorischer Elemente ist ebenfalls eng mit der evaluativen Haltung zur eigenen Lebensführung verwoben. Selbst in dem Fall, in dem diese Haltung unzureichend informiert ist oder unter mangelnder Prüfungskompetenz entsteht, gehen darin doch immerhin die Präferenzen der betroffenen Person ein, die es zwar gerade zu entwickeln, jedoch nicht zu unterdrücken gilt. Zwar kann wie oben dargestellt nicht damit gerechnet werden, dass Wünsche erster Ordnung hinreichende Kriterien sind, um die Gründe und

Werthaltungen und damit die Befähigungen von Personen zu bestimmen. Andererseits kann von diesen Wünschen auch nicht vollständig abgesehen werden, will man politischer Bevormundung und unangemessenem Paternalismus nicht das Wort reden. Sollen Wünsche und Bedürfnisse entwickelt werden, so gilt es, sie zu transformieren und nicht zu ignorieren.

Auch der instrumentelle Wert von Partizipation kann besser durch egalitäre als durch kollektivistische repräsentative Verfahren gesichert werden. Da es hier gerade darum geht, mögliche Entwicklungsprozesse – ob nun im Falle der Armutsbekämpfung oder der Bildung – zu gestalten, scheint ein Begnügen mit kollektiven Werthaltungen darin zu resultieren, dass Personen nicht ihre eigenen, möglicherweise abweichenden Präferenzen einbringen und thematisieren können. Insofern würde der jeweilige Entwicklungsprozess sich nicht an der Person sondern an der Gruppe orientieren, der die Person angehört. Wieder aber stellt sich damit das Paternalismusproblem, weil das Entscheidungsverfahren die Person und ihre Wertungen zugunsten kollektiver Überzeugungen ignoriert. Was Wohl und Befähigungen der Person sind, hängt auch hier nicht von deren Gründen ab.

Partizipatorische Elemente sind nicht nur geeignet, Informationen über die Präferenzen der betroffenen Personen zu sammeln und in Entscheidungen einzubringen, sie unterwerfen die jeweilige Entscheidung der direkten Begutachtung durch die Beteiligten und fördern zudem die Entwicklung der deliberativen Kompetenzen derselben.

C) Die Entwicklung der deliberativen Kompetenzen der Beteiligten geht eng einher mit dem letzten und wichtigsten Aspekt partizipatorischer Elemente: die Formung und Formulierung individueller wie kollektiver Werthaltungen. Wie bereits angedeutet sind Wertungen in keiner Form ahistorisch gegeben. Sie entwickeln sich im Rahmen der Sozialisierung von Personen und der politischen und sozialen Prozesse von Gesellschaften.

Die individuellen Werthaltungen von Personen stehen mit den kollektiven politischen und sozial geteilten Überzeugungen und Wertungen in direkter gegenseitiger Abhängigkeit. Wie der kulturelle Hintergrund im Rahmen der Sozialisation die Werthaltungen aller Beteiligten prägt, so verändern die individuellen Werthaltungen, und gerade die abweichenden und neuartigen, den Hintergrund kollektiv geteilter Überzeugungen.

Gerade in dieser Hinsicht ist der partizipatorische Charakter des Befähigungsmaßes eng mit dessen grundlegendem Egalitarismus verbunden. Der konstruktive Wert von Partizipation liegt gerade darin, Personen in die Lage zu versetzen, Zustände und Eigenschaften begründet wertschätzen zu können. Diese Wertschätzung ist konstitutiv dafür, dass Eigenschaften und Fähigkeiten für Personen zu Befähigungen werden. Würde also eine nicht egalitäre Entscheidungsstruktur bzw. in diesem Falle eine nicht egalitäre Partizipationsstruktur verwendet, würden einige Personen zu der Entwicklung von Gründen nicht befähigt. Für diese würden Eigenschaften und Fähigkeiten daher nicht zu Befähigungen werden können. Nicht-egalitaristische Strukturen sind mit dem Befähigungsansatz daher nicht kompatibel.

Der Paternalismusvorwurf gegenüber dem Befähigungsansatz liegt sicherlich häufig nahe. Er speist sich aus zwei unterschiedlichen Quellen. Einerseits liegt dem Ansatz scheinbar die Vorstellung zugrunde, die betrachteten Personen seien den betrachtenden irgendwie, sei es in Deliberationsfähigkeit oder Informiertheit, unterlegen. Der Struktur nach ist der Ansatz darauf ausgerichtet, Entwicklungsprozesse zu ermöglichen. Die Ermöglichung von Entwicklungsprozessen legt in der Tat bereits nahe, dass die betroffene Person in der Entwicklung ihrer Lebensumstände, Fähigkeiten und Eigenschaften noch Fortschritte machen kann. Damit ist allerdings weder vorausgesetzt, dass die jeweiligen Partner im Entwicklungsprozess selbst bereits weiter entwickelt sind, noch dass hier ein hierarchisches Verhältnis irgendeiner Form vorliegt. Auch wenn dies beispielsweise dort der Fall sein kann, wo die Erziehung junger Kinder diskutiert wird, ist dies doch nicht der typische Anwendungsfall des Befähigungsansatzes.

Andererseits müssen Personen – um Befähigungen zu erlangen – häufig Funktionen ausüben, unabhängig davon, ob sie einen Wunsch dazu haben. Ihnen muss oft aus externer Perspektive nahe gelegt werden, Handlungen auszuführen, die sie von selbst nicht schätzen würden. Diese Aufforderung wird damit begründet, dass nur auf diese Weise die Freiheit der betroffenen Person bewahrt oder ausgedehnt werden kann: „Even where adults are concerned, we may feel that some of the capabilities are so crucial to the development or maintenance of all the others that we are sometimes justified in promoting functioning rather than simply capability, within limits set by an appropriate concern for liberty"(Nussbaum 2000: 130). Dort, wo also paternalistische Elemente im Befähigungsansatz verbleiben, wo die Spannung zwischen Paternalismus und Partizipation nicht aufgehoben werden kann, bedarf es der besonderen Rechtfertigung von externen Einflüssen. Diese haben gerade darauf abzuzielen, dass Personen in die Lage versetzt werden, Freiheiten in eine selbstbestimmte Lebensführung umzusetzen und paternalistischer wie diktatorischer Fremdbestimmung zu entgehen. Diese Zielsetzung kann wie hier entwickelt bereits aus dem Befähigungsmaß gefolgert werden. Die Festlegung auf einen egalitäre und partizipatorische Struktur der Bewertung von und Entscheidung über soziale Zustände ist kein zusätzlicher Schritt im Befähigungsansatz. Der zusätzliche Schritt, der den Prinzipienpluralismus hinter sich lässt, liegt in der Wahl eines konkreten egalitären Verfahrens, sei es eine reine Gleichverteilung, eine Gleichheit von Grundbefähigungen, das Leximin-Verfahren oder – am besten geeignet – ein gestaffeltes Prinzip von Grundbefähigungen und Leximin-Verfahren (vgl. Heinrichs 2006).

Literatur

Alkire, S., 2002: Valuing Freedoms. Sen's Capability Approach and Poverty Reduction. Oxford: University Press.

Alkire, S., 2005 (Hg.): Briefing Note – Capability and Functionings: Definition & Justification. Human development and capability association Website: www.capabilityapproach.com/pubs/ HDCA_Briefing_Concepts.pdf [Zugriff: 11.05.07].

Heinrichs, J. H., 2006: Grundbefähigungen: Zum Verhältnis von Ethik und Ökonomie. Paderborn: Mentis.

Nussbaum, M. C., 1999: Gerechtigkeit oder Das gute Leben Frankfurt a. M.: Suhrkamp.

Nussbaum M. C., 2000: Aristotle, Politics, and Human Capabilities: A Response to Antony, Arneson, Charlesworth, and Mulgan. In: Ethics, Vol. 111, 1, S. 102-140.

Nussbaum, M. C., 2002: Für eine aristotelische Sozialdemokratie. Essen: Klartext.

Nussbaum, M. C./Sen, A., 1993 (Hg.): The Quality of Life. Oxford: University Press.

Sen, A., 1970: Collective Choice and Social Welfare. San Francisco: Holden-Day.

Sen, A., 1973: On Economic Inequality. Oxford: Clarendon Press.

Sen, A., 1980: Equality of What? In: *McMurrin, St. M.* (Hg.): The Tanner Lectures on Human Values 1980, 1. Salt Lake City/Cambridge: University of Utah Press/Cambrigde University Press.

Sen, A., 1982: Rights and Agency. In: Philosophy and Public Affairs 11, 1, S. 3-39.

Sen, A., 1984: Ressources, Values and Development. Cambridge: Harvard University Press.

Sen, A., 1984a: Ethical Issues in Income Distribution. In: Sen, A. 1984: Ressources, Values and Development. Cambridge: Harvard University Press.

Sen, A., 1984b: Economics and the Family. In: *Sen, A.* 1984: Ressources, Values and Development. Cambridge: Harvard University Press.

Sen, A., 1985: Rights and Capabilities. In: *Honderich, T.* (Hg.): Morality and Objectivity. A Tribute to J. L. Mackie. London/Boston: Routledge Kegan & Paul.

Sen, A., 1985a: Well-being, Agency and Freedom: The Dewey Lectures 1984. In: Journal of Philosophy 82, 4 169-221.

Sen, A., 1987: The Standard of Living. The Tanner Lectures 1985. Cambridge: University Press.

Sen, A., 1992: Inequality Reexamined. Cambridge: Harvard University Press.

Sen, A., 1993: Capability and Well-Being. In: *Nussbaum, M. C./Sen, A.* (Hg.): The Quality of Life. Oxford: University Press.

Sen, A., 1998: Reason before Identity. The Romanes Lecture 1998. Oxford: University Press.

Sen, A., 1999: Development as Freedom. New York: Knopf.

Sen, A., 2001: Gender Equity and the Population Problem. In: International Journal of Health Services 31, 3, 469-474.

Sturma, D., 2000: Universalismus und Neoaristotelismus. Amartya Sen und Martha C. Nussbaum über Ethik und soziale Gerechtigkeit. In: *Kersting, W.* (Hg.): Politische Philosophie des Sozialstaats. Weilerswist: Velbrück Wissenschaft.

Volkert, J., 2005 (Hg.): Armut und Reichtum an Verwirklichungschancen. Amartya Sens Capability-Konzept als Grundlage der Armuts- und Reichtumsberichterstattung. Wiesbaden: VS Verlag für Sozialwissenschaften.

Van Laak, D., 1999: Weiße Elefanten. Stuttgart: Deutsche Verlagsanstalt.

Harry Brighouse / Elaine Unterhalter

Primary Goods versus Capabilities: Considering the debate in relation to equalities in education

Thomas Pogge has recently argued that the capability approach cannot be justi-fied, and that John Rawls's social primary goods way of thinking about the metric of justice that is superior to the capability approach (Pogge 2003). The burden of this paper is to respond to his objections drawing on issues that arise when thinking about distribution and equality in education. We should say at the outset that we do not have a strong view about which of the approaches is superior, all-things-considered. Sometimes the language of capabilities better il-luminates what matters than does the language of primary goods. And fre-quently both approaches are hard to apply.

In the capabilities approach, as Sen defends it, he takes issue with approaches to evaluating social policy that focus on the aggregated benefits an initiative has for the whole society or for future generations, without regard to how it affects individuals (Sen 1999; Sen 1992). According to these views, for example, in-vesting in education for women and girls is justified by its benefits not for them, but for the societies they live in. These approaches to evaluation do not look at whether any adult or child has been discriminated against in the provi-sion of education, because the education is not for those individuals but for a larger grouping – the community, nation, future generations. Here there might be a weak interest in gender equality in education, but only in so far it is need-ed to ensure a range of social benefits.

The capability approach looks at a relationship between the resources people have and what they can do with them. As Sen puts it, in a good theory of well-being, "account would have to be taken not only of the primary goods the per-sons respectively hold, but also of the relevant personal characteristics that gov-ern the conversion of primary goods into the person's ability to promote her ends" (Sen 1999: 74). What matters to people is that they are able to achieve actual *functionings*, that is: "the actual living that people manage to achieve" (Sen 1999: 73). Walking is a functioning, so are eating, reading, mountain climbing, and chatting. The concept of functionings reflects the various things a person may value doing or being varying from the basic (for example being adequately nourished) to the very complex (for example being able to take part in the life of the community). But when we make interpersonal comparisons of wellbeing we should find a measure which incorporates references to functionings, but also reflects the intuition that what matters is not merely achieving the functioning but being free to achieve it. So we should look at "the freedom to achieve actual livings that one can have a reason to value" (Sen 1999: 73) or, to put it another way, "substantive freedoms, the capabilities, to choose a life one has reason to value" (Sen 1999: 74). A person's capability refers to the alternative combinations of functionings that are feasible for her to achieve. Capability is thus a kind of freedom: the substantive freedom to achieve alternative functioning combinations (Sen 1999: 75).

The notion of capability is essential for Sen, because someone's actual functionings need not tell us very much about how well off she is. Consider Tony, a stockbroker who suddenly abandons his job to fast in support of world peace, and Sid, a stockbroker who is suddenly marooned on a barren island. After a week their physical state might be identical: looking at their level of functioning will not tell us the difference. But Tony, unlike Sid, is capable of a high level of functioning. His low level of functioning is the result of a voluntary choice, unlike Sid's. Here is another example. Two 15 year old girls participating in an international study of learning both achieve poor results in mathematics. For one, despite attending a well equipped school with highly qualified and well motivated teachers and ample time for additional learning, a major reason was her decision to spend less time on homework and more time with friends. For the other, despite her interest in mathematics and school work generally, her results were largely due to long periods of absence by her teacher, who was inadequately paid, lack of a supportive culture in the school or at home for girls' achievement in mathematics, and heavy demands on her to perform housework and childcare for other family members. While the functionings of the two girls are the same, their capabilities are different. The capabilities approach captures this difference by looking behind the actual functionings to the opportunities or freedom people have to function.

The primary goods approach says that for the purpose of justice we should compare individual's holdings of social primary goods. Rawls' list of social primary goods is arrived at by considering what conditions and resources are necessary for the development and exercise of the two moral powers of free and equal persons, viz, the capacity for a sense of justice and the capacity for a conception of the good (Rawls 2001). They are

i)   The basic liberties (freedom of thought and liberty of conscience, etc.)
ii) Freedom of movement and free choice of occupation
iii) Powers and prerogatives of offices of responsibility are needed to give scope to various self-governing and social capacities of the self.
iv) Income and wealth, understood
v)   The social basis of self respect

Pogge's strategy for criticising the capabilities approach has two parts. The first, which takes up the bulk of his paper, and with most of which we agree, is a defence of the social primary goods approach against charges made by Sen. The second, on which we focus here, is to press three objections against the capabilities approach. First, he thinks, the capabilities approach faces a serious problem in dealing appropriately with natural inequalities; second, he thinks that the approach tends to obscure the degree of unjust inequality internationally. Finally the problem faces the capability approach that, because it is so closely sensitive to personal heterogeneities, it is ill-suited to the task of providing a public criterion of justice.

First objection. One of the apparent advantages of the capabilities approach over the social primary goods approach is that it is sensitive to inequalities of natural endowments. Whereas the social primary goods are always resources, whose value, for the purposes of justice, is defined without regard to what the particular individual who has them can do with them, the capabilities approach always looks at how well the individual can convert her bundle of resources into functionings. On the social primary goods approach two people with the same holdings, one of whom is ordinarily abled and the other is paraplegic, are equally well off. But the capabilities approach counts the paraplegic as worse off (from the point of view of justice). Intuitively this should be an advantage of the capabilities approach. But Pogge denies this. Some natural inequalities are widely regarded as what he calls horizontal, such as eye and hair and skin colour, height – they are not intrinsically of moral concern, and no-one is owed more resources in virtue of their possession of some feature rather than another. Pogge thinks that many natural inequalities are of this kind, and that the primary goods approach is superior for treating them so:

"Our awareness of the great diversity in our valuations and of the bias in favour of one's own endowments militates against the idea of a *socially shared* ranking of persons' *overall* endowments [...]" (Pogge 2002: 205-206).

"While the resourcist approach is supported by this conception of natural inequality as horizontal, the capability approach requires that natural inequality be conceived as vertical. When a capability theorist affirms that institutional schemes ought to be biased in favor of certain persons on account of their natural endowments, she thereby advocates that these endowments should be characterized as deficient and inferior, and those persons as naturally disfavored and worse endowed [...] not just in this or that respect, but overall" (Pogge 2002: 206).

Broadly speaking, in order to get the desired result the capabilities approach has to treat disabilities always as vertical inequalities, whereas it is, in fact, desirable to treat them as horizontal inequalities, because to treat them otherwise stigmatizes the disabled person as somehow less of a person than the ordinarily-abled person. The resourcist approach, which ignores disabilities, by contrast, avoids stigma.

How can the capabilities approach respond to this objection? It is important to see that the social primary goods approach is not completely insensitive to the difficulties disabled persons often face. Some of the functionings unavailable to disabled people are unavailable not because they suffer from physical impairments, but because social institutions are set up so as to enhance the functioning of the ordinarily-abled but not the disabled person. Take the example of London Underground interchange stations, many of which lack elevators or ramps between different lines. The ability to change lines is thus rendered unavailable to wheelchair bound people. It is also, incidentally, rendered extremely difficult to all ordinarily-able persons at a certain stage of their life – the first 3 years. Being blind, or deaf, does not make the written or spoken interactions of others inaccessible to someone: the absence of Braille and signing facilities does. The social primary goods approach can acknowledge that in so far as it is the design of social institutions that is responsible for someone's lack of a functioning there is a prima facie case for something to be done about it. So what justifies the Pogge response is the sense, which he has, that many disabilities are not intrinsically disabling – they are mere impairments that have their impact on functioning only in conjunction with the mal-design of social institutions (as argued in the social model of disability).

But if Pogge is right about this, or rather to the extent that he is right about it, there's no need for the capabilities approach to disagree – it can say, sure the failure to function adequately does not have its source in the impairment but in the institutions – so they should be rearranged. It does not make a fetish of correcting the individual rather than the institutions.

But what if there *really is* inequality of capabilities – if those who are 'disabled' *really cannot* reach the same level of functionings as others even if there is reform of institutions? Then Pogge's objection loses a good deal of its power.

Why? First think about how the primary goods approach gets to say something about disability. It cannot straightforwardly compare the blind person and the sighted person and say that they have unequal shares of social primary goods: they do not. But in order to locate the disadvantage socially, and avoid stigmatizing the blind, it has to say, rather, that the blind person is disadvantaged by the design of social institutions. How is it going to establish *that* disadvantage? The blind person does not have an expensive taste, as, for example, we might think of someone who is sighted but prefers reading Braille over reading print, because she enjoys the tactile experience. But why not? It's hard to explain why not without appealing to the fact that the blind person (unlike the sighted Braille reader) lacks a valuable capability absent but for the provision of Braille. It is hard to see how the primary goods approach can determine whether social institutions are set up to the disadvantage of the disabled without appealing to some notion of functioning.

Second, think about the way that girls and boys can face similar resources in schools, but these similar resources can give rise to differential opportunities because of their different needs. A school without running water is inconvenient for everyone, but much more so for girls who menstruate than boys who do not. Even absent social mores that look down on menstruation many girls may find, without adequate water provision that they cannot attend school on the days that they menstruate heavily, or be unable to learn on those days. There is nothing wrong with the girls; acknowledging that their different physicality gives rise to different needs does not imply any stigma. Girls in many schools in South Africa face a high risk of rape at school, because the security arrangements are so poor. The security arrangements are poor for all, but if a girl is raped and becomes pregnant this severely diminishes her access to future educational opportunities (Unterhalter 2003). Again, acknowledging this difference involves no stigma.

We are emphatically not making the claim that the capacities for menstruation or pregnancy comprise defects that need to be corrected for. Rather, because of real differences in the capabilities of adolescent boys and girls similar resource allocations, especially when they fall below some threshold, can have unequal (and we think unjust) effects on their future prospects for capability sets. Nor are we claiming that the resourcist has no response to this point; just that in order to make a plausible response we think that the resourcist has to appeal implicitly or explicitly to the likely effects of the resources on people's capabilities.

Think finally about the children who exhibit learning difficulties. If disabilities are truly horizontal, why should the state provide them with extra resources to overcome those difficulties? That is the way they are, and to provide them with extra support to overcome their difficulties is to stigmatize them. Pogge might reply that the reason to provide extra support is that educational achievement provides access to higher incomes, but this is a contingent, and eliminable, social fact – we could decide to make incomes more or less equal. But educational achievement would still, in such a society, provide access to more interesting work, and provide opportunities for rewarding leisure activities. Even in an appropriately egalitarian society, in our view, those with education-related disabilities should be provided with extra resources and help.

The first line of defence against Pogge is complete. But a second line is also worth mentioning. Social institutions are artificial: they are created by, and susceptible to manipulation by human agency. Take a given distribution of talents, and we can see that the form of social institution adopted differentially benefits some rather than others. Social institutions, in fact, construct disability in a certain way. Consider dyslexia. Dyslexia is a much less severe disorder for someone who lives in a society which uses a phonetic language than someone who is forced to use a language like English. The adoption of English rather than, say, Latin, or Spanish, as the lingua franca of much of the world, is accidental, attributable ultimately to human agency, and exacerbates the disadvantage of the dyslexic. Dyslexia, although the (let's suppose biological) condition which it manifests is still present, does not even show up as a disability in a pre-literate society. Because this choice of institutions imposes a disadvantage on the dyslexic it needs to be justified to them, just as the choice of a preliterate society (certainly if we made it now) would need to be justified to those who were disadvantaged by that. The (much) greater share of social primary goods that even the dyslexic enjoy thanks to living in a literate society goes some way to justifying the choice to them. But this does not excuse society, even on Pogge's view, from making extra educational provision, for example, so that the dyslexic is better able to overcome her dyslexia, and thus better able both to produce and compete for the fruits of social cooperation. But even without extra educational help the dyslexic might still be better off in terms of primary goods in a literate than in a pre-literate society. Why, then, should anything more be done for her? Because she really is at an identifiable disadvantage in terms of her ability to function. She has a disability which needs to be overcome, and the capability metric highlights this.

Consider another feature of social organisation which, like literacy, may benefit all while disadvantaging some relative to others. Suppose a society gains a benefit from having a single dominant language, rather than a number of different languages of equal standing. Everyone, let us suppose, benefits from this arrangement, but within the society those who speak a minority language are at a disadvantage to others. There is no stigma to speaking the minority language, which is, in turn, not inferior in any interesting sense to the dominant language. But those who speak it are at a disadvantage in the pursuit of certain goods in the society. Those goods are, formally, equally available to them, but practically less readily available. What justifies compensating for that disadvantage, for example by giving them extra language teaching in schools, or by providing or making mandatory widespread translation of official and unofficial communications? Again, we would say, the expected effects of widespread translation on the capabilities sets of the minority-language speakers.

Let's look now at the second objection. Pogge's charge is as follows: He criticizes the Human Development Index (HDI), which was worked out in collaboration with Amartya Sen, for having some of the same problems as standard resourcist measures – the per capita GDP, Life Expectancy and Adult Literacy measures which make up the HDI are completely insensitive to how capabilities are distributed, being mere aggregates – and he praises the per Capita GDP and school enrolment rates for reflecting resourcist, rather than capability-ist, thinking. The HDI is further criticized for its insensitivity to whether the inequalities in each of its indices 'mitigate or aggravate each other', whereas it seems obvious to him (and us) that when the inequalities contained within each mitigate one another across the indices a society is more just (other things being equal) than when they aggravate each other (Pogge 2003: 214-215). We make similar criticisms specifically of net enrolment rates (Unterhalter and Brighouse 2007 forthcoming). He goes on to say that the HDI masks the true level of global inequality by the way it converts per capita GDP into the HDO:

"This translation involves two steps, as each country's per capita GDP is first adjusted through purchasing power parity conversion and then transformed into a logarithm (presumably in order to reflect the decreasing marginal value of money). To see the effects of these mathematical transformations, consider how the scores for the US and India are calculated. One begins with their raw per capita GDPs of $34,737 and $453. One then adjusts both amounts by valuing the two relevant currencies at purchasing power parity (PPP) rather than market exchange rates, yielding $34,142 for the US and $2,358 PPP for India. The final step converts these numbers into logarithms, yielding (after normalization) 0.97 for the US and 0.53 for India. Through these two steps, an initial inequality ratio of 77 is reduced to 14.5 and finally to 1.83" (Pogge 2003: 217).

Pogge's charge is complex, because in part he's impugning the HDI rather than the capability approach itself. An inequality ratio of 1.83 for the US and India looks absurd, indeed. And a resourcist approach may always have the political advantage that the ratios it generates look starkly large. Pogge goes on to say that "Capability metrics tend to conceal the enormous and still rising economic inequalities which resource metrics make quite blatant. And they may also exaggerate the relative aspects of poverty, thereby lending new respectability to the old nationalist exhortation that protecting our own poor (in the rich countries where our normative reflections are produced and consumed) must take precedence" (Pogge 2003: 217).

Pogge's charge is against the HDI. Maybe – in fact almost certainly – the HDI is a less-than-perfect realisation of the capability approach. But we think he is right that the capability approach will notice and give weight to the relative aspects of poverty inside a country; and we think that the primary goods approach has to, as well, if it is to look plausible, for reasons that we shall elaborate below. We agree with Pogge that the poor of the world are much worse off than the rich of the world, and that countries like India, in which absolute poverty is widespread should show up as considerably worse off than the US. But it only looks as if the capability approach itself downplays the level of global inequality if you assume in advance that resources are the right metric.

Here's the problem. The poor of the world are, obviously, much less well off than the rich of the world, and any measure that failed to have this consequence merits no further consideration. But as a given society's holdings of wealth increases the opportunities for wellbeing (however that is understood, except in terms of wealth, obviously) do not increase in a linear fashion, or even in a fashion that is well-understood. Consider the longitudinal evidence within distinct economies. Between 1972 and 1991 real GDP per capita grew in the US, at a more or less steady rate, by 39%. The percentage of respondents to polls reporting themselves as 'very happy' barely increased at all during the same period; and the kinks in that curve bear no relationship to the steady rise in the growth curve (Frank 1999: 72). In Japan GNP per capita grew steadily from 1960 to 1987 by a total of 300%; the average reported level of wellbeing in reported by respondents to surveys changed barely at all year to year, hovering around 6 (out of 10) (Frank 1999: 73). Robert Frank summarises the evidence as follows:

"One of the central findings in the large scientific literature on subjective well-being is that once income levels surpass a minimal absolute threshold, average satisfaction levels within a given country tend to be highly stable over time, even in the face of significant economic growth" (Frank 1999: 72).

We do not assume that subjective wellbeing, let alone a personal report of subjective wellbeing, constitutes flourishing as we should measure it for purposes of justice; preferences adapt to injustice and misfortunes, and people are not always the best sources of information about their own levels of satisfaction. But the evidence Frank presents is highly suggestive in the light of the fact that there is a relationship between subjective wellbeing and wealth *up to a certain level* of economic success. The findings also mesh with Fred Hirsch's argument in *Social Limits to Growth* that, past a certain point of material development, as the material economy grows the positional economy becomes an increasingly dominant part of the material economy (Hirsch 1976). The positional economy relates to certain kinds of goods that cannot be more widely distributed, because their value lies in the social construction of their high status, and part of that status rests on the fact that access to these goods is limited. Places at elite higher education institutions are examples of positional goods, as are work in high status occupations and access to very select forms of leisure. Growth in the positional economy shows up as a growth in wealth, but wealth does not bring any contribution to overall wellbeing, and so should not be counted when we are comparing how well off people are from one society to another.

The problem that positionality poses for the resourcist is very similar to the problem Rawls and Pogge both address of leisure (indeed, it is arguable that the problem of leisure is just one aspect to the problem of positionality). The problem with leisure is that intuitively the person who works 12 hours a day at a wage of $20/hr is not better off than the person who works 8 hours a day at the same wage, if the person who works less has there basic needs well met, has the opportunity to work more, and forgoes that opportunity because she has a high preference for leisure. But the straightforward income/wealth measure will show the former person up as better off. The same is true of countries: France shows up as about 20% worse off than the US if we look just at GDP; but this doesn't take into account that the French work about 20% fewer hours per person per year (let alone the fact that they get to live in France); a measure which shows the US as being better off is simply wrong. To solve this problem Rawls introduces an element to his account of primary goods which both he and Pogge admits is somewhat arbitrary – he stipulates that the index of primary goods includes "a certain amount of leisure time, say sixteen hours per day if the standard working day is eight hours. Those who do not work have eight extra hours of leisure and we count those extra eight hours as equivalent to the index of the least advantaged who do work a standard day" (Rawls 2001: 179).

The stipulation is *somewhat* arbitrary because there is no principled reason (in Rawls theory) for preferring a standard workday of eight hours to one of six hours, or ten hours, and also because it specifies the workday in terms of hours of work rather than in terms of how hard one works, which has a profound effect on how much use one can make of one's leisure (Brighouse/Swift 2006); that there should be *some* sort of stipulation, however, is *not* arbitrary, because it is obvious that person with more leisure is, other things being equal, better off than the person with less (the equal other things including that for neither person is the leisure or the work forced). But why does that seem obvious? Because voluntary leisure seems, for most people, to make a vital contribution to their ability to flourish as persons, to carry out their conception of the good, whatever that may be. For most of us it is a valuable, and for some it is an essential element in our ability to have a range of human functionings.

Positionality, like leisure, poses for resourcist metrics the problem that it makes it unclear how to compare the real resource base of people in separate societies which differ with respect to the extent to which positional goods dominate their economies. This problem is compounded by the possibility that how positional goods are distributed may affect differently the opportunities for wellbeing of individuals with otherwise similar resource holdings. Consider the following example: Sid lives in a rich country where healthcare is exclusively privately provided, and which neither provides nor funds any nursing care for the elderly. Although he understands that there is a small chance he will not need to spend much money on healthcare in old age, he also knows that there is a very small chance that he will have to spend a great deal of money on healthcare in old age. He is therefore driven to accumulate what, given the probabilities, is an excessive amount of capital, simply to assure himself a financially secure old age. He therefore works more than he would otherwise choose, and he, and others similarly concerned to assure a merely acceptable level of wellbeing in old age, have to pursue economic opportunities to the detriment of a sense of community within neighbourhoods (because they move more often to pursue those opportunities), civic engagement (because they spend more time at work), family life (for the same reason). And at the end of the process, most of the people with Sid's preferences have accumulated more capital than they need: they have had to overshoot, as it were. What if Sid had lived in a society which collectively assured a more-or-less decent level of healthcare and nursing care for the elderly. With exactly the same set of preferences he and his group would have behaved quite differently, to their own benefit, and that of others (who would have been able to enjoy the benefits of living in more stable communities, spending more time with their working parents, living nearer their families in adulthood, moving schools less frequently, and being in schools and neighbourhoods with more stable populations). The inhabitants of the second kind of society enjoy many benefits unavailable to the inhabitants of the first kind of society, and those benefits cannot be readily accounted for by the resourcist metric.

Considering the problems of positionality and leisure illuminates the non-linearity of the relationship between economic growth and increases in wellbeing over time, and also the non-linearity of the relationship between income and wellbeing at a given time. With one exception the items on Rawls's index of primary goods seem too inflexible to account for these kinds of complications. The exception is, of course, what Rawls calls the 'social bases of self respect'. We shall have a little more to say about this later, but for now it is worth noting that even this primary good seems ill-suited to accommodate the socially-caused differences in access to wellbeing.

We emphasize again that we do not think that the above considerations force the abandonment of the resourcist approach by any means. But, in order to deal with these kinds of phenomena, the resourcist has to appeal at a more fundamental level to some sort of capabilities. The problem is that the resourcist has to begin to mimic the capabilities approach in order to craft responses to the issues raised by positionality and leisure, just as (as Pogge points out) the capabilities approach has to mimic, or at least draw on, the primary good approach in order to develop workable public criteria for making interpersonal, and even intersocietal, comparisons such as the HDI. We do not see primary goods as having decisive advantages over capabilities, any more than vice versa.

The worries posed by consideration of positional goods may seem to be of limited practical importance in the context of Pogge's work on North-South inequality. After all, whatever the consequences of considering the complexities introduced by positional goods, the poor in the developing world are much poorer, and much worse of than, most people in the developed world. But they are important for two reasons. The general reason is pointed to by Hirsch's comment in his seminal work on positionality:

"The growth alternative offers the possibility of consensus action, of a game with winners but no absolute losers, of levelling up without levelling down: limiting the choice to distributing the increment, rather than demanding the more fundamental political act of redistributing existing resources. In one key sector B the positional sector B there is no such thing as levelling up. One's reward is set by one's position on the slope, and the slope itself prevents a levelling, from below as well as from above" (Hirsch 1976: 174, 175).

"[... S]ocial limits to growth intensify the distributional struggle. They increase the importance of relative place. They intensify pressure for equalization of economic resources on the part of the worse off and stiffen resistance to equalization by the better off" (Hirsch 1976: 181).

As countries pursue development, and external agencies assist (or hinder) them in this pursuit, they need to consider what policies to take with respect to positional goods; some policies will enhance the wellbeing of some people, others will enhance the wellbeing of others, and some will enhance the wellbeing of no-one. These differences will not show up if we attend merely to resourcist measures of growth, even if we take into account distributional concerns or the refinements relating to GDP per capita introduced by the HDI.

The particular reason is this: different countries, even at similar levels of development, will distribute education (which is in part a positional good) differently, and even for different countries with the same distribution of education it will be more or less positional (and positional in different ways) depending on both the distribution of labour market rewards and the extent to which education influences labour market rewards. So concerns about positionality infect even comparisons among developing countries, especially in educational contexts (Brighouse/Swift 2006).

We have developed the outline of how we think the relationship between primary goods and capabilities in education may be usefully sketched in the diagram: We have conceptualized education in relation to three different fields. We have identified these as the instrumental value of education, the intrinsic value of education and the positional value of education. Our conception applies to many different facets of education. For example passing a course at a certain level has instrumental value in securing access to a particular job; it has intrinsic value in affirming a valued outcome and it has positional value, possibly in identifying and recognizing achievement on a positional scale with regard to class, gender or race. Placing freedoms at the centre of the model is both an attempt to work with some of the intersections of the capability and primary goods metrics and an attempt to acknowledge the importance social conditions have with regard to any instrument of measurement.

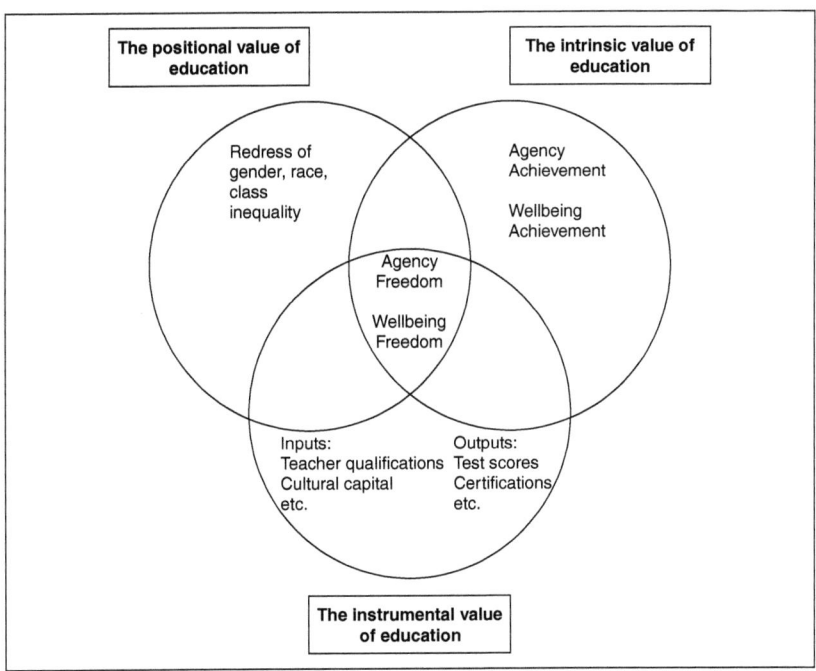

79

What does this diagramming illuminate about issues of absolute and relative inequalities in education? Intuitively, one's ability to live a rewarding life depends on both the relative and the absolute amount of education one has. Very crudely, you can think that insofar as education is instrumental for one's ability to compete in the labour market, relativities are what matter – one will do better in the labor market if one has more relative to others. But insofar as the intrinsic aspects of education are what matter, it is the absolutes that matter – one will have a better life, other things being equal, if one is better educated regardless of where one falls in the distribution of educational opportunities. The exercise of capabilities depends to some considerable extent on the design of the social environment. So, for example, depending on the design of the occupational structure, relative levels formal education will be more or less important for getting access to opportunities for self-realization through work. In a society with a sexist ethos, the barriers women face to exercising the capabilities associated with politics and public life will be great, and the kind of education needed to overcome them (for boys and girls) may be very different from the kind of education needed simply to develop those capabilities in a non-sexist or less sexist society. The diagram above places agency and wellbeing at the core of the educational project, and illustrates that the positional, instrumental, and intrinsic aspects of education converge on these core values.

Lastly, what about the third benefit Pogge claims for the primary goods approach? It is widely supposed that resourcist approaches have the advantage over other approaches that they are well suited for providing a *public criterion of justice* (Pogge 2003). A public criterion is one that can be displayed and scrutinised by all as equals in public discussion and debate. It is one that can not only be used, but can be seen to be being used, if you like. Welfarist measures (that depend on subjective preferences, or subjective states of individuals) are ill-suited to this task because their use depends on information that cannot be readily made public or publicly monitored. The capabilities approach, which is widely thought to be closer to the welfarist than the resourcist approach does indeed have a serious problem with respect to publicity. Its difficulty consists in the fact that it is very hard publicly to monitor the information needed to evaluate whether people enjoy similar capability sets, and this difficulty is compounded by the difficulty of providing an index of capabilities.

Does this constitute a powerful advantage for the resourcist approach? There are two reasons to doubt it. First, it is not clear that publicity is a value which has lexical priority to justice (or, if publicity is part of justice, to other parts of justice). It is better, other things being equal, for a society's institutions to be completely transparent, and for justice to be seen to be done. But, if justice can only be done in ways that are not transparently monitorable, it is better to achieve justice than to refrain because the methods one must employ are not susceptible to full public scrutiny. But the second reason is more telling; if our conjecture is right, and the social primary goods metric, in order to overcome its difficulties, has to appeal implicitly or explicitly to conjectures about how various goods are likely to impact on capabilities, then the difficulties of the capabilities approach will begin to infect the primary goods approach. If, for example, resourcists invoke Rawls's fifth primary good, the 'social bases of self-respect', they have to spell out in much more detail what these are and how they should be arranged; but in doing so our conjecture is that they will have to describe demands on institutions which have as much difficulty in meeting the publicity constraint as do the demands supported by the capability approach. Publicity *is* an advantage, and it is one that the primary goods approach usually enjoys. But it enjoys it less, the more plausible it gets.

Concluding Comments:

Pogge's argument for the superiority of the primary goods approach over the capability approach fails because some of his arguments simply don't impugn the capability approach, and others depend on an overoptimistic assessment of the power of the primary goods approach. But refuting Pogge's arguments does not suffice to establish the superiority of the capability approach. Like Norman Daniels (Daniels 2003) we suspect that the two approaches are complementary; each has advantages over the other when considering particular contexts. Working out more precisely the relationship between the approaches is an important project.

References

Brighouse, H./Swift A., 2006: Equality, Priority, and Positionality. In: Ethics 116: 471-497.
Daniels, N., 2003: Democratic Equality: Rawls's Complex Egalitarianism. In: Freeman, S. (ed.): The Cambridge Companion to Rawls. Cambridge: Cambridge University Press.
Frank, R., 1999: Luxury Fever. Princeton: Princeton University Press.
Hirsch, F., 1977: Social Limits to Growth. London: Routledge Kegan Paul.
Pogge, T., 2003: Can the Capability Approach be Justified? In: Philosophical Topics 30, 2: 167-228.
Rawls, J., 2001: Justice as Fairness. Cambridge: Harvard University Press.
Sen, A., 1992: Inequality re-examined. Oxford: Clarendon Press.
Sen, A., 1999: Development as freedom Oxford: Oxford University Press.
Unterhalter, E., 2003: The capabilities approach and gendered education. An examination of South African complexities. In: Theory and Research in Education 1, 1: 7-22.
Unterhalter, E./Brighouse, H., 2007: Distribution of what for social justice in education? The case of Education for All by 2015. In: Walker, M./Unterhalter, E. (eds.): Amartya Sen's capability approach and social justice in education. New York: Palgrave (in press).

III. Erziehungswissenschaftliche Perspektiven

Nina Oelkers / Hans-Uwe Otto / Holger Ziegler

Handlungsbefähigung und Wohlergehen: Der Capabilities-Ansatz als alternatives Fundament der Bildungs- und Wohlfahrtsforschung

Der Capabilities- bzw. Verwirklichungschancen-Ansatz steht in der Tradition der aristotelischen praktischen Philosophie, die gleichermaßen auf die Ökonomik, die Ethik, die Staats- und die Lebenskunst bezogen ist. Auf erziehungswissenschaftliche Fragestellungen angewendet, lässt sich der Capabilities Ansatz als Basis für eine empirisch fundierbare grundlagentheoretische wie praktisch-evaluative Neuorientierung verstehen. Er stellt eine elaborierte Erweiterung und Alternative zu einem verkürzenden Humankapitalansatz und damit häufig verbundenen Evaluationsstudien der derzeit dominierenden empirischen Bildungsforschung dar.

Dabei ist sich der Capabilities-Ansatz mit der empirischen Bildungsforschung zunächst darin einig, dass Wissen, Bildung und Bildungstitel in allen modernen, westlichen Gesellschaften wichtige Zugänge zu beruflichen und gesellschaftlichen Positionen konstituieren. Als eine kognitive Repräsentation von Welt und als praktische Ressource zur Lösung von Problemen ist Wissen dabei sowohl intrinsisch als auch instrumentell, sowohl individuell als auch kollektiv von Bedeutung. Im Form von „Humankapital" fungiert es als Katalysator des ökonomischen Erfolgs von Individuen und ganzen Volkswirtschaften. Aus der Capabilities Perspektive ist es *darüber hinaus* auch eine wichtige Grundlage von Handlungsfähigkeiten und Daseinsmöglichkeiten und markiert damit eine Dimension individueller Chancen auf Verwirklichung und Wohlergehen.

Welcher Form von Wissen und Wissensvermittlung dabei Priorität eingeräumt wird, ist eine erziehungswissenschaftlich wie gerechtigkeitstheoretisch zentrale Frage. Vor dem Hintergrund der durch die PISA-Studie aufgezeigten Mängel und Ungleichheiten im deutschen Schulsystem hat sich ein Diskurs durchgesetzt, in dessen Mittelpunkt die Frage nach effektiven und effizienten sozialen Investitionen in „Humankapital" steht. Diese Perspektive dominiert nicht nur die politische und wissenschaftliche Debatte um eine künftige Entwicklung des Schulsystems, sondern stellt auch ein wesentliches Element der Reform des Wohlfahrtsstaats dar. Dieser soll zu einem aktivierenden Sozialinvestitionsstaat produktivistisch umgebaut werden. „Bildung" als Humankapitalinvestition – aber auch erzieherische Prämissen, die nicht selten an konservative tugendethische Traditionen der Charakterbildung anzuschließen scheinen – bilden dabei eine Basis für pädagogische Interventionsformen sozialstaatlicher Regulierungen. Solche pädagogischen Interventionsformen werden – insbesondere wenn sie möglichst frühzeitig einsetzen – als aktivierende, „investive" Maßnahmen eingefordert, während umverteilende Leistungen als passivierende soziale Kosten zurückgedrängt werden. Diese Perspektive findet ihren Niederschlag auch im Kontext von Prozessen der Neu-Definition von Armut und Ungleichheit. So gilt etwa gerade im Diskurs um eine so genannte „neue Unterschicht" die Aufmerksamkeit weniger materiellen Aspekten der Armut oder strukturell ungleichen Lebenschancen, sondern einer personalen und kulturellen Formulierung von Armut im Sinne einer Armut an Ambition, Kultur und Bildung[1].

Eine gerade aus erziehungswissenschaftlicher Perspektive notwendige Erweiterung eines verengten ökonomischen Blicks auf Armut, Ungleichheit oder – umfassender formuliert – auf soziale Gerechtigkeit ist zunächst begrüßenswert. Nichtsdestoweniger erweist sich die gegenwärtig dominierende Tendenz zu einer einseitigen „kulturalistischen" Perspektive sowie die Dichotomisierung einer individualistisch formulierten Vorstellung von Bildung auf der einen und der ökonomischen Positionierung in der gesellschaftsstrukturellen Hierarchie auf der anderen Seite als analytisch unzureichend und politisch irreführend. Auf politischer Ebene mündet diese Tendenz häufig in einem Verantwortlichmachen und einer Stigmatisierung der am wenigsten begünstigten Gesellschaftsmitglieder. Dabei läuft die Pädagogik Gefahr, zur Schlüsselinstitution und zum wesentlichen Ausführungsorgan dieser neuen Formen politischer Regulation zu werden.

Um solchen bildungs- wie wohlfahrtspolitischen Fallstricken zu begegnen, reicht es nicht aus, auf das häufig idealistische Bildungs- und Subjektverständnis in der Tradition einer geisteswissenschaftlichen Pädagogik zurückzugreifen. Gerade weil pädagogische Perspektiven in gesellschaftlichen, politischen und gerechtigkeitstheoretischen Debatten an Bedeutung gewinnen, ist es wesentlich, in einer empirisch fundierten Weise nach den gesellschaftlichen und personalen Bedingungen und Möglichkeiten dieser Ideale zu fragen. Nur so kann die Erziehungswissenschaft ihre bildungs- und subjekttheoretisch begründeten Ideale verteidigen. Sollen diese Ideale nicht zu bloßen Ideologemen verkommen, wird sich die Erziehungswissenschaft auch dort beweisen müssen, wo ihre bildungstheoretischen Prämissen und die gesellschaftliche Realität am weitesten auseinander zu klaffen scheinen. Dies verlangt von ihr, sich in eine Auseinandersetzung mit jenen Ausdrucksformen von Marginalisierung und Inferiorität zu begeben, die in der Realität gegenwartskapitalistischer Klassengesellschaften ihren Ausgangspunkt finden. Für die Erziehungswissenschaft stellt sich die Frage, in welcher Weise Fragen von Erziehung und Bildung mit Fragen öffentlicher

---

1 Diese personalen und sozio-kulturellen Dimensionen sozialer Deprivation stehen auch im Mittelpunkt der Denkschrift des Rates der EKD zur Armut in Deutschland. In einer oberflächlichen Anlehnung an die Semantik des Capabilities Ansatzes wird hier ein dramatisches Bild von Armut und Ausgrenzung skizziert um auf dieser Basis mehr Anstrengungen in Aus- und Weiterbildungsmaßnahmen zu fordern.

Wohlfahrtsproduktion und sozialen Chancen der AdressatInnen in Beziehung gesetzt werden. Mit dem Begriff des „guten Lebens" bzw. – etwas moderner formuliert – dem Begriff des Well-Being verfügen die politische Philosophie, die Wohlfahrtsforschung und potenziell vor allem auch die Erziehungswissenschaft über einen Schlüsselbegriff, der nicht nur eine instrumentelle Größe – wie etwa das Humankapital oder die Employability einzelner AkteurInnen oder einer gesamten Generation – beschreibt, sondern ein Konzept formuliert, das der erzieherischen Praxis und der öffentlichen Wohlfahrtsproduktion als ein in sich selbst begründeter Zielbegriff dient.

Insbesondere der gleichsam in der Ökonomie und der politischen Philosophie verwurzelte Capabilities-Ansatz stellt eine international zunehmend diskutierte Perspektive zur Bestimmung menschlichen Wohlergehens dar. Es gilt, diesen Ansatz erziehungswissenschaftlich zu fundieren, um ihn als eine paradigmatische Grundlage zur Analyse des Verhältnisses von Bildungspraxis und Wohlfahrtsproduktion, aber auch zu einer theoretisch begründeten, gegenstandsbezogen angemessenen und gesellschaftstheoretisch aufgeklärten Evaluation der praktischen Gestaltung dieses Verhältnisses nutzen zu können. Dabei wird die durch den Capabilities-Ansatz aufgeworfene normative Frage nach dem „guten Leben" nicht nur als Ausgangspunkt philosophischer Erörterungen gesehen, sondern als eine empirische, sozial- und kulturwissenschaftlich bearbeitbare Frage gestellt.

Die Einheit, nach der dem Capabilities-Ansatz zu Folge soziale Gerechtigkeit und Wohlfahrt beurteilt werden kann, ist die Summe der gesellschaftlich eröffneten Befähigungen und Verwirklichungschancen von AkteurInnen, d. h. ihrer Fähigkeiten und Machtpotenziale, um ihre Absichten und Ziele verwirklichen zu können. In diesem Sinne lassen sich öffentliche Praktiken der Bildung, Erziehung, Unterstützung etc. auch als „politisch-ökonomische" Praxen beschreiben, sofern politische Ökonomie im klassischen Sinne der (kollektiven) Produktion und Bereitstellung der Güter verstanden wird, die Bürger zur Realisierung eines guten Lebens benötigen. Dieser Tradition folgend werden Wissensaneignung und Bildung aus der Capabilities-Perspektive nicht nur mit Blick auf ökonomisches Wachstum und gesellschaftliche Innovationsfähigkeit fokussiert, sondern vor allem als Prozesse der Entwicklung von Verwirklichungschancen der Individuen (Capabilities). Mit diesen Verwirklichungschancen wird die reale Autonomie von AkteurInnen in Form des empirischen Ausmaßes und der Reichweite des Spektrums effektiv realisierbarer und hinreichend voneinander unterscheidbarer Möglichkeiten bestimmt, über das sie verfügen, um das Leben (in unterschiedlichen Bereichen) führen zu können, welches sie mit guten Gründen erstreben. Mit dem Capabilities-Ansatz geht es also um das reale Vermögen von Menschen für ihre eigene Konzeption eines guten Lebens, wertvolle „Funktionen", d. h. Tätigkeiten und Seinsweisen, praktisch realisieren zu können. Nicht die bloße subjektive Zufriedenheit und Wunscherfüllung, sondern die Qualität und Menge der *objektiven* Möglichkeiten, solche Funktionen realisieren zu können, ist der zentrale Bestimmungs- und Evaluationsmaßstab für die Bewertung menschlichen Wohlergehens und damit für auch für die Leistungsfähigkeit von Bildungs- *und* Wohlfahrtsarrangements.

Mit der Einsicht, dass gesellschaftliche Wachstums- und Modernisierungsdynamiken und individuelle Verwirklichungschancen systematisch auseinanderklaffen können, unterscheidet sich der Capabilities Ansatz von konventionellen Humankapitaltheorien, in denen die Verbindung zwischen makroökonomischem Wohlstand und individuellem Wohlergehen als selbstverständlich vorausgesetzt wird.

Der Humankapitalansatz versucht auf der Makro-Ebene, die ökonomische Wettbewerbsfähigkeit durch das Ausschöpfen des produktiven Potentials der Bevölkerung zu steigern. Auf der Mikro-Ebene thematisiert dieser Ansatz soziale Integration vor allem als „Employability". Employability fokussiert die Kompetenzen der Individuen, um sie sorgfältig zu prüfen und in einer Weise zu modifizieren und zu entwickeln, dass sie Wettbewerbsfähigkeit und Attraktivität in den Augen potentieller Arbeitgeber (wieder-)erlangen. Mit einer einseitigen Konzentration auf Fragen arbeitsmarktbezogener Verwertbarkeit wird ein zu verengter Begriff des sozialen Wohlergehens der Individuen impliziert. Denn die nahezu exklusive Priorität des Arbeitsmarkts vernachlässigt empirisch wesentliche Bereiche von menschlicher Autonomie und Lebensgestaltung, welche für die hier vorgeschlagene alternative Perspektive des Capabilities Ansatzes von zentraler Bedeutung sind.

Mit seiner Schwerpunktsetzung eröffnet der Capabilities-Ansatz die Begründung einer anspruchsvollen Gestaltung von Prozessen der Wohlfahrtsproduktion und Bildung. Über die die ökonomische Dimension der Ressourcenausstattung und die soziale Dimension der feld- und milieuspezifischen Verortung und Erreichbarkeit der Prozesse einer erziehungswissenschaftlich reflektierten Produktion von Verwirklichungschancen hinaus, wird mit dem Capabilities-Ansatz vor allem auch die politische Frage einer deliberativen Gestaltung solcher Prozesse fokussiert. Die Kombination der ökonomischen und sozialen Dimensionen konstituiert den *Chancenaspekt von Freiheit.* Hier geht es um die Erweiterung der Verwirklichungsfreiheit von Individuen, die durch Maßnahmen einer Investition in individuelles und kollektives Humankapital alleine nicht sichergestellt werden kann. Die dritte Dimension zielt auf den *Verfahrensaspekt von Freiheit:* Alle involvierten Akteure sollen teilhaben am Prozess der Definition, Entscheidungen und Implementation dessen, was den Rahmen ihrer individuellen und kollektiven Selbstbestimmung bildet.

Zusammengenommen geht es um die Frage der Gewährleistung fairer Lebenschancen und objektiver Zugänge zu einem „guten Leben" und damit um die Gestaltung von Arrangements, die den Individuen die Entfaltung ihrer je unterschiedlichen Fähigkeiten erlauben. Diese realen Entfaltungsmöglichkeiten sind nicht alleine durch die Bereitstellung eines breiten Optionsfeld von Lebenschancen zu garantieren. Entscheidend ist immer auch, welche potenziellen

Lebenschancen ein Individuum überhaupt praktisch verwirklichen kann: Capabilities verweisen also auf strukturelle *und* personale Bedingungen und Möglichkeiten. Diese können als „capabilities for work" im Sinne von Befähigungen zur Teilhabe an Produktionsprozessen und den materiellen Bedingungen der eigenen Lebensführung durchaus *auch* auf den Bereich der Arbeit angewendet werden. Der Capabilities-Ansatz stellt die Integration in Arbeit aber nicht exklusiv in den Mittelpunkt. Vielmehr orientiert er sich an einer breiten, empirisch zu fundierenden, kontextsensiblen Konzeption von grundlegenden Fähigkeiten in verschiedenen Lebens- und Gesellschaftsbereichen.

Damit stellt der Capabilities-Ansatz zugleich eine vielversprechende Basis für eine Neufundierung der empirischen Bildungs- und Evaluationsforschung dar. Diese richtet sich auf die empirisch-sozialwissenschaftliche Analyse der Bedingungen und Prozesse, unter denen ein praktisches Arrangement von Erziehung, Bildung und Wohlfahrt zur qualitativen und quantitativen Erweiterung der realisierbaren Möglichkeits- und Fähigkeitsoptionen ihrer AdressatInnen beiträgt, damit diese sich effektiv für die Verwirklichung unterschiedlicher, wertgeschätzter Handlungs- und Daseinsweisen entscheiden können. Diese Perspektive unterscheidet sich deutlich von der konventionellen Evaluationsforschung und empirischen Bildungsforschung, in deren Mittelpunkt vor allem die statistische Bestimmung des relativen Risikos steht, dass vorab definierte standardisiert messbare Zielindikatoren erreicht werden. Analytisch beziehen sich diese Formen der Forschung in der Regel nicht auf Capabilities. Stattdessen messen sie das Ausmaß, in dem wohlfahrtsproduktive oder pädagogische Interventionen ihre AdessatInnen effektiv und effizient zu inhaltlich fixierten Daseins- und Handlungsweisen hin verändert haben. Die Frage nach den eröffneten Freiheits- und Autonomiespielräumen wird so aber ignoriert und gegebenenfalls auch konterkariert. Für eine als kritische Bildungstheorie zu verstehende Capabilities Perspektive sind diese Aspekte aber grundlegend. Nicht nur mit Blick auf seine politisch-philosophische Begründbarkeit und Reichweite, sondern gerade auch aus einer bildungstheoretischen Perspektive betrachtet, verspricht der Capabilties-Ansatz daher das Fundament einer gesellschaftlich umfassenderen und gegenstandsbezogen angemesseneren empirischen Bildungsforschung in der Erziehungswissenschaft zu begründen.

Ulrich Steckmann

Autonomie, Adaptivität und das Paternalismusproblem – Perspektiven des Capability Approach

Einleitung

Dort, wo sich die Erziehungswissenschaft nach wie vor als gesellschaftstheoretisch informiert und gesellschaftskritisch aufgeklärt versteht, ist gegenwärtig eine zwiespältige, gleichermaßen von Ambitioniertheit und Ratlosigkeit geprägte Haltung festzustellen. Dies manifestiert sich etwa in folgender Weise: Wird in einem ersten Zugriff noch die „Unvermeidlichkeit der großen Ambition" (Winkler 2006: 264) für den Bereich der Pädagogik herausgestellt, so folgt im nächsten Schritt bereits das Eingeständnis der „Relativität des Prinzipiellen", die bestenfalls „vorsichtige Empfehlungen" (Winkler 2006: 283) erlaube. Nimmt man die auffällige Zahl von Arbeiten hinzu, die in jüngster Zeit einen Anstoß zur „Neuorientierung" des Fachs oder zur „Neubestimmung" seiner normativen Ausrichtung liefern möchten, dann verfestigt sich der Eindruck, dass im Gebäude der kritischen Erziehungswissenschaft Renovierungsbedarf besteht.

Vom obersten Stockwerk des Gebäudes aus scheint man die soziale Welt im Allgemeinen und die der Erziehung im Besonderen immer noch gut im Blick zu haben, zumal aus den Etagen darunter fortlaufend empirische Analysen der Sozialisations- und Erziehungswirklichkeit sowie ihrer sozialen, ökonomischen und kulturellen Rahmenbedingungen angeliefert werden. Das Bild der sozialen Realität hat dabei mittlerweile eine Feinkörnigkeit erreicht, die gewährleistet, dass erziehungswissenschaftliche Urteile auf der Grundlage einer sicheren Informationsbasis gefällt werden können. Ganz anders sieht es im Erdgeschoss aus, das weitgehend unbewohnt ist. Dort hatten einst die Auseinandersetzungen um die normativen Grundlagen der zu leistenden Kritik am sozialen Status quo und der zu erhebenden Ansprüche auf ein besseres Leben stattgefunden. Die meisten der seinerzeit gegebenen Antworten auf die Rechtfertigungsfragen haben ihre Überzeugungskraft eingebüßt. Vor allem gelten rechtfertigende Hinweise darauf, dass man doch im Einklang mit „historischen Notwendigkeiten" oder einer „Modernisierungslogik" denke und handle, heute mit gutem Grund als inakzeptabel. Zwecke in empirische Ereignisabläufe zu projizieren ist zu einem durch und durch fragwürdigen Geschäft geworden. Die damit eigentlich fällige Rekonstruktion der normativen Basis kritischer Erziehungswissenschaft ist indes von einer Neuausrichtung des Fachs behindert worden, die eine enge

Orientierung an den begrifflichen und methodischen Vorgaben der empirischen Sozialwissenschaften verlangte und mit einer Abnabelung von der Philosophie, insbesondere von der praktischen Philosophie, einherging. Die damit entstandene interdisziplinäre Distanz hat dafür gesorgt, dass sozialphilosophische und ethische Problemstellungen auch innerhalb der Erziehungswissenschaft vernachlässigt wurden.

Inzwischen beginnt man allerdings von den oberen Etagen aus die sich abzeichnende Baufälligkeit des Erdgeschosses mit Sorge zu betrachten. Solange ein breiter wohlfahrtsstaatlicher Basiskonsens vorherrschte und als weitgehend unstrittiger Bezugspunkt sozial- und bildungspolitischer Forderungen dienen konnte, ist kaum auffällig geworden, dass eine erziehungswissenschaftliche Selbstverständigung über die Maßstäbe der Gesellschaftskritik und die Prinzipien einer gerechten Sozialordnung sowie deren Begründbarkeit zum Desiderat geworden war. Gegenwärtig zeichnet sich allerdings immer deutlicher die Notwendigkeit einer auch in sozialphilosophischer und ethischer Richtung ausgearbeiteten Positionsbestimmung ab, die es erlaubt, die gesellschaftlichen Entwicklungen der Gegenwart und die entsprechenden sozial- und bildungspolitischen Reaktionen in konsistenter Weise zu kritisieren (siehe Otto/Seelmeyer 2004: 56).

Im Folgenden soll zunächst mit dem Entfremdungskonzept ein Kernbegriff kultur- und sozialkritischer Theoriebildung im Hinblick darauf untersucht werden, ob es auch unter den Bedingungen der mittlerweile etablierten begriffskritischen Standards rekonstruierbar ist und wie weit sein kritisches Potenzial reicht. Der Begriff der Entfremdung steht dabei nicht von Ungefähr im Zentrum sozialphilosophischer Konzeptionen. Mit ihm eröffnet sich eine gesellschaftskritische Perspektive, die eine weit reichende Kritik individueller Einstellungen und Wünsche erlaubt, ohne dabei außer Acht zulassen, dass es letztlich allein diese Individuen sind, die als Quellen normativer Ansprüche in Betracht kommen. Die herkömmliche Auffassung von Entfremdung erweist sich aber nicht zuletzt gerade deshalb als rekonstruktionsbedürftig, weil sie auf unhaltbaren spekulativen Vorannahmen fußt, die überdies mit autonomieethischen Ansprüchen kollidieren. Eine konzeptuelle Alternative eröffnet hier der Begriff der adaptiven Präferenzen, wie er von Amartya Sen und Martha Nussbaum im Rahmen ihres *Capability Approach* eingesetzt wird. Mit dieser Alternative kann zwar, wie sich zeigen wird, nicht das Problem ausgeräumt werden, dass die Beseitigung von Entfremdungszuständen gerade im Bereich pädagogischen Handelns auch paternalistische Interventionen erforderlich machen kann, doch dieses Problem lässt sich erstens als sachlich unvermeidlich kenntlich machen und zweitens in einem autonomieethischen Rahmen durchaus bearbeiten.

Autonomie und Entfremdung

Der ethische Individualismus ist ein wesentliches Kennzeichen der europäischen Moderne und somit Ausdruck einer spezifischen kulturellen Entwicklung. Nichtsdestoweniger bestehen gute Aussichten, dass er auch kontextübergreifende Geltung beanspruchen kann, denn zum einen finden sich durchweg auch in anderen kulturellen Lebenszusammenhängen Anknüpfungspunkte für individualistische Orientierungen, was nicht sich zuletzt in einer sich zunehmend ausbreitenden Kultur der Menschenrechte niederschlägt. Zum anderen erzwingt bereits die Logik von Legitimierungsdiskursen eine Auszeichnung der je eigenen Urteilsperspektive der am Diskurs beteiligten Individuen. Rechtfertigungsargumente richten sich an Individuen und appellieren sogar dort noch an deren Interessen, wo sie auf die Aufgabe ihrer individuellen Sonderinteressen abzielen.[1]

Die Entfaltung des ethischen Individualismus hat den Begriff der Autonomie in sein Zentrum gerückt. Ihre wirkungsmächtigste systematische Ausarbeitung hat die Ethik der Autonomie bei Rousseau und Kant erfahren. Vor allem das von Kant formulierte Instrumentalisierungsverbot, das die unbedingte Achtung von Wesen fordert, die fähig sind, sich selbst Zwecke zu setzen[2], richtet sich noch gegen die wohlmeinendsten Bevormundungen durch andere. Jede Person ist danach als Quelle ihres eigenen Lebensplans zu respektieren und vor äußeren Einmischungen zu schützen. Im Zeitalter Rousseaus und Kants wird aber auch deutlich, dass die individuelle Selbstbestimmung nicht nur durch direkte äußere Bevormundungen und Repressionen seitens staatlicher und kirchlicher Instanzen bedroht ist. Der „Ausgang aus der Unmündigkeit" wird vielmehr auch dadurch behindert, dass die internen Selbstverhältnisse der betroffenen Individuen durch die soziokulturellen Umstände so geprägt sind, dass der Einzelne seine Selbstbestimmungsmöglichkeiten nicht erkennt bzw. nicht zur Realisierung ihrer Potentiale motiviert ist. Für derartige Konstellationen, in denen das individuelle Potential zu autonomer Lebensführung gleichsam verkümmert und der Einzelne sich dadurch in ein würdeloses Leben fügt oder dies sogar noch befördert[3], steht der Ausdruck „Entfremdung".

Wo immer das intrikate Verhältnis von Autonomie und Entfremdung erörtert wird, liegt es nahe, sich zunächst an den von Jean-Jacques Rousseau vorge-

---

1 Auch radikale Kommunitaristen, die den Schutz überkommener kultureller Werte gegen den ethischen Individualismus und seine vermeintlichen destruktiven Folgen in Anschlag bringen, rekurrieren in ihren Begründungen bezeichnenderweise auf das Individualinteresse am Erhalt der durch den spezifischen kulturellen Kontext formierten persönlichen Identität.

2 Siehe vor allem Kant 1968: 429: „Handle so, daß du die Menschheit, sowohl in deiner Person als in der Person eines jeden anderen, jederzeit zugleich als Zwecke, niemals bloß als Mittel brauchest."

3 Siehe Kant 1968: 436: „*Autonomie* ist also der Grund der Würde der menschlichen und jeder vernünftigen Natur."

gebenen Koordinaten zu orientieren. Die Wirkmächtigkeit des von Rousseau entfalteten Autonomiegedankens lässt sich kaum überschätzen. Auf eine bis dahin beispiellose Weise wird die Selbstbestimmung von Personen sowohl zum sachlichen Ausgangspunkt als auch zum normativen Fluchtpunkt der Theoriebildung in der Ethik, der politischen Philosophie, der Sozialphilosophie und der Erziehungswissenschaft gemacht. Die Originalität dieses Autonomiekonzepts offenbart sich vor allem in der Art, wie Rousseau es mit der von ihm neu interpretierten Perfektibilitätsidee verbindet. Auf der einen Seite schließt er sich einer in der französischen Aufklärungsphilosophie gängigen Überzeugung an, der zufolge es eine besondere menschliche Fähigkeit zur Selbstvervollkommnung gebe, die sowohl in phylogenetischer wie auch in ontogenetischer Hinsicht die Möglichkeit eröffne, dass die Exemplare der menschlichen Gattung sich unter hinreichend geeigneten natürlichen und kulturellen Bedingungen sich zu selbstbestimmungsfähigen Personen entwickeln. Den normativen Fluchtpunkt des durch das anthropologische Merkmal der Perfektibilität ermöglichten Entwicklungsgangs bilde dabei das individuelle Leben in Selbstbestimmung. Nur in ihm findet die menschliche Natur zu dem ihr gemäßen Ausdruck, wie Rousseau in Anknüpfung an die stoische *Oikeiosis*-Lehre darlegt (siehe Sturma 2001: 60ff.).

Doch bei aller Teilhabe an der zeitgenössischen Fortschrittsidee geht Rousseau erkennbar auf Distanz zum Bildungsoptimismus der Aufklärungsepoche, indem er die menschliche Fähigkeit zur Selbstvervollkommnung als eine überaus zweischneidige Angelegenheit betrachtet. Bereits im unmittelbaren Kontext der Einführung des Perfektibilitätsbegriffs finden sich erste Hinweise auf eine die menschliche Lebensform auszeichnende Fragilität und Korrumpierbarkeit (siehe Rousseau 1988: 204f.). Mit der Selbstvervollkommnungsfähigkeit des Menschen ist keine Erfolgsgarantie gegeben. In den beiden kulturkritischen Abhandlungen der 1750er-Jahre findet sich ausführlich dargelegt, wie das menschliche Autonomiepotential im Verlauf der bisherigen Kulturentwicklung nicht nur weitestgehend unausgeschöpft geblieben ist, sondern die menschliche Natur sich sogar zunehmend von dem ihr angemessenen Ausdruck entfernt hat. In mehr oder weniger starkem Ausmaß hätten die sozialen, politischen und kulturellen Lebensbedingungen noch stets verhindert, dass die Menschen jenes Leben in Selbstbestimmung ausbilden können, das in ihnen angelegt ist. Seine radikale Sozial- und Kulturkritik fasst Rousseau am Beginn des *Gesellschaftsvertrags* formelhaft zusammen: „Der Mensch ist frei geboren, und überall befindet er sich in Ketten" (Rousseau 1996: 10).

Rousseaus Entfremdungsdiagnose beschränkt sich jedoch nicht darauf, den Abstand zwischen dem natürlichen menschlichen Entwicklungspotential und seinen jeweiligen Realisierungsformen zu vermessen. Ihre systematische Pointe erhält die Diagnose erst dadurch, dass dieselben soziokulturellen Bedingungen, die die Menschen an ihrer naturgemäßen Entwicklung hindern, auch für tief greifende Deformationen der personalen Selbstverhältnisse verantwortlich gemacht werden. Die Selbstentfremdung manifestiert sich in falschen Bedürfnissen und einer Verkennung der eigenen Lage. Und nicht zuletzt verliert der Einzelne schließlich auch „den Geschmack an der Freiheit, sobald er sie selbst verloren hat" (siehe Rousseau 1988: 250). Soziokulturelle Verhältnisse, die der Entfaltung der menschlichen Lebensform abträglich sind, erzeugen auf diese Weise ihre eigene Stabilität. Unter derart ungeeigneten Entwicklungsbedingungen sei eine Gesellschaft schließlich nichts anderes als „eine Versammlung von gekünstelten Menschen und gemachten Leidenschaften, die aus neuen Verhältnissen entsprungen und in der Natur gar nicht gegründet sind" (Rousseau 1988: 263).

Gewiss ist Rousseau nicht der Erste, der die Deformation des Menschen durch die Gesellschaft bzw. den Zusammenhang von defizitären Sozialverhältnissen und deformierten personalen Selbstverhältnissen thematisiert. Sein Vorbild findet er in Platons *Politeia*[4]. Doch Platons Demokratiefeindlichkeit und sein drakonisches sozialpädagogisches Umerziehungsprogramm werden heute kaum mehr auf Zustimmung rechnen können[5], während Rousseaus Projekt immer noch bedenkenswert ist, auch wenn es in begrifflicher und methodischer Hinsicht sicherlich nicht unmittelbar an die gegenwärtige Theoriesituation anschlussfähig ist. In der Nachfolge Rousseaus hat sich seit dem letzten Viertel des 18. Jahrhunderts eine breite entfremdungsdiagnostische Tradition herausgebildet, zu der zunächst etwa Herder, Schiller und Hegel zählen, bevor sich der Diskurs im 19. Jahrhundert in zwei Stränge teilt, deren Wege sich allerdings immer wieder kreuzen. Werden auf der einen Seite sozialstrukturelle und ökonomische Ungleichheiten für die diagnostizierten Entfremdungszustände verantwortlich gemacht, so sind es auf der anderen Seite vorrangig kulturelle Faktoren, denen eine existentielle Selbstentfremdung des modernen Menschen angelastet wird. Die erste der beiden Traditionslinien wird von Karl Marx eröffnet, die zweite durch Sören Kierkegaard.

Beide Stränge des entfremdungstheoretischen Denkens bestimmen die Sozial- und Kulturkritik bis weit in das 20. Jahrhundert hinein[6]. In der Zwischenkriegszeit formiert sich eine breite Bewegung entfremdungstheoretisch basierter Kultur- und Gesellschaftsdiagnostiken. Die neomarxistische Variante wird dabei maßgeblich von Georg Lukács' *Geschichte und Klassenbewußtsein* (1923) bestimmt, während sich der existenzphilosophische Strang an Martin Heideggers *Sein und Zeit* (1927) ausrichtet. Die beiden in den 1920er-Jahren herausgebil-

---

4 Rousseau macht seinen Platonbezug an unterschiedlichen Stellen explizit, so zum Beispiel in der Aufnahme des platonischen Bilds von Glaukos Bildsäule am Beginn der *Abhandlung über die Ungleichheit unter den Menschen* (siehe Rousseau 1988: 181, vgl. Platon, *Politeia*, 611 c, d) sowie in der Hervorhebung der Vorbildfunktion der *Politeia* am Beginn des *Emile* (siehe Rousseau 1997: 14).

5 Zum Verhältnis von Platons Deformationsdiagnose einerseits sowie seinen politischen und pädagogischen Lösungsvorschlägen andererseits siehe Nussbaum 1998.

6 Einen instruktiven Überblick zur Geschichte der Entfremdungstheorien liefert Rahel Jaeggi; siehe Jaeggi 2005: 23ff.

deten Grundpositionen stecken in bemerkenswert unverwandelter Form noch das diskursive Feld der kultur- und gesellschaftskritischen Debatten der 1960er- und 1970er-Jahre ab. Doch die Konjunktur des Entfremdungsgedankens kontrastiert zu dieser Zeit bereits eigentümlich mit der gleichzeitigen Erosion seiner theoretischen Grundlagen. Die für diese Erosion verantwortlichen Theorieentwicklungen vollziehen sich allerdings größtenteils hinter dem Rücken der überkommenen Gesellschafts- und Kulturtheorien. Denn die entsprechenden metaphysikkritischen Einflüsse entstammen so gegensätzlichen Theorieströmungen wie dem Poststrukturalismus und der analytischen Philosophie.

Die Kritik an den entfremdungsdiagnostischen Begründungsstrategien hat durchschlagenden Erfolg. Die kritisierten Gesellschaftsdiagnosen gehen von Entfremdungsvorstellungen aus, die den nichtentfremdeten Idealzustand entweder mit Bezug auf die menschliche Natur bzw. das Wesen des Menschen konzipieren oder ein teleologisches Kultur- bzw. Gesellschaftsentwicklungsmodell zugrunde legen[7]. Beide Begründungsstrategien sind am Ende des 20. Jahrhunderts so gründlich desavouiert, dass ideologiekritische Entfremdungsdiagnosen aufgrund ihrer anthropologischen oder geschichtsphilosophischen Präsuppositionen nun ihrerseits als überaus ideologiebelastet gelten. In jüngerer Zeit dominiert daher eine skeptische Zurückhaltung den Umgang mit Entfremdungskonzepten[8]. Diese Zurückhaltung, die mitunter in eine generelle Skepsis gegenüber gesellschaftskritischen Analysen mündet, mag zum Teil vom politischen Zeitgeist mitgeprägt sein, doch wird man der Kritik am Entfremdungsbegriff ihre Berechtigung deshalb nicht vollständig absprechen können.

Worauf richtet sich die Kritik? In den humanismuskritischen Debatten des 20. Jahrhunderts sind gegen den normativen Rekurs auf eine einheitliche menschliche Natur sowohl epistemologische wie auch ethische Vorbehalte geltend gemacht worden. Die epistemologische Kritik stützt sich vor allem auf das Argument, dass jeder Versuch, die Natur oder das Wesen des Menschen zu bestimmen, an seiner eigenen historischen oder kulturellen Standortgebundenheit scheitere. In den Wesensbestimmungen enthülle sich letztlich immer nur das je eigene spezifische Selbstverständnis. In Michel Foucaults Erwartung, „daß der Mensch verschwindet wie am Meeresufer ein Gesicht im Sand" (Foucault 1971: 462), wird die Perspektivitätsthese schließlich zum Anlass genommen für eine generelle Verabschiedung des anthropologischen Denkens (siehe Jaeggi 2005: 49f.). Foucault ist es auch, der auf exemplarische Weise den epistemolo-

---

7 Die Unterscheidung folgt einer Typisierung, die auf Axel Honneth zurückgeht; siehe Honneth 2000. Den entfremdungstheoretischen Vorgaben Rousseaus folgt im strengen Sinne nur der erste Theorietyp, denn die Entwicklungsverläufe von Kultur und Gesellschaft sind in Rousseaus Augen weitgehend kontingent.

8 Der Umstand, dass jüngst ein Beitrag über „Das Ende der Entfremdung" von der *Zeitschrift für Ideengeschichte* im Rahmen eines mit „Alte Hüte" betitelten Themenschwerpunkts publiziert wurde, kann als symptomatisch gelten. Allerdings verzeichnet der Autor am Ende seines Beitrags durchaus aktuelle Revitalisierungen der Entfremdungsidee; siehe Bauer 2007: 29.

gischen Vorbehalt mit einem ethischen verbindet. Seine Anthropologiekritik bildet für ihn die Grundlage für eine fundamentale Humanismuskritik, die auf den Vorwurf hinausläuft, dass Humanitätsvorstellungen entweder inhaltsleer blieben oder in ihnen nur partikulare Wertvorstellungen und Normen zum Ausdruck kämen, die mit falschen Allgemeinverbindlichkeitsansprüchen versehen würden (siehe etwa Foucault 2001). Ausgehend von diesem Grundgedanken eröffnet sich in der Folge das weite und heterogene Feld eines ethnozentrismus- und androzentrismuskritischen Antihumanismus. Der Wunsch nach Befreiung von falschen Idolen, der die Entfremdungskritik einst motiviert hatte, richtet sich schließlich auch gegen die Grundlagen des Entfremdungsgedankens.

Der radikalisierten Kritik sehen sich auch die Vertreter des zweiten Theorietyps ausgesetzt, die oft selbst zu den Kritikern des ersten Theorietyps zählen. Hier ist es die Theoriefähigkeit teleologischer Geschichtsauffassungen, die zunehmend in Zweifel gezogen wird. Zum einen liegt nach Maßgabe der durch die analytische Philosophie etablierten Methodenstandards ersichtlich ein Kategorienfehler vor, wenn sich die Beschreibung und die Erklärung anonymer empirischer Ereignisabläufe einer Intentionalitätssemantik bedienen. Und zum anderen ist der Verdacht kaum auszuräumen, dass die teleologischen Modelle wiederum nur Projektionen partikularer Zielsetzungen darstellen und damit nicht zuletzt auch eine unzulässige Vereinheitlichung kultureller Heterogenität vornehmen. Diese Kritik, die sich zunächst vor allem auf hegelianische und marxistische Geschichtsauffassungen bezieht, erfasst schließlich auch die modernisierungstheoretischen Naturalisierungsversuche. Zu dem Zeitpunkt, als von postmodernistischer Seite der „Zerfall der großen Erzählungen" (Lyotard 1986: 54) diagnostiziert wird, ist diese These schon nicht mehr sonderlich Aufsehen erregend.

Wenn nun aber der Bezug auf die menschlichen Natur seine partikularistischen Vorurteile nicht abschütteln kann und die Idee eines universellen Fortschritts mit dem schweren Makel des „kulturellen Imperialismus" (Lyotard 1986: 86) behaftet ist, dann schrumpfen auch die Möglichkeiten beträchtlich zusammen, einen sozialen oder kulturellen Veränderungsbedarf zu rechtfertigen. Ohne entfremdungstheoretisch begründete Kriterien scheinen Forderungen nach Umgestaltung der gegebenen Sozialverhältnisse sich darauf zurückziehen zu müssen, entweder die unmittelbar gegebenen Wünsche der Betroffenen als maßgeblich anzusehen oder sich an den je kontextspezifisch etablierten Normen und Werten zu orientieren. Es eröffnen sich dann zwei Theorieperspektiven:

(1) Man entschließt sich angesichts der scheinbar unbewältigbaren Begründungslasten der entfremdungstheoretisch basierten Ansätze zu einer umfassenden Revision der persontheoretischen Grundlagen und greift auf das vermeintlich ideologisch unbelastete Modell des *homo oeconomicus* (oder

eines seiner nahen Verwandten) zurück. Eine solche persontheoretische Reduktion ist jedoch ihrerseits alles andere als unproblematisch. Denn abgesehen davon, dass die mit dem Modell erreichbare Erklärungsleistung überaus beschränkt ausfällt, klammert eine Sichtweise, die Personen lediglich als kluge Präferenzrealisierer betrachtet, vom Ansatz her die komplexe Struktur personaler Selbstverhältnisse aus, die man den Akteuren im Raum moralischer und politischer Gründe nicht rechtfertigungsfähig absprechen kann[9].

(2) Man kann sich andererseits auch poststrukturalistischen und kommunitaristischen Positionen anschließen, die in ausdrücklicher Entgegensetzung zum humanistischen Emanzipationsprojekt und zum ethischen Universalismus ein Differenzdenken verfechten, das die Andersartigkeit des Anderen in epistemischer wie in praktischer Hinsicht grundsätzlich unangetastet lassen will. In diesem Fall entstehen die Schwierigkeiten dadurch, dass der Gedanke einer wechselseitigen Inkommensurabilität individueller oder kultureller Perspektiven es nicht mehr erlaubt zu erklären, wie „der Andere" überhaupt noch als eine andere Person erkennbar sein soll. Verfechter eines Differenzdenkens, das für gewöhnlich mit ethischen Anerkennungsforderungen einhergeht, sind in epistemischer wie in ethischer Hinsicht auf Gleichheitsbestimmungen angewiesen, zu denen sie sich aber in der Regel nicht bekennen mögen und daher auch nicht explizieren.[10]

Es wäre voreilig, sich von der Entfremdungsidee insgesamt zu verabschieden, nur weil sich erwiesen hat, dass ihre lange Zeit für akzeptabel gehaltenen theoretischen Grundlagen fragwürdig sind. Gewiss sind die anthropologischen und geschichtsphilosophischen Spekulationen, die die klassischen Entfremdungstheorien tragen sollten, als schlechte Metaphysik zu verwerfen. Doch der Entfremdungsgedanke selbst kann nach wie vor auf Plausibilität rechnen, so dass durchaus Anlass für den Versuch besteht, „den Entfremdungsbegriff erneut produktiv zu machen" (Jaeggi 2005: 19). In einer veränderten Theorielandschaft lassen sich sogar ohne weiteres wieder Anknüpfungspunkte für ein solches Projekt aufspüren. Nachdem im letzten Viertel des 20. Jahrhunderts ein theoretischer und praktischer Antihumanismus sowie eine grundlegende Fortschrittsskepsis aufgeblüht waren, ist am Beginn des 21. Jahrhunderts eine Renaissance des humanistischen Denkens und des ethischen Universalismus zu beobachten. Dabei vollzieht sich dieser Wandel keineswegs als eine simple Rückkehr zu den Positionen, die zuvor der Kritik ausgesetzt waren. Vielmehr

---

9 Siehe dazu Abschnitt 3.

10 Bei genauerem Hinsehen entpuppt sich die radikale Politik der Anerkennung oft als besondere Variante des ethischen Universalismus, denn das zentrale Anerkennungsgebot soll ja für jede Person gelten, wodurch hinlänglich bekannte Konsistenzprobleme auftreten, denn man wäre gehalten, auch solche Praktiken in ihrer Andersartigkeit anzuerkennen, die ihrerseits die Anerkennung anderer Personen vermissen lassen. Siehe Nussbaum 2000: 32: „Pluralism and respect for difference are themselves universal values that are not everywhere observed".

dominiert das Bemühen um eine Neuaneignung, die den Einwänden, sofern sie sich als haltbar erweisen, konstruktiv Rechnung trägt. Der von Martha C. Nussbaum und Amartya Sen seit den 1980er-Jahren entwickelte *Capability Approach* zählt zu den Theorieprojekten, die nicht nur einen am Autonomiebegriff ausgerichteten ethischen Universalismus verfechten, sondern auch über eine hohe Sensibilität gegenüber Entfremdungsphänomenen verfügen.

Positive Freiheit und adaptive Präferenzen

Nussbaum und Sen beginnen ihren *Capability Approach* in den 1980er Jahren im interdisziplinären Kontext von Entwicklungspolitik und Entwicklungsökonomie auszuarbeiten.[11] Das zeitgenössische Diskussionsumfeld wird dabei einerseits von rein präferenzbasierten Zugängen beherrscht, die entweder bestimmten Spielarten der Wohlfahrtsökonomie (*utility-based welfarism*) oder dem ethischen Utilitarismus zuzuordnen sind. Auf der anderen Seite sind in den entwicklungspolitischen Debatten sowohl kommunitaristische als auch poststrukturalistische bzw. postkoloniale Positionen präsent, deren geteiltes Anliegen – bei aller sonstigen Verschiedenheit – in einer Politik der Differenz besteht[12].

Der *Capability Approach* verfolgt eine Ethik und Politik der Menschenrechte, die sich grundsätzlich an den systematischen Vorgaben der Moralphilosophie Kants bzw. am Neokantianismus der Rawls-Schule orientiert. Mit der Zuordnung zum ethischen Universalismus befindet sich der *Capability Approach* erkennbar in Opposition zum poststrukturalistischen und kommunitaristischen Differenzdenken. Doch auch zum politischen Liberalismus besteht schon dadurch ein Spannungsverhältnis, dass Nussbaum und Sen ihrem Ansatz ein Personkonzept zugrunde legen, das auf einen anspruchsvollen Begriff positiver Freiheit bezogen ist (siehe Crocker 1995: 182ff.). Eine sachgerechte Bestimmung der Freiheit einer Person darf danach nicht nur negativ – im Sinne der Abwesenheit äußerer Zwänge – erfolgen, sondern hat den Blick auch auf das Vorliegen ressourcenabhängiger Möglichkeiten und spezifischer Fähigkeiten der betreffenden Person zu lenken.[13]

Der Begriff der positiven Freiheit steht im konstruktiven Zentrum des *Capability Approach*, was erkennbar darin zum Ausdruck kommt, dass der Begriff

---

11 Wesentliche Grundzüge des Ansatzes hat Sen allerdings schon vor seiner Zusammenarbeit mit Nussbaum entwickelt und in seiner Tanner-Lecture von 1979, *Equality of What?*, präsentiert; siehe Sen 1980, vgl. Heinrichs 2006: 169ff.

12 Die scharfen Auseinandersetzungen mit den kommunitaristischen und poststrukturalistischen Verfechtern einer Differenzpolitik hat Nussbaum eindringlich geschildert; siehe Nussbaum 1992: 203ff., vgl. auch Unterhalter 2005: 26f.

13 Die terminologische Unterscheidung von negativer und positiver Freiheit geht auf Isaiah Berlin zurück; siehe Berlin 1969, vgl. Taylor 1985b und Sen 1990a: 770f.

„*capability*" sich nicht ohne Bezug auf einen positiven Freiheitsbegriff definieren lässt. Denn mit der Feststellung, eine Person verfüge über eine bestimmte Befähigung (*capability*), ist nicht nur gesagt, dass keine äußeren Beschränkungen für die Realisierung der jener Befähigung entsprechenden Funktion (*functioning*) vorliegt, sondern auch eine Aussage darüber getroffen, dass das Können der Person hinreichend ausgebildet ist und zudem geeignete äußere Realisierungsbedingungen vorliegen.[14] Damit ist eine beträchtliche Distanz zum „Hobbesian view" (Taylor 1985b: 213) der Freiheit von Personen markiert, der einen breiten Strom des modernen ethischen und politischen Denkens prägt und auch das Menschenbild weiter Teile der Wirtschafts- und Sozialwissenschaften bestimmt. Mit einem erweiterten, positiven Freiheitsbegriff eröffnet sich eine ethische Theorieperspektive, mit der auch eine Rechtfertigung sozialstaatlicher Leistungsansprüche in Reichweite rückt, die nicht von dem vermeintlich fundamentalen Gegensatz von Freiheits- und Gleichheitsrechten ausgehen muss, den vor allem libertaristische Sozialstaatskritiker gerne in das Aufmerksamkeitszentrum rücken. Unter der Voraussetzung eines Begriffs positiver Freiheit sind die Freiheitsfreunde ebensowenig zur Gleichheitsskepsis gezwungen wie die Gleichheitsverfechter sich als grundsätzliche Freiheitskritiker verstehen müssen.[15]

Der Begriff positiver Freiheit basiert auf einer Auffassung personalen Lebens, die von vornherein komplexer angelegt ist als die der herkömmlichen handlungstheoretischen Modelle in den Sozial- und Wirtschaftswissenschaften. Diese Handlungstheorien stellen Fortentwicklungen eines üblicherweise auf David Hume zurückgeführten *Belief-desire*-Modells praktischer Rationalität dar[16], dem zufolge der Vollzug einer Handlung darin besteht, dass ein gegebener Wunsch (*desire*) ein handlungsmotivierendes Ziel vorgibt, das entsprechend einer Überzeugung (*belief*) über geeignete Mittel zu seiner Erreichung realisiert wird. In den präferenzmonistisch ausgerichteten Handlungstheorien der Wirtschafts- und Sozialwissenschaften findet Humes Modell seine gegenwärtig einflussreichsten Nachfolger. Die persontheoretische Sparsamkeit dieser Auffassungen bringt es mit sich, dass das in ihnen zugrunde gelegte Freiheitskonzept lediglich negativ charakterisiert ist. Doch die elegante Schlichtheit des präferenzmonistischen Modells hat auch eine Reihe von grundsätzlichen Einwänden provoziert: Zum einen lässt sich zeigen, dass die Vorstellung, die Akteure im so-

---

14 Der Begriff der *capabilities* impliziert im Unterschied zu dem der *functionings* einen starken Freiheitsbezug. Siehe Sen 1987: 36: „A functioning is an achievement, whereas a capability is the ability to achieve. Functionings are, in a sense, more directly related to living conditions, since the *are* different aspects of living conditions. Capabilities, in contrast, are notions of freedom, in the positive sense: what real opportunities you have regarding the life you may lead."

15 Vgl. dazu Crocker 1995: 182: „Against right wing libertarians such as Hayek, Friedman, and Nozick, Sen is trying to (re)claim the concept of freedom for the democratic left."

16 Die nicht unumstrittene Inanspruchnahme Humes stützt sich auf Hume 1978: 413ff. [Book II, Part III, Sect. III].

zialen Raum seien nichts weiter als klug operierende Präferenzrealisierer, den mit ihr verbundenen Erklärungsansprüchen nicht genügen kann (siehe Sen 1977 und Hollis 1996). Darüber hinaus läuft ein solch reduziertes Handlungsverständnis dem Selbstverständnis realer Personen eklatant zuwider. Großen Bereichen moralischer Einstellungen, ästhetischer Erfahrungen oder individueller Wertvorstellungen kann nach Maßgabe des Präferenzmonismus nur noch ein epiphänomenaler Charakter zuerkannt werden, was gleichbedeutend damit ist, sie für kausal unwirksam zu erklären.

Ein phänomengerechtes Personkonzept hat demgegenüber zu berücksichtigen, dass die Fähigkeit zur Ausübung praktischer Rationalität von einem personalen Kontinuitäts- und Identitätssinn sowie von fortlaufenden Prozessen der Selbstevaluation konstituiert wird (siehe Taylor 1985a). Von einem derart angereicherten Modell praktischer Rationalität, das vor allem auch zwischen bloßer Willkürfreiheit und einer voraussetzungsreichen Freiheit als Selbstbestimmung unterschiedet, wird der Blick einerseits auf die vielfältigen Konstitutionsbedingungen von Selbstbestimmungsfähigkeit gelenkt. Andererseits wird damit aber auch deutlich, dass mit der Komplexität der Voraussetzungen praktischer Rationalität auch Szenarien der Deformation personaler Selbstverhältnisse ins Spiel kommen.

Da nicht einfach vorausgesetzt werden kann, dass einer Person das Verhältnis ihrer aktuellen Wünsche zu dem, was nach Maßgabe ihres angemessen ausgebildeten Fähigkeitsspektrums wünschbar wäre, transparent ist, muss die Möglichkeit von defizitären praktischen Selbstverhältnissen ins Auge gefasst werden (siehe Taylor 1985b: 228f.). Eine Person kann sich also womöglich in Unkenntnis darüber befinden, worin ihre wirklichen Bedürfnisse bestehen. Gesteht man überdies die Möglichkeit zu, dass diese Unkenntnis durch die soziokulturellen Umstände, in denen die Person lebt, befördert und stabilisiert wird, so befindet man sich bereits in beträchtlicher Nähe zum Rousseau'schen Entfremdungsgedanken (siehe Sturma 2000: 266).

Auf die angesprochene Deformation personaler Selbstbestimmungsfähigkeit bezieht sich auch der Begriff der adaptiven Präferenzen. Worum handelt es sich bei adaptiven Präferenzen? Als „adaptiv" gelten die Wünsche und Einstellungen einer Person dann, wenn sie sich an die gegebenen – in der Regel: depravierten – Lebensbedingungen der Person angepasst haben, aber von dieser vernünftigerweise nicht gutgeheißen würden. Im Fall des Vorliegens adaptiver Präferenzen sind beispielsweise unerreichbar erscheinende Ziele aus dem Horizont des Wünschbaren ausgeschlossen, oder die gegenwärtige Lebenssituation wird in einer unverhältnismäßigen Weise positiv bewertet. In jedem Fall handelt es sich um *deformierte* Wünsche und Einstellungen.

Der Begriff der adaptiven Präferenzen ist von Jon Elster im Zuge der Debatten eingeführt worden, die sich im Anschluss an John Rawls' Utilitarismuskritik entwickelt haben (siehe Elster 1982, vgl. Rawls 1967). Er ist ausdrücklich gegen handlungstheoretische Verkürzungen des Präferenzmonismus gerichtet.

Nicht dem Begriff, aber der Sache nach haben adaptive Präferenzen allerdings schon weitaus früher theoretische Berücksichtigung gefunden. Dabei war es bemerkenswerterweise einer der Hauptvertreter des ethischen Utilitarismus, nämlich John Stuart Mill, der in seiner feministischen Kampfschrift *The Subjection of Women* (1869) das Faktum der adaptiven Präferenzen zu einem Haupthindernis auf dem Weg zu einer wahrhaft gerechten Sozialordnung erklärte (siehe Mill 1988; vgl. Nussbaum 1999: 148ff. und 2000: 140ff. sowie Levey 2005). Frauen sind Mill zufolge einem besonderen sozialisatorischen Druck ausgesetzt, der ihr Selbstverständnis als Personen nicht hinreichend zur Entfaltung kommen lässt oder es sogar nachträglich deformiert, was dann unter anderem darin zum Ausdruck kommt, dass Frauen oft Wünsche und Einstellungen ausbilden, durch die ihnen ungerechte soziale Ungleichheiten als hinnehmbar oder sogar vorzugswürdig erscheinen. Eine für beide Geschlechter gerechte Sozialordnung könne aus diesem Grund nicht einfach mit gegebenen Präferenzmustern begründet werden. Elster bewegt sich in der Fluchtlinie dieser Mill'schen Argumentation, auch wenn er sich in seinen Überlegungen nicht direkt auf Mill bezieht und auch nicht das Problem der Ungleichheit zwischen den Geschlechtern thematisiert.

Den Anlass für die Rede von *adaptiven* Präferenzen findet Elster in der methodischen Beschränkung des ethischen und ökonomischen Utilitarismus. Dessen Entscheidung, allein individuelle Präferenzen als Datengrundlage von Nutzenkalkülen und Wohlfahrtsmessungen zuzulassen, impliziert Elster zufolge eine Unterbestimmung praktischer Rationalität. Für die kritisierten präferenzbasierten Ansätze ergibt sich die methodische Beschränkung daraus, dass das Kriterium empirischer Überprüfbarkeit als maßgeblich für die Bestimmung menschlichen Wohls angesehen wird. Dem Festhalten an diesem empiristischen Kriterium verdanken sich nicht zuletzt auch Theorieentwicklungen innerhalb des utilitaristischen Lagers: Da der methodische Hedonismus des frühen Utilitarismus Bentham'scher Prägung mit dem Problem der Messbarkeit von psychischen Lust- bzw. Unlustzuständen belastet ist, orientieren sich utilitaristische Ansätze mittlerweile an empirisch erfassbaren Wünschen und definieren Nutzen als Präferenzerfüllung. Als Informationsbasis für Wohlfahrtsmessungen und für die Festlegung von Distributionsnormen kommen lediglich die *manifesten* Wünsche bzw. Präferenzen der betroffenen Individuen in Frage, weil allein *ihre* Erfassung den engen methodologischen Anforderungen genügen kann[17]. In der Perspektive dieses methodischen Positivismus muss somit die Frage nach dem

---

17 Da auch die direkte Feststellung von individuellen Wünschen auf einen introspektiven Zugang angewiesen bleibt, der den methodologischen Anforderungen des utilitaristischen Empirismus nicht genügen kann, wird der Nutzenbegriff heute überwiegend im Sinne der Erfüllung sogenannter *revealed preferences*, d. h. der sich im tatsächlichen individuellen Wahlverhalten offenbarenden Wünsche, interpretiert. Siehe dazu Sen 1999: 59: „Since neither happiness nor desire is very easy to measure, utility is often defined in modern economic analysis as some numerical representation of a person's observable *choices*"; vgl. Heinrichs 2006: 34ff.

Zustandekommen der gegebenen Präferenzen vom Ansatz her ausgeblendet bleiben. Dass Theorien mit einem in dieser Weise eingeschränkten Blick zumindest große Schwierigkeiten haben, die komplizierten Motivationsstrukturen und Deliberationsprozesse von Personen explikativ zu erreichen, liegt auf der Hand (siehe Nussbaum 1997: 1209ff.). Die systematischen Ausblendungen haben aber auch zur Folge, dass präferenzmonistische Orientierungen dazu neigen, zur Erhaltung des jeweiligen sozialen Status quo beizutragen, denn Veränderungswünsche, die von den gegebenen Sozialverhältnissen in Latenz gehalten werden, sind unter Umständen dem Blick entzogen[18].

Der von Elster geprägte Ausdruck „adaptive Präferenzen" ist als ein Konzept zu verstehen, das sowohl über deskriptive als auch über evaluative Bedeutungskomponenten verfügt. Einer Person adaptive Präferenzen zuzuschreiben erschöpft sich dementsprechend nicht in dem Hinweis darauf, dass die betreffenden Präferenzen durch die sozialen, ökonomischen und kulturellen Lebensumstände der Person geformt sind. Vielmehr soll es sich ausschließlich um solche Wünsche handeln, die als negativ zu bewerten sind, weil sie den wahren Bedürfnissen der Person nicht entsprechen, die in Elsters Theorieperspektive als „autonome Präferenzen" ansprochen werden (siehe Elster 1982: 229). Zwar ist es nach Elster unabdingbar, das Zustandekommen von Präferenzen – „the genesis of wants" (Elster 1982: 219) – in die Bestimmung von Wohlergehenszuständen bzw. in die Messung von Lebensqualität einzubeziehen, doch ist gleichfalls zu berücksichtigen, dass die bloße Feststellung, dass bestimmte Wünsche an die gegebenen soziokulturellen Kontexte angepasst sind, für sich genommen noch nichts über deren Wert aussagt[19]. Eine Feststellung adaptiver Präferenzen setzt sich vielmehr aus zwei voneinander unabhängigen Partialurteilen – einem deskriptiven und einem evaluativen – zusammen: Es liegen *erstens* bei einer Person Präferenzen vor, die an ihren spezifischen Lebenskontext angepasst sind, und *zweitens* entsprechen diese Präferenzen auch nicht den wahren Bedürfnissen der Person. Diese Differenzierung ist sachlich geboten, weil die kontextbezogene Anpassung von Präferenzen ein Resultat jeglichen sozialisatorischen bzw. erzieherischen Einflusses ist, so dass davon ausgegangen werden muss, dass die Menge der jeweils angepassten Präferenzen keineswegs schon als Gradmes-

---

18 Siehe Nussbaum 1993: 325: „Desires adjust to deprivation; and the awareness of new possibilities frequently brings an increase in discomfort and dissatisfaction. Such facts should make us suspicious that utility, as a measure of quality of life, will be biased in the direction of maintaining the status quo, however defective."

19 Siehe Walker 1995: 460f. Aus diesem Grund können auch die differenzierten Analysen sozialer Ungleichheit, die Pierre Bourdieu vorgelegt hat, nicht umstandslos zur Identifikation adaptiver Präferenzen verwendet werden, wie es bisweilen nahegelegt wird (vgl. Otto/Ziegler 2006: 272 und 274). Der bloße Umstand der sozialen Formierung individueller Präferenzen sagt nämlich für sich genommen nichts über deren Akzeptabilität aus. Und so begrüßenswert Bourdieus politische Stellungnahmen auch sein mögen: Sie haben kein Fundament in seiner soziologischen Theorie. Bourdieus Stellungnahmen weisen vielmehr einen dezisionistischen Beigeschmack auf, der charakteristisch ist für das normative Profil neonietzscheanischer Positionen von Max Weber bis Michel Foucault.

ser für eine Entfremdung von den wahren Bedürfnissen der Person fungieren kann.

Die Anpassung der eigenen Präferenzstruktur an veränderte Lebensumstände kann beispielsweise auch, worauf Elster ausdrücklich hinweist, das Resultat einer überlegten Entscheidung sein (siehe Elster 1982: 224)[20]. In diesem Fall liegen keine adaptiven Präferenzen in dem genannten Sinne vor. Die Unterscheidung zwischen selbstbestimmter und entfremdeter Anpassung ist insofern von systematischer Bedeutung, als derjenige, der Anpassungen per se als Entfremdungsphänomene auslegen möchte, zur Übernahme eines idealisierenden Autonomiebegriffs gezwungen wird. Unterstellt man nämlich jeder Person, die die in ihrem Evaluationshintergrund sich vollziehenden Anpassungen bejaht oder sich sogar aktiv zu entsprechenden Anpassungen – im Sinne einer tugendethischen Charakterbildung – entschließt, dass sie *aufgrund* dieses Verhaltens nicht als selbstbestimmungsfähig gelten kann, so liegt dem ein extrem exklusives Autonomieverständnis zugrunde, das schon deshalb zurückzuweisen ist, weil es dazu führen würde, dass eine Vielzahl von Personen für selbstbestimmungs*un*fähig zu erklären wären und sehr weit reichenden paternalistischen Interventionen ausgesetzt werden könnten.

Aus der semantischen Festlegung des Begriffs adaptiver Präferenzen ergibt sich die Frage, nach welchem Maßstab an einen bestimmten Kontext angepasste Präferenzen rechtfertigungsfähig als adaptiv in dem genannten negativen Sinne bezeichnet werden können. Sich an die unmittelbare Selbstauskunft der betroffenen Personen zu halten, hilft an dieser Stelle nicht weiter, da die in Frage stehende Adaption ja nicht als solche erfahren würde und die Personen sich überdies im Unklaren über ihre wahren Bedürfnisse befänden[21]. Um die Frage zu beantworten, „what a person really needs, [...] what would really be required to make that life a flourishing one" (Nussbaum 1992: 230), ist ein stärker objektivistischer Ansatz nötig.

Aber auch Elsters Vorschlag, die adaptiven den autonomen Präferenzen gegenüberzustellen und für letztere ein prozedurales Kriterium aufzustellen, kann nicht überzeugen, obwohl sein Ansatz sicherlich in dem Sinne objektivistisch ist, als er nicht die faktische Zustimmung oder gegebene Präferenzen der Akteure als Autonomiekriterium verwendet. Die von Elster formulierte „Autonomiebedingung für Präferenzen" lässt allerdings seine theoretische Herkunft aus der Entscheidungstheorie kenntlich werden (siehe Elster 1982: 229f.). Als Entscheidungstheoretiker hängt er ersichtlich der Auffassung vom Akteur als klu-

---

20 Elster grenzt seinen Begriff adaptiver Präferenzen noch von weiteren Begriffen wie etwa dem der manipulierten Präferenzen ab; siehe Elster 1982: 220ff. Diese Begriffsdifferenzierungen sind für den vorliegenden Argumentationsgang unerheblich.

21 Damit ist nicht ausgeschlossen, dass eine auf die Feststellung des Vorhandenseins adaptiver Präferenzen abzielende empirische Sozialforschung sich Befragungstechniken bedient. Hinsichtlich dieser Problemstellung kann beispielsweise eine Kontrastierung von Antworten auf offene Fragen und denen auf Fragen mit vorformulierten Antwortalternativen durchaus zu aussagekräftigen Ergebnissen führen; siehe Clark/Gough 2005: 59ff.

gem Präferenzrealisierer an, und aus diesem Grund gelingt seinem Ansatz allenfalls eine Milderung derjenigen Unterbestimmtheit praktischer Rationalität, die er dem Utilitarismus vorhält. Auch Elsters Ansatz schließt wesentliche Bereiche menschlicher Handlungsmotivation aus der Betrachtung aus[22].

Es kann daher nicht überraschen, dass Sens und Nussbaums Verständnis adaptiver Präferenzen von Elsters Auffassung abweicht (siehe Teschl/Comim 2005). Das aristotelische Personkonzept, das Nussbaum dem *Capability Approach* zugrunde legt, korrespondiert mit einer Theorie des guten Lebens, die von pluralen und nicht aufeinander reduzierbaren Entwicklungszielen des menschlichen Lebens ausgeht, die sich grundsätzlich nicht vermittels einer eindimensionalen Präferenzstruktur abbilden lassen: „Living well as a human being has a plurality of distinct components, none of them reducible to the others – a fact that any approach in terms of a single quantitative scale simply obscures from view" (Nussbaum 1993: 333). Diese Auffassung basiert auf dem für die aristotelische Ethik zentralen Fähigkeiten- bzw. Funktionenargument, das auf eine objektive Bestimmung dessen abzielt, was für ein menschliches Wesen gut ist (siehe Aristoteles, *Nikomachische Ethik*, 1097b: 24ff., vgl. Nussbaum 1995: 110ff. und Heinrichs 2006: 185ff.). Als grundsätzlich gut für ein menschliches Leben ist danach die Entwicklung eines humanspezifischen Fähigkeitenmusters anzusehen. Die Natur menschlicher Wesen ist in aristotelischem Verständnis nicht einfach darauf angelegt, sich in beliebiger Weise im kulturellen Raum zu entfalten. Vielmehr sind mit der menschlichen Natur auch spezifische Zwecke in Form erstrebenswerter Entwicklungsziele sowie entsprechende Angemessenheitsnormen für Entwicklungsverläufe und -zustände gegeben. Die der menschlichen Natur inhärenten Zwecke lassen sich zumindest „umrisshaft" in einer Konzeption des Guten bestimmen (siehe Aristoteles, *Nikomachische Ethik*, 1098a: 20ff.).

Mit der aristotelischen Konzeption des Guten liegt nicht nur eine reichhaltige Bestimmung dessen vor, was Personen in moralischer wie in politischer Hinsicht geschuldet ist. Vielmehr steht mit dieser Konzeption auch ein differenzierter Maßstab für die Evaluation gegebener Präferenzmuster zur Verfügung. Ein Hinweis auf das Vorliegen adaptiver Präferenzen wäre demnach immer dann gegeben, wenn Personen es in Deprivationssituationen als akzeptabel betrachten, ein Leben unterhalb eines Mindeststandards für ein gutes menschlichen Lebens zu führen, oder wenn sie nicht einmal in der Lage sind, diese Situation als defizitär wahrzunehmen (siehe Sen 1990b: 126). Gleichwohl können die Akzeptanz oder die Wertschätzung einer fehlenden oder mangelhaften Ausbildung einzelner Eigenschaften oder Fähigkeiten (*functionings*) nicht umstandslos als adaptive Präferenz betrachtet werden, da die Möglichkeit einzuräumen ist,

---

22 Siehe dazu Sandven 1999: 194: „[T]he fundamental weakness in Elster's approach is [...] the inability to grasp a whole series of human skills and capacities that go beyond the narrowly instrumental." Vgl. Nussbaum 2000: 136ff.

dass die betreffende Person sich bewusst für das Leben, das sie lebt, entschieden hat. Zu prüfen ist in jedem Fall, ob für eine solche Entscheidung hinreichende Voraussetzungen vorliegen bzw. vorgelegen haben. Was dabei vorausgesetzt werden können muss, ist die Befähigung (*capability*) zur Ausbildung der in Frage stehenden Eigenschaft oder Fähigkeit (*functioning*).

Kantianische Personkonzepte orientieren sich zwar ebenfalls an einem Begriff positiver Freiheit, doch ist in dieser Theorieperspektive der Blick auf die Selbstbestimmungsfähigkeit eingeengt. Andere Eigenschaften und Fähigkeiten von Personen finden nur insoweit Berücksichtigung, als die zur Ausbildung und Erhaltung der Selbstbestimmungsfähigkeit dienen. Die von Nussbaum vertretene aristotelische Auffassung der Person ist dagegen vom Ansatz her pluralistisch angelegt. Auch wenn der praktischen Vernunft eine hervorgehobene Stellung zuerkannt wird (siehe Nussbaum 1992: 222f.), werden ihr andere Eigenschaften und Fähigkeiten nicht grundsätzlich untergeordnet. Vielmehr wird von Nussbaum für einen Kernbereich menschlicher Eigenschaften und Fähigkeiten geltend gemacht, dass jede von ihnen über einen eigenen intrinsischen Wert verfügt und alle aus diesem Grund auch nur in sehr beschränktem Maß gegeneinander verrechnet werden können[23]. Anders als in einer kantianischen Theorieperspektive können Entfremdungszustände einer Neoaristotelikerin wie Nussbaum zufolge nicht nur die menschliche Selbstbestimmungsfähigkeit betreffen, sondern grundsätzlich jede der wesentlichen Eigenschaften und Fähigkeiten. Das ursprüngliche Entfremdungskonzept, das seine Herkunft im vorrangig am Thema der Emanzipation ausgerichteten Aufklärungsdenken hat, ist also nach neoaristotelischer Auffassung ergänzungsbedürftig[24]. Vermittels des aristotelischen Maßstabs des Naturgemäßen lassen sich in weitaus differenzierterer und präziserer Weise Entfremdungszustände rekonstruieren und identifizieren.

Die auf den Neoaristotelismus des *Capability Approach* bezogenen Bemerkungen bedürfen allerdings einer Einschränkung: Die Versionen des Ansatzes von Sen und Nussbaum unterscheiden sich in einigen relevanten Hinsichten. Zwar teilt Sen Nussbaums Ansicht, dass der *Capability Approach* als der neoaristotelischen Theorietradition zugehörig zu betrachten sei (siehe Sen 1992: 39, Fn. 3), doch findet sich bei ihm keine systematische Auseinandersetzung mit der aristotelischen praktischen Philosophie (siehe Nussbaum 2000: 13). Eine

---

23 Siehe Nussbaum 2000: 81: „The list is, emphatically, a list of *separate components*. We cannot satisfy the need for one of them by giving larger amount of another one. All are of central importance and all are distinct in quality. The irreducible plurality of the list limits the trade-offs that will be reasonable to make, and thus limits the applicability of quantitative cost-benefit analysis."

24 Die neoaristotelische Erweiterung des Entfremdungskonzepts wird allerdings schon vom frühen Karl Marx vollzogen. Nussbaum verweist gerne darauf, dass es „der einer Totalität der menschlichen Lebensäußerung *bedürftige* Mensch" (Marx 1987: 90) sei, der für Marx als normatives Leitbild fungiert und seine Auffassung von Entfremdung prägt; vgl. etwa Nussbaum 1990: 203 und 1992: 202.

stärkere Anlehnung an die praktische Philosophie des Aristoteles hätte zumindest insofern nahe gelegen, als diese Ethik, Politik und Ökonomie in einen engen systematischen Zusammenhang bringt, der erkennbar auch von Sen angestrebt wird. Aristoteles stellt diesen Zusammenhang über ein anthropologisches Theoriestück her, das von Nussbaum aufgenommen und zur Grundlage einer Theorie des Guten gemacht wird. Sen versucht dagegen, starke anthropologische Vorannahmen zu vermeiden. Am deutlichsten zeigt sich dies an dem Umstand, dass er im Unterschied zu Nussbaum nicht mit einer Liste von Grundbefähigungen arbeitet, deren Gewährleistung Nussbaum zufolge ein dem menschlichen Wesen entsprechendes Leben in zumindest minimalem Umfang ermöglicht. Zwar gesteht Sen den heuristischen Wert derartiger Listenbildungen durchaus zu (siehe Sen 2004), doch scheint er in einer durch anthropologische bzw. persontheoretische Annahmen gestützten Fixierung eines Grundbefähigungskanons die Gefahr zu sehen, die Betroffenenperspektive auszublenden und damit in praktischer Hinsicht Bevormundungen Vorschub zu leisten[25]. Bezüglich der Festlegung der als relevant zu betrachtenden Befähigungen setzt Sen einerseits auf lokale demokratische Prozesse, die von ihm allerdings nicht weiter spezifiziert werden, während er es andererseits als ausreichend betrachtet, die Auswahl von Befähigungssets jeweils nach pragmatischen Erfordernissen vorzunehmen und somit eine globale Festlegung zu vermeiden (siehe Sen 2004: 79).

Die Kontroverse um das Auflisten von Grundbefähigungen ist auch als eine Auseinandersetzung um die Frage zu verstehen, welche Begründungslasten eine aristotelische Auffassung der Person zu tragen vermag. Nussbaum ist in dieser Frage zuversichtlich, Sen lässt eher Skepsis erkennen. Es ist Nussbaum jedoch auf jeden Fall darin Recht zu geben, dass der Verzicht auf eine inhaltliche Bestimmung dessen, was ein gutes menschliches Leben ausmacht, die normative Kraft des *Capability Approach* entscheidend schwächt. Der von Nussbaum verfochtene ethische Essentialismus erlaubt nicht nur die Ausarbeitung eines menschenrechtsethischen Normenkatalogs, der vorpolitische universelle Geltung beanspruchen kann. Der Essentialismus stellt auch eine tragfähige Evaluationsgrundlage für Entfremdungsdiagnosen zur Verfügung. Sen ist zwar ebenso wie Nussbaum an der Aufdeckung und Beseitigung von adaptiven Präferenzen interessiert (siehe Sen 1990b: 125ff. und 1999: 62f.), doch beraubt er sich durch seine Zurückhaltung bei der Benennung menschlicher Grundbefähigungen der theoretischen Mittel, diese adaptiven Präferenzen umfassend und sicher zu identifizieren. Indem er die jeweils als maßgeblich zu betrachtenden Befähigungen in „general social discussion or public reasoning" (Sen 2004: 77) ermitteln möchte, riskiert er nicht nur eine partikularistische Aufsplitterung des *Capability Approach*, sondern eventuell auch, dass die Vorurteile zugunsten des Bestehenden, die eigentlich beseitigt werden sollen, die Basis ihrer eigenen Bewer-

---

25 Zum Bevormundungsproblem siehe Abschnitt 4

tung mit formieren. Die Auseinandersetzung um die Grundbefähigungsliste dürfte somit mehr sein als lediglich eine „kleine Scheindebatte" (Schrödter 2007: 14, Fn. 18).

Das Paternalismusproblem

Eine neoaristotelische Position, wie sie Nussbaums Version des *Capability Approach* darstellt, steht bei aller Annäherung an die Rawls'sche Gerechtigkeitstheorie und bei aller Abgrenzung vom kommunitaristischen Neoaristotelismus in mindestens einer wesentlichen Hinsicht in Distanz zum politischen Liberalismus Rawls'scher Prägung: Bei ihr rückt eine Theorie des Guten in das konstruktive Zentrum des ethischen Ansatzes. Zwar kommt auch Rawls nicht umhin, eine „schwache Theorie des Guten" in Anspruch zu nehmen, doch für sie soll ausdrücklich gelten, dass sie den „prior place of the concept of right" (Rawls 1971: 396) nicht antastet. Nussbaum formuliert ihre „thick vague theory of the good" (Nussbaum 1992: 214) von Beginn an in explizitem Kontrast zu Rawls schwacher Theorie. Ihre „dichte Theorie des Guten" läuft auf die Benennung konkreter Entwicklungsziele personalen Lebens hinaus. Perfektionistisch ist ihr Ansatz damit in dem Sinne, dass er Vervollkommnungsziele des menschlichen Lebens inhaltlich bestimmt. Eine solche allgemein verbindliche Festlegung dessen, was für Menschen in grundlegender Weise als gut und erstrebenswert anzusehen ist, kehrt den „Vorrang des Rechten vor dem Guten" zumindest partiell um, den Rawls als „central feature" (Rawls 1971: 32) seiner Konzeption der Gerechtigkeit als Fairness verteidigt. Und so klingt es denn auch wie eine implizite Zurückweisung des von Nussbaum konzipierten Neoaristotelismus, wenn Rawls die sozialen Grundgüter, die aus seiner schwachen Theorie des Guten abgeleitet sind, folgendermaßen charakterisiert: „[P]rimary goods are clearly not anyone's idea of the basic values of human life and must not be so understood" (Rawls 1993: 188).

Gegen das perfektionistische Theorieelement in Nussbaums Ansatz ist zumindest der Anfangsverdacht geltend zu machen, dass mit der entsprechenden starken Theorie des Guten die Mittel bereit stehen, bevormundende Eingriffe in individuelle Entscheidungsräume zu legitimieren. Dieser Paternalismusverdacht verfügt über einiges Gewicht[26], denn Fortschritte im moralischen Selbstverständnis und in der ethischen Theoriebildung vollziehen sich typischerweise als Zurückdrängung paternalistischen Handelns und Denkens. Paternalismus-

---

26 Der Ausdruck „Paternalismus" bezieht sich auf einen Typus von Handlungen oder Einstellungen, die das Wohlergehen einer anderen Person zum Ziel haben, bei dessen Bestimmung und Durchsetzung sie die – manifesten oder erwartbaren – Willensartikulationen der betreffenden Person übergehen; siehe dazu Dworkin 1971: 108.

freundliche Ansätze treffen daher stets den Nerv des am Autonomiebegriff ausgerichteten modernen ethischen Denkens.

Was ist also dran am Verdacht, Nussbaum bewege sich mit der Vorrangstellung einer Konzeption des Guten „auf einen unangenehmen Paternalismus zu" (Scherer 1993: 919)? Im Unterschied zu anderen Formen des Neoaristotelismus kann Nussbaum ihre Neuaneignung aristotelischer Theoriestücke in der Tat vor einem generellen Paternalismusverdacht bewahren. Zunächst einmal hält sie sich von jeglicher Form neoaristotelischer Wesensmetaphysik fern. Die ethische Methode des Aristoteles, für die die menschliche Natur bzw. das Wesen des Menschen die zentrale Begründungsfunktion einnimmt, verlangt ihr zufolge nicht die Übernahme einer metaphysischen Biologie oder einer generellen Naturteleologie (siehe Nussbaum 1995). Nussbaum holt die Bestimmungen der wesentlichen Merkmale der menschlichen Lebensform nicht vom spekulativen Himmel. Was der menschlichen Natur gemäß ist, kann ihrer Ansicht nach nicht von einem Standpunkt jenseits menschlicher Selbsterfahrung bestimmt werden. Aristoteles' ethischer Naturalismus habe dementsprechend auch einen konsequent internalistischen Zuschnitt (siehe Nussbaum 1992: 208f., vgl. 1995: 102)[27]. Die damit verbundene ethische Methode läuft darauf hinaus, hinsichtlich der Frage, was ein menschliches bzw. ein gutes menschlichen Leben ausmacht, den übergreifenden Konsens (*overlapping consensus*) einer pluralistischen Gesellschaft bzw. Weltgesellschaft zu explizieren (siehe Nussbaum 2000: 5, 76 und 2006: 182). Für ihre Befähigungsliste kann Nussbaum daher zu Recht in Anspruch nehmen, „explicitly nonmetaphysical" (Nussbaum 2006: 182) zu sein, weil sie in methodischer Hinsicht die Binnenperspektive der menschlichen Lebensform nicht verlässt. Hinzu kommt, dass die Explikation des Hintergrundkonsenses auch durch ein prozedurales Element – „a searching participatory dialogue" (Nussbaum 1992: 236) – davor geschützt wird, in paternalistischer Absicht in Anspruch genommen zu werden[28].

Den deutlichsten antipaternalistischen Zug erhält der *Capability Approach* aber erst dadurch, dass er nicht für alle Personen die direkte Realisierung einer bestimmten Konzeption des guten Lebens anstrebt, sondern vielmehr diese Personen in die Lage versetzen will, sich der Realisierung ihres je eigenen Lebensplans widmen zu können. Es soll Personen kein bestimmtes Profil von Eigenschaften und Fähigkeiten (*functionings*) aufoktroyiert werden, sondern ihnen sollen Befähigungen (*capabilities*) vermittelt bzw. zur Verfügung gestellt werden, die ihnen selbst die Wahl des Eigenschafts- und Fähigkeitsprofils ermöglicht, das sie Grund haben wertzuschätzen. In der zentralen Rolle, die den *capabilities* zugemessen wird, tritt der spezifisch moderne Zug dieses neoaristoteli-

---

27 Der aristotelische ethische Naturalismus ist daher deutlich vom modernen naturwissenschaftlichen Naturalismus abzugrenzen; siehe dazu auch McDowell 1996, vgl. auch Heinrichs 2006: 182ff.

28 Aufgrund dieses prozeduralistischen Validitätskriteriums ist die Nussbaum-Liste auch grundsätzlich „tentative and open-ended" (Nussbaum 2006: 166).

schen Ansatzes hervor. Etliche der von Aristoteles selbst befürworteten sozialpolitischen Regulierungen sind auf die direkte Ausbildung bestimmter *functionings* ausgerichtet. Dem Staat wird dadurch eine umfassende paternalistische Kompetenz zuerkannt, die mit einem liberalen Politikverständnis unvereinbar ist. In dieser Hinsicht ist die aristotelische Vorlage korrekturbedürftig. Sie erweist sich aber auch als in Richtung des politischen Liberalismus korrigierbar, ohne dabei ihre Substanz einzubüßen (siehe Nussbaum 1990). Indem das Vorliegen und die Verteilung von *capabilities* zum zentralen Gegenstand gerechtigkeitsethischer Bewertungen gemacht werden, verblasst der Paternalismus der aristotelischen Sozialstaatsidee, ohne dass die begründende Rolle der dichten vagen Theorie des Guten aufgegeben werden müsste.

Auch in der von Nussbaum ausgearbeiteten Version impliziert der *Capability Approach* nicht die von mancher Seite befürchtete paternalistische Einschränkung individueller Selbstbestimmung. Mit dem internen Zusammenhang von *functionings* und *capabilities* deutet sich aber schon an, dass eine gewisse Form von Paternalismus grundsätzlich nicht vermieden werden kann. Selbstbestimmung setzt bei Personen eine gewisse Entfaltung ihrer Naturanlagen voraus, wobei diese Entfaltung nicht selbst wieder vollständig Gegenstand individueller Entscheidung sein kann. Aber auch im Hinblick auf Eigenschaften, die nicht konstitutiv sind für die Selbstbestimmungsfähigkeit, ist ein bestimmtes Basisniveau sicher zu stellen, bevor eine Person sinnvollerweise über eine weitere Realisierung entscheiden kann. In einigen Fällen muss es daher als berechtigt angesehen werden, unmittelbar die Ausbildung von *functionings* zu bewirken:

„If we aim to produce adults who have all the capabilities on the list, this will frequently mean requiring certain types of functioning in children, since, as I have argued, exercising a function in childhood is frequently necessary to produce a mature adult capability. Thus it seems perfectly legitimate to require primary and secondary education, given the role this plays in all the later choices of an adult life. Similarly, it seems legitimate to insist on the health, emotional well-being, bodily integrity, and dignity of children in a way that does not take their choices in account; some of this insisting will be done by parents, but the state has a legitimate role in preventing abuse and neglect" (Nussbaum 2000: 89f., vgl. 2006: 171ff.).

Der Hinweis, dass ein bestimmtes Niveau an Eigenschaften notfalls auch gegen den Willen der Betroffenen durchzusetzen sei, führt ohne Umwege zur Frage des legitimen Paternalismus. Doch handelt es sich dabei keineswegs um ein Sonderproblem neoaristotelischer Positionen. Vielmehr sieht sich die gesamte am Autonomiebegriff ausgerichtete neuzeitliche Ethiktradition von Beginn an vor die Frage gestellt, wie sie mit Personen umgeht, bei denen Selbstbestimmungsfähigkeit nur eingeschränkt oder gar nicht vorliegt. In einem der antipaternalistischen Grundlagentexte der neuzeitlichen politischen Philosophie, den *Two Treatises of Government* (1690), legt John Locke zwar unmissverständlich dar, dass die „väterliche Macht" nicht das Modell für politische Herrschaft abgeben kann, doch gleichzeitig gesteht er zu, dass der Paternalismus im Bereich der Erziehung seinen natürlichen und auch legitimen Ort habe. Gleichwohl macht bereits Locke geltend, dass der Paternalismus in der elterlichen Erziehung auch nur dann legitim sein kann, wenn er auf das Entwicklungsziel der selbstbestimmungsfähigen Person ausgerichtet ist (siehe Locke 1970: 321ff. [Kap. 4: *Of Paternal Power*]). Vor allem in der zweiten Hälfte des 20. Jahrhunderts wird die von Locke vollzogene Doppelbewegung auf immer neue ethische Problemfelder angewendet. Auf der einen Seite wird dabei die Anerkennung oder Erweiterung der Selbstbestimmungsrechte von Personen reklamiert, die in traditioneller, aber unbegründeter Weise Adressaten paternalistischer Interventionen sind (Kinder, Patienten, Menschen mit geistiger Behinderung usw.). Im Gegenzug kommt es dann zur ethischen bzw. rechtlichen Eingrenzung eines Bereichs gerechtfertigter paternalistischer Eingriffe, da das grundlegende Nichteinmischungsgebot in Fällen eingeschränkter Selbstbestimmungsfähigkeit nicht oder nicht vollständig aufrechterhalten werden kann, ohne das Wohl der betroffenen Personen in nicht rechtfertigungsfähiger Weise zu gefährden. Generell zielt die gesamte ethische Paternalismusdiskussion auf die Etablierung eines „autonomy respecting paternalism" (siehe VanDeVeer 1980).

In den 1970er-Jahren entsteht in der anglo-amerikanischen Ethik eine breite und bis heute anhaltende Diskussion zum Problem des legitimen Paternalismus, die einerseits in den Bereichen der Rechtsphilosophie und der Medizinethik beheimatet ist und zum anderen aber die Bildungsphilosophie betrifft. Die bildungsphilosophischen Debatten werden erst in jüngster Zeit in der deutschsprachigen Erziehungswissenschaft systematisch rezipiert (siehe Giesinger 2006 und Stettner 2007)[29]. Die Diskussionen kreisen dabei vorrangig um die Frage, inwieweit paternalistische Eingriffe durch Erweiterungen des Zustimmungskriteriums zu rechtfertigen sind. Bevorzugt werden in diesem Kontext die Modelle der Zustimmung unter idealen Bedingungen sowie der hypothetischen und der antizipierten Zustimmung diskutiert: Entweder wird davon ausgegangen, dass (a) der Eingriff, der faktisch in paternalistischer Weise durchgeführt wird, unter der Voraussetzung vollständiger Zustimmungsfähigkeit auch gewollt würde, dass (b) die betreffende Person nach Maßgabe ihrer bekannten Wünsche der paternalistischen Intervention vermutlich zugestimmt hätte, oder man versucht (c) darzulegen, dass der zu Erziehende später nach Erreichen des Mündigkeitszustands den Eingriff für gerechtfertigt erklären würde. In jedem Fall ist ein Paternalismus, der sich im Einklang mit autonomieethischen bzw. liberalen Grundsätzen befinden soll, gehalten, die Selbstbestimmungsfähigkeit derjenigen Personen, die paternalistischen Eingriffen ausgesetzt werden sollen, zu fördern oder wiederherzustellen. Das vorrangige Kriterium für die Legitimi-

---

29 Eine Ausnahme vom lang anhaltenden erziehungswissenschaftlichen Desinteresse an den Paternalismusdebatten in der Ethik bildet Brumliks Versuch, eine „advokatorische Ethik" auszuarbeiten. Brumlik bezieht sich dabei vorrangig auf Rawls' Argumentation für die Legitimität paternalistischer Eingriffe im Rahmen einer liberalen Gesellschaftsordnung; siehe Brumlik 1992: 230ff., vgl. Rawls 1971: 248ff.

tät paternalistischer Interventionen besteht darin, dass diese selbstbestimmungs-funktional sind. Eine Rechtfertigung des Paternalismus auf dem Hintergrund des *Capability Approach* wird diese Argumentationslinie sicherlich nicht verlassen, sie kann jedoch einen zusätzlichen Vorzug geltend machen. Da Personalität sich in der Perspektive des *Capability Approach* nicht nur in der Ausübung von Selbstbestimmungsfähigkeit äußert, sondern auf ein ganzes Spektrum separater grundlegender Fähigkeiten und Eigenschaften bezogen ist, verfügt der Ansatz über ein erweitertes Blickfeld, wenn es um die Bestimmung dessen geht, was eine Person, die nur mit partieller Selbstbestimmungsfähigkeit ausgestattet ist, vernünftigerweise wollen kann. Die mit der Nussbaum-Liste angesprochenen menschlichen Entwicklungsziele sind nicht alle als selbstbestimmungsfunktional zu betrachten und können doch für sich beanspruchen, für Personen qua menschliche Wesen erstrebenswert zu sein. Gewiss müssen auch für den Vertreter des *Capability Approach* die Autonomie ermöglichenden Zielsetzungen paternalistischen Handelns Priorität gegenüber der Orientierung an anderen Wohlergehensaspekten haben. Doch die Förderung und der Erhalt der nicht selbstbestimmungsfunktionalen basalen Fähigkeiten und Eigenschaften (*functionings*) stellen auch dann ein legitime Ziele erzieherischen Handelns dar, wenn sie nichts anders als auf paternalistische Weise durchzusetzen sind.

Von besonderer Bedeutung dürfte der durch den *Capability Approach* erweiterte Blick für diejenigen Bereiche pädagogischen Handelns sein, die mit Personen zu tun haben, bei denen das Selbstbestimmungsziel nicht oder nur eingeschränkt erreichbar ist. Hier ist beispielsweise an den pädagogischen Umgang mit Menschen mit geistiger Behinderung oder mit Demenzerkrankungen zu denken. Aufgrund des pluralen Charakters der Befähigungsliste dürfte die Orientierung an ihr gerade in diesen Bereichen zu sehr differenzierten Argumenten für paternalistische pädagogische Eingriffe führen. Auch wenn die betreffenden Personen nicht oder nicht mehr über die natürliche Ausstattung verfügen, das mit der Befähigungsliste beschriebene Entwicklungsniveau eines guten menschlichen Lebens zu erreichen, sollte Nussbaum zufolge daraus nicht der Schluss gezogen werden, dass für diesen Adressatenkreis eine andere, ihrer Situation angeglichene Liste zur Grundlage gemacht werden sollte. Obschon die Orientierung an der „species norm" den defizitären Charakter der Möglichkeiten der genannten Personengruppen kenntlich werden lässt, besteht doch kein Grund, den Versuch zu unterlassen, diese Personen so nah wie möglich an die Entwicklungsziele der menschlichen Lebensform heranzuführen. Nussbaum hält es ausdrücklich für einen Nachteil, auf einen einheitlichen für alle Personen anzustrebenden Entwicklungsstandard zu verzichten, weil durch eine Departmentalisierung des Standards die Tür geöffnet würde für eine systematische Schlechterstellung dieser ohnehin schon benachteiligten Personengruppen[30].

---

30 Siehe Nussbaum 2006: 190: „[U]sing a different list of capabilities or even a different threshold of capability as the appropriate social goal for poeple with impairments is practically dan-

Insgesamt lässt sich festhalten, dass der bisweilen erhobene Paternalismusvorwurf keine ernsthafte Bedrohung für den *Capability Approach* darstellt. Die Vorrangstellung einer Theorie des Guten, die den Verdacht generell paternalistisch angelegter Zielsetzungen erregt, ist in den *Capability Approach* konstruktiv so eingebunden, dass keine Konkurrenz zwischen Autonomieforderungen und Wohlergehensansprüchen entsteht. Auch das Ziel der Überwindung von Entfremdungszuständen, d. h. von adaptiven Präferenzen, ist in begründungstheoretischer Hinsicht hinreichend auf autonomieethische Prinzipien bezogen. Darüber hinaus hat sich gezeigt, dass der *Capability Approach* bei der Bestimmung eines ethisch gerechtfertigten Paternalismus zu einer Perspektiverweiterung beitragen kann, die für pädagogische Problemstellungen von besonderer Relevanz ist.

Fazit

Theorien, die sich in einem sozialphilosophischen Sinne als kritisch verstehen, können für ihre Vorstellungen davon, was für Personen erstrebenswert ist und welche personalen Selbstverhältnisse dementsprechend als entfremdet zu gelten haben, nicht mehr auf spekulative Bestimmungen des Wesens des Menschen zurückgreifen. Ebenso verbieten sich geschichtsphilosophische Anleihen. Beide Wege sind versperrt, weil auf ihnen schlechte Metaphysik und starker Paternalismus Hand in Hand gehen. Eine zeitgemäße, rechtfertigungsfähige Entfremdungstheorie muss eine deflationierte und formalisierte Gestalt haben. Martha Nussbaums *Capability Approach* liefert dafür eine geeignete Grundlage. Ihre Rekonstruktion der wesentlichen Elemente der menschlichen Natur ist methodisch abgesichert und frei von metaphysischen Spekulationen. Die in Nussbaums *Capability Approach* enthaltene Theorie des Guten ist trotz der inhaltlichen Bestimmung der für menschliche Wesen erstrebenswerten Entwicklungsziele als formal zu betrachten, weil die inhaltliche Ausfüllung des Rahmens, der mit der Befähigungsliste aufgespannt wird, den Individuen überlassen bleibt. So befinden sich denn auch Personen nicht deshalb in Entfremdungszuständen, weil sie eine bestimmte Auffassung vom guten Leben nicht haben oder ein bestimmtes Leben nicht führen. Die Auflösung von Entfremdungszuständen zielt hier auf die Herstellung von Wahlmöglichkeiten, die im Hinblick auf die Konturen der menschlichen Lebensform spezifiziert sind[31].

Man mag einwenden, dass ein vermittels des Begriffs der adaptiven Präferenzen deflationiertes Entfremdungskonzept lediglich einen geringen Teil des kriti-

---

gerous, because it is an easy way of getting off the hook, by assuming from the start that we cannot or should not meet a goal that would be difficult and expensive to meet."

31 Dass Nussbaums Ansatz von Jaeggi für ungeeignet zur Reformulierung des Entfremdungsbegriffs erachtet wird, beruht auf einer voreiligen Einschätzung der Leistungsfähigkeit des Ansatzes; siehe Jaeggi 2005: 48f.

schen Anspruchs früherer Gesellschaftstheorien zu tragen vermag. Doch es war nicht die Intention der vorliegenden Überlegungen, den normativen Gehalt der kritischen Erziehungswissenschaft in *jeder* Hinsicht zu rekonstruieren. Zugestandenermaßen sind die Möglichkeiten einer kritischen Gesellschaftstheorie nicht auf den konzeptionellen Rahmen eines neoaristotelisch erweiterten Liberalismus beschränkt. Weitergehende Neuaneignungen sind nicht ausgeschlossen. In einer Perspektive methodischer Verfremdung, wie sie etwa Foucault zur Verfügung gestellt hat, könnte sich durchaus zeigen, dass unsere zur Gewissheit geronnenen normativen Leitvorstellungen über das Humane nicht nur ihrerseits kontingent sind, sondern auch den Blick auf mindestens gleichwertige Alternativen verstellen (siehe dazu Honneth 2007). Der von Nussbaum vorgeschlagene Weg einer Explikation des anscheinend unhintergehbaren normativen Selbstverständnisses der Angehörigen der menschlichen Lebensform könnte sich dann als unzureichend oder sogar irreführend erweisen. Doch eine distanzierte Gesellschaftsanalyse à la Foucault ist ihrerseits nicht problemlos zu haben. Zum einen nämlich setzt sie methodisch konsequent jenseits der Lebensweltperspektive an, wodurch sie einen epistemischen Standpunkt bezieht, der für die praktische Rationalität prinzipiell unerreichbar ist. Mit der normativen Abstinenz, die sich mit der methodischen Ausklammerung aller Geltungsansprüche einstellt, löst sich auch das Reservoir der Gründe auf, die für oder gegen bestimmte Leitvorstellungen in Anschlag gebracht werden könnten. Der von lebensweltlichen Voraussetzungen vollständig gereinigte Blick auf die soziale Welt mag zwar Erkenntnis erweiternd sein, aber er ist auch von Gleichgültigkeit beherrscht. Zum anderen wären einer starken Version der Gesellschaftskritik und dem Eintreten für eine vernünftigere Gesellschaftsordnung selbst dann praktische Grenzen gesetzt, wenn es irgendwie gelänge, sich auf bislang nicht artikulierte Ideale der betroffenen Individuen zu berufen. Denn eine phänomengerechte Theorie der Person hat in Rechnung zu stellen, dass das, was einer Person prinzipiell rational einsehbar ist, nicht notwendigerweise auch im Einklang mit ihrer Motivationsstruktur steht (siehe Nagel 1991: 21ff.). Personen als „Zwecke an sich selbst" zu achten heißt immer auch, sie als reale Personen zu respektieren und ihnen als fallible Wesen moralische Rücksicht entgegenzubringen. Ein revisionäres Leitbild sozialer Ordnung, das sich allein an den Vorstellungen von ideal rationalen Akteuren orientierte, wäre im schlechten Sinne utopisch und würde im Fall konkreter Realisierungsbemühungen zu einem dann in der Tat nicht mehr rechtfertigbaren Paternalismus führen.

Literatur

Bauer, M., 2007: Das Ende der Entfremdung. In: Zeitschrift für Ideengeschichte 1, 1, 7-29.
Berlin, I., 1969: Two Concepts of Liberty. In: *Berlin, I.:* Four Essays on Liberty. London, 118-172.
Brumlik, M., 1992: Advokatorische Ethik. Zur Legitimation pädagogischer Eingriffe. Bielefeld: AJZ.
Clark, D. A./Gough, I., 2005: Capabilities, Needs and Wellbeing: Relating the Universal and the Local. In: *Manderson, L.* (Hg.): Rethinking Wellbeing. Perth, 45-68.

Crocker, D., 1995: Functionings and Capability. The Foundations of Sen's and Nussbaum's Development Ethic, Part 2. In: *Nussbaum, M. C./Glover, J.* (Hg.): Women, Culture, and Development. Oxford: Clarendon Press, 153-198.

Dworkin, G., 1971: Paternalism. In: *Wasserstrom, R. A.* (Hg.): Morality and the Law. Belmont: Wadsworth, 107-126.

Elster, J., 1982: Sour Grapes: Utilitarianism and the Genesis of Wants. In: *Sen, A./Williams, B.* (Hg.): Utilitarianism and Beyond. Cambridge/Paris: Cambridge University Press, 219-238.

Foucault, M., 1971: Die Ordnung der Dinge. Eine Archäologie der Humanwissenschaften [1966]. Frankfurt a. M.: Suhrkamp.

Foucault, M., 2007: Gespräch mit Madeleine Chapsal. In: M. Foucault Schriften in vier Bänden. Dits et Ecrits, Bd. 1. Frankfurt a .M.: Suhrkamp, 664-670.

Giesinger, J., 2006: Paternalismus und Erziehung. Zur Rechtfertigung pädagogischer Eingriffe. In: Zeitschrift für Pädagogik 52, 2, 265-284.

Heinrichs, J.-H., 2006: Grundbefähigungen. Zum Verhältnis von Ethik und Ökonomie. Paderborn: Mentis.

Hollis, M., 1996: Rational Preferences. In: *Hollis, M.:* Reason in Action. Essays in the Philosophy of Social Science. Cambridge: Cambridge University Press, 40-59.

Honneth, A., 2000: Pathologien des Sozialen. Tradition und Aktualität der Sozialphilosophie. In: *Honneth, A.:* Das Andere der Gerechtigkeit. Frankfurt a. M.: Suhrkamp, 11-69.

Honneth, A., 2007: Rekonstruktive Gesellschaftskritik unter genealogischem Vorbehalt. In: *Honneth, A.:* Pathologien der Vernunft. Frankfurt a. M.: Suhrkamp, 57-69.

Hume, D., 1978: A Treatise of Human Nature [1739/40]. Oxford.

Jaeggi, R., 2005: Entfremdung. Zur Aktualität eines sozialphilosophischen Problems. Frankfurt a. M./New York: Campus.

Kant, I., 1968: Grundlegung zur Metaphysik der Sitten [1785]. In: *Kant, I.:* Werke, Bd. IV. Akademie-Textausgabe. Berlin: De Gruyter, 385-463.

Levey, A., 2005: Liberalism, Adaptive Preferences, and Gender Equality. In: Hypatia, 20, 4, 127-143.

Locke, J., 1970: Two Treatises of Government [1690]. Cambridge: Cambridge University Press.

Lyotard, J.-F., 1986: Das postmoderne Wissen. Ein Bericht [1979]. Graz/Wien: Passagen.

Marx, K., 1987: Pariser Manuskripte. Ökonomisch-philosophische Manuskripte aus dem Jahr 1844. Berlin: Dietz.

McDowell, J., 1996: Two Sorts of Naturalism. In: *Hursthouse, R./Lawrence, G./Quinn, W.* (Hg.): Virtues and Reasons. Philippa Foot and Moral Theory. Oxford: Clarendon Press, 149-179.

Mill, J. St., 1988: The Subjection of Women [1869]. Indianapolis: Hackett.

Nagel, Th., 1991: Equality and Partiality. New York/Oxford: Oxford University Press.

Nussbaum, M. C., 1990: Aristotelian Social Democracy. In: *Douglass, R. B./Mara, G./Richardson, H.* (Hg.): Liberalism and the Good. New York: Routledge, 203-252.

Nussbaum, M. C., 1992: Human Functioning and Social Justice. In Defense of Aristotelian Essentialism. In: Political Theory 20, 2, 202-246.

Nussbaum, M. C., 1993: Onora O'Neill: Justice, Gender, and International Boundaries. In: *Nussbaum, M. C./Sen, A.* (Hg.): The Quality of Life. Oxford: Clarendon Press, 324-335.

Nussbaum, M. C., 1995: Aristotle on human nature and the foundations of ethics. In: *Altham, J. E. J./Harrison, R.* (Hg.): World, Mind, and Ethics. Essays on the ethical philosophy of Bernard Williams. Cambridge: Cambridge University Press, 86-131.

Nussbaum, M. C., 1997: Flawed Foundations: The Philosophical Critique of (a Particular Type of) Economics. In: University of Chicago Law Review 64, 1197-1214.

Nussbaum, M. C., 1998: Plato's 'Republic'. The Good Society and the Deformation of Desire. Washington: Library of Congress.

Nussbaum, M. C., 1999: Sex and Social Justice. New York/Oxford: Oxford University Press.

Nussbaum, M. C., 2000: Women and Human Development. The Capabilities Approach. Cambridge: Cambridge University Press.

Nussbaum, M. C., 2006: Frontiers of Justice. Disability, Nationality, Species Membership. Cambridge/London: Harvard University Press.

Otto, H.-U./Seelmeyer, U., 2004: Soziale Arbeit und Gesellschaft. Anstöße zu einer Neuorientierung der Debatte um Normativität und Normalität. In: *Hering, S./Urban, U.* (Hg.): Liebe allein genügt nicht. Historische und systematische Dimensionen der Sozialpädagogik. Opladen: Leske + Budrich, 45-63.

Otto, H.-U./Ziegler, H., 2006: Capabilities and Education. In: Social Work and Society 4, 2, 269-287.

Rawls, J., 1967: Distributive Justice. In: *Laslett, P./Runciman, W. G.* (Hg.): Philosophy, Politics, and Society. Third Series. London: Basil Blackwell, 58-82.

Rawls, J., 1971: A Theory of Justice. Cambridge: Harvard University Press.

Rawls, J., 1993: Political Liberalism. New York: Columbia University Press.

Rousseau, J.-J., 1988: Abhandlung über den Ursprung und die Grundlagen der Ungleichheit unter den Menschen [1755]. In: *Rousseau, J.-J.*: Schriften, Band 1. Frankfurt a. M., 165-302.

Rousseau, J.-J., 1996: Vom Gesellschaftsvertrag oder Grundlagen des politischen Rechts [1762]. Frankfurt a. M.: Insel.

Rousseau, J.-J., 1997: Emile oder Von der Erziehung. Emile und Sophie oder Die Einsamen [1762/80]. Düsseldorf/Zürich: Artemis & Winkler.

Sandven, T., 1999: Autonomy, Adaptation, and Rationality – A Critical Discussion of Jon Elster's Concept of 'Sour Grapes', Part II. In: Philosophy of the Social Sciences 29, 2, 173-205.

Scherer, Ch., 1993: Das menschliche und das gute menschliche Leben. Martha Nussbaum über Essentialismus und menschliche Fähigkeiten. In: Deutsche Zeitschrift für Philosophie 41, 5, 905-920.

Schrödter, M., 2007: Soziale Arbeit als Gerechtigkeitsprofession. Zur Gewährleistung von Verwirklichungschancen. In: Neue Praxis 37, 1, 3-28.

Sen, A., 1977: Rational Fools. A Critique of the Behavioral Foundations of Economic Theory. In: Philosophy and Public Affairs 6, 4, 317-344.

Sen, A., 1980: Equality of What? In: *McMurrin, St. M.* (Hg.): The Tanner Lectures on Human Values 1. Salt Lake City/Cambridge: University of Utah Press, 195-220.

Sen, A., 1987: The Standard of Living. Cambridge: Cambridge University Press.

Sen, A., 1990a: Food and Freedom. In: World Development 17, 6, 769-781.

Sen, A., 1990b: Gender and Cooperative Conflicts. In: *Tinker, I.* (Hg.): Persistent Inequalities. Women and World Development. Oxford: Oxford University Press, 123-149.

Sen, A., 1992: Inequality Reexamined. New York/Cambridge: Oxford University Press.

Sen, A., 1999: Development as Freedom. New York: Oxford University Press.

Sen, A., 2004: Capabilities, Lists, and Public Reason: Continuing the Conversation. In: Feminist Economics 10, 3, 77-80.

Stettner, U., 2007: Kann Helfen unmoralisch sein? Der Paternalismus als ethisches Problem in der sozialen Arbeit, seine Begründung und Rechtfertigung. Graz: Grazer Universitäts Verlag.

Sturma, D., 2000: Universalismus und Neoaristotelismus. Amartya Sen und Martha C. Nussbaum über Ethik und soziale Gerechtigkeit. In: *Kersting, W.* (Hg.): Politische Philosophie des Sozialstaats. Weilerswist: Velbrück, 257-292.

Sturma, D., 2001: Jean-Jacques Rousseau. München: C.H. Beck.

Taylor, Ch., 1985a: What is human agency? In: *Taylor, Ch.*: Human Agency and Language. Philosophical Papers 1. Cambridge: Cambridge University Press, 15-44.

Taylor, Ch., 1985b: What's wrong with negative liberty. In: *Taylor, Ch.*: Philosophy and the Human Sciences. Philosophical Papers 2. Cambridge: Cambridge University Press, 211-229.

Teschl, M./Comim, F., 2005: Adaptive Preferences and Capabilities: Some Preliminary Conceptual Explorations. In: Review of Social Economy 63, 2, 229-247.

Unterhalter, E., 2005: Fragmented frameworks? Researching women, gender, education, and development. In: *Aikman, S./Unterhalter, E.* (Hg.): Beyond Access. Transforming Policy and Practice for Gender Equality in Education. London: Oxfam Publishing, 15-35.

VanDeVeer, D., 1980: Autonomy Respecting Paternalism. In: Social Theory and Practice 6, 2, 187-207.

Walker, J. D., 1995: Liberalism, Consent, and the Problem of Adaptive Preferences. In: Social Theory and Practice 21, 3, 457-471.

Winkler, M., 2006: Kritik der Pädagogik. Der Sinn der Erziehung. Stuttgart: Kohlhammer.

Melanie Walker

The capability approach as a framework for reimagining education and justice

Introduction

As teachers in universities and elsewhere, we need to better understand valuable learning achievements under contemporary conditions of education, and have frameworks for reflexively examining systemic, individual and daily practices Of course education alone cannot change society but it can contribute to improving people's lives, to generating debates for alternative discourses and practices, and as a vital part of an egalitarian agenda. Education affects our continuing journey through adult life and having a full life. Having the opportunity for education and the development of an education capability expands human freedoms to be and do what we value. It matters therefore what it is that students are learning, and what they are learning to be and to do in school.s colleges and universities.

Whatever research agenda we pursue in education we will have to take account of the context of contemporary times. These include the impact of globalization and new knowledge economies which are placing new demands on education and for higher education in particular, have placed it in a central and expanded role but perhaps not quite in the way higher education might want (Kwiek 2002). Above all, neo-liberal discourse normalizes the idea that problems are best addressed by the market, that welfare provision should be reduced, and that the state should be minimal. Economic rationality and corporate practices and values are promoted for the public sector. In education this means cost efficiency, standardized testing and marketable skills.

But we also need to bear in mind that there is always space for critical work and possibility; the point is to identify and occupy such spaces to make something different and better. Gadamer reminds us that freedom is not guaranteed to us, "if we do, not know how to use the small space of freedom which has been left to us" (Gadamer 1986: 52). We need here to keep in mind that what we do in the present in education has a pivotal role to play in future development. This is why it is important now to produce conditions of possibility aligned with a human development approach, which values each and every person and understands human development to involve being able to choose and lead a life one values (Deneulin 2006). We must then ask whether the capability approach provides a richer language for national and local contexts to speak back to market capture of education, including professional education in education, health and social care. How might we reimagine our schools, colleges and universities if we were to make capabilities central?

I want to argue that the capability approach is especially relevant to education and to struggles for equality and social justice in and through education. Education for Sen (1992, Dreze/Sen 1999) and Nussbaum (1997, 2006a) is not just for human capital and economic productivity, but has instrumental, intrinsic and social value. Crucially, each person is a "source of agency and worth in their own right, with their own plans to make and their own lives to live" (Nussbaum 2000: 58). Following the capability approach, this would require equality of capability for diverse students and not just those whose family and socio-economic backgrounds and cultural capital are taken for granted in education. Furthermore, it shifts the focus from quantifiable input-output measures and test scores, and refocuses the purpose of education as "the development of the student's powers" (MacIntyre/Dunne 2002: 3). It is interesting to note that Brighouse (2004) argues that the logic of the capability approach is in a direction against free markets, and would require extensive redistribution of wealth from the rich to the poor and from rich countries to poor countries. Thus we could argue that the capability approach tends to a global ethics of justice.

Salais (2004) in his research project on *Europe and the politics of capabilities,* which investigated contested visions of employability and employment for Social Europe, puts the case well when he says that "the true question for social policies is thus to struggle again inequality in capabilities and to open for all an effective freedom, that is a widening of the possibilities she has the capability to achieve in her work and in her life" (1) He argues that in this way we might reconcile economic efficiency with social justice, rather than seeing them as in conflict. Salais advocates public action which is ethical and practical, and not solely political and strategic so that interventions such as education effectively improve people's lives. The struggle then is for equality of capabilities.

The capability approach is a framework for social justice in education which is both material and cultural and which includes three elements (Fraser 1998): (i) redistribution of resources of varying kinds, (ii) the recognition and valuing of diverse identities, and (iii) equal participation. The idea is to try and work along all three axes simultaneously so that struggles for greater social class justice do not work to exclude struggles for greater justice for immigrant communities, and where struggles for both need to be reflected in curriculum, pedagogy, leaning achievements and participation. It is similar to Baker et al.'s (2004) conceptualisation of equality in society as equality of condition which involves thick opportunities "enabling and empowering people to exercise what might be described as real choices among real conditions" (34). Such opportunities occur along five connected dimensions: equal respect and recognition, equality of resources, equality of love care and solidarity, equality of power, and working and learning as equals. Taken together, equality of condition is seen to challenge structures in contemporary societies. What capabilities adds is the question of how such dimensions of equality work themselves out in individual lives. What equality of condition adds is closer attention to processes of education missing in the capability approach. This latter approach addresses the issue of economically generated inequalities but looks in more detail at how institutions translate economic inequalities into educational inequalities through selection and admission processes, through grouping and tracking of different students, and through curriculum and assessment which is biased towards middle class cultural and linguistic codes. Moreover, Baker et al (2004) are much clearer on the need for equality of power within education processes and decision-making, and have important things to say about emotions in the education and learning process.

Capabilities: rationality *and* freedom

I present the case now for a capability based approach (Sen 1992, 1999a; Nussbaum 2000) – beings and doings we have reason to value – in education. The approach was first elaborated by Amartya Sen. Influential as a Nobel prize-winning economist, a political philosopher, and a key contributor to identifying, detailing and campaigning against forms of global inequality, a major theme in his work is how to evaluate human wellbeing. His ideas on evaluation, equality, freedom and rights stand at the centre of the capability approach, which rests on a critique of other approaches to thinking about human wellbeing in welfare economics and political philosophy which are concerned with commodities, expressed preferences or utility in relation to standard of living, and justice as fairness. Sen's capability approach sought to answer the question regarding what kind of comparisons could be made regarding quality of life between people and what kind of information could provide for those comparisons. His response was to look at the space between resources and achievements, the space of capabilities. In summary key aspects are:

- ▶ A framework for equality in education
- ▶ Equality and the just design of educational institutions should be evaluated in the space of capabilities
- ▶ Capabilities comprise the real and actual freedoms people have to do and be what they value being and doing
- ▶ Valuable beings and doings (functionings) are constitutive of our well being
- ▶ Capabilities are the real opportunities we have to achieve such functionings

Put simply, the capability approach is freedom-focused. Development then consists in "expanding the real freedoms that people enjoy" (Sen 1999a: 1) through "the removal of various types of unfreedoms that leave people with little choice and little opportunity of exercising their reasoned agency" (Sen

1999a: xii). Educational development in such terms involves more than access to resources or growth in GDP; it means the expansion of human capability, "the freedoms they [students] actually enjoy to choose the lives that they have reason to value" (Sen 1992: 81). People should be able to make choices from a range of genuine and equally significant options that matter to them for a valuable life. Progress in education would then have to be in terms of whether the freedoms that people have are enhanced.

Freedom is, for Sen, fundamental to the quality of human life and our well being. Sen focuses on what people are actually able to be and do, personally and in comparison to others, and on the self-determination of their ends and values in life to generate reflective, informed choices of ways of living that each person deems important and valuable. Put simply, the capability approach asks us to evaluate well being in terms of what people value being and doing, and to work to increase their freedom to be in those ways or to do those things. Educational development from the perspective of capabilities would therefore be understood as endorsing the human development approach which values each and very person and takes human development.

The focus is on each person as of moral worth but the ideas are not individualistic. There are close connections between adequate social opportunities and how individuals can shape their own lives and help each other (Sen 1999a). Sen (1999a) is clear that individual freedom "is quintessentially a social product" so that there is always a dialectical relationship between social arrangements to expand individual freedom, how we use our individual freedom to improve the lives of others and instrumentally make social arrangements more effective. Thus, ideally, individual freedom works to advance freedoms in society, including political arrangements.

A capability is a potential functioning – what one actually manages to achieve or do which one values. In professional education, for example, functionings might include taking part in discussions with peers, thinking critically about society, being knowledgeable, having an ethical disposition, having good friendships, and so on. This distinction between capability and functioning is important because it asks us to look beneath outcomes to consider what freedom a person had to choose and achieve valued functioning.

For example, two students might get the same result – a C grade – in a school-leaving English examination, but this need not necessarily mean that their opportunities to achieve that result were the same. It may be that in one case a middle class student attended a good secondary school, with well qualified teachers, good educational resources, and so on but she was more interested in drama than history and spent her time in the school's drama club with a view to an acting career. In the second case a working class student attended an inner city school where learning conditions were difficult and teachers not supportive of her aspirations to study at university. She struggled through and managed a C but this was not good enough to win her a university place which she needed to become a teacher. Yet both students achieved the same grade so we could say that this example demonstrates equality.

Policy makers may well rest the case for equality at this point. On the surface, if we look only at functioning we might agree – the outcome seems equal. But the capability approach requires that we look beneath this outcome at the real freedom or opportunities each student had to achieve what she valued. Our evaluation of equality must then take account of freedom in opportunities as much as observed choices. In the case of the first student there is no inequality; she had both rationality and freedom in her choices. In the case of the second student there is inequality because she had rationality but not freedom.

In the capability approach, *both* rationality *and* freedom are fundamental to choosing and making a valuable life (Sen 2002). For Sen it is not so much the achieved functionings that matter, as the real opportunities (freedoms) that one has to achieve those functionings. It is then up to the individual what they do with their freedoms. At the same time, as Fleurbaey (2006) has recently pointed out, Sen does not advocate a pure theory of opportunities which does not also take account of achievements. Rather his concern is that a focus only on achievements may miss the freedom dimension of such achievements.

In education, however, both capability and functioning would be important. For example it would not be enough for a student to value the capability for voice but be prevented from exercising her voice in education learning contexts through particular power relations. We need as teachers to know for example if a student is afraid to speak, or choosing silence because she is confident to speak but wants to reflect on these ideas first. Therefore we need to observe the functionings of students as a proxy for their capabilities. If girls do not have equal capability to speak then we will need to adjust gendered institutional and social arrangements. If we think in professional education that it matters that our students develop an ethic of care for the vulnerable in society, then in practice settings we would want to observe them functioning in this way. In education functionings would be proxies for valued capabilities.

Central to the capability approach is human agency- people are not seen as passive spectators in the development process. This is highly relevant in contemporary times. In the capability approach there is a rich understanding of agency to mean that each person is a dignified and responsible human being who shapes her or his own life in the light of goals that matter, rather than simply being passively shaped or instructed how to think. These goals might not necessarily make an individual happier or more comfortable, but they are reached through reasoned reflection. For example, a person might choose to work for a voluntary organization offering medical care in a war zone, rather than working in a peaceful suburban medical practice. They demonstrate agency in choosing between equally valued options but may compromise their well being working in a zone of danger.

But it is still agency that deserves our attention in the way it enables us to imagine and act towards new ways of being that we value. For Sen (1999a), to be actively involved in shaping one's own life and having opportunities to reflect on this is critical for positive social change. Agency is intrinsically important for individual freedom, he argues, but also instrumental for collective action and democratic participation .We exercise our agency individually and in co-operation with others, and through education opportunities and appropriate processes we might learn to do both. Agency is also a key dimension of human well being, as Alkire (2002) argues, and further able to expand or advance our well being in ways which we deem worthwhile.

Sen and Nussbaum's ideas on education

For Sen as an economist and Nussbaum as a philosopher, education is regarded as one of the most important capabilities, foundational to all others. Thus Nussbaum writes that "Education is a key to all human capabilities" (2006b: 322). Unlike Sen, Nussbaum (1997, 2006a) does consider capabilities in relation to higher education and to girls and women's education, although it can be argued that she makes bold claims for education as empowerment, without considering how precisely in its everyday practical and symbolic details education might have both normalising and equity producing effects.

I turn first to elaborating Sen's (1999a) view of education in the capability approach. Arguably, he has a 'thick' view of what education can do, having instrumental and intrinsic value, and transformative potential. For Sen one can have an improved human life without having to justify this by showing that a person with a better life is also a better producer. Education is of intrinsic importance in that being educated is a valuable achievement in itself, for its own sake. Having education affects the development and expansion of other capabilities so that an education capability expands human freedoms, that is being able to choose to be and do what we value.

We might then map valuable capabilities against these dimensions. If a dimension is wholly missing in what students said they valued we might want to think about which capabilities are missing and should be added in. Arguably a rich elaboration of these dimensions ought to offer a normative account of education which is transformative.

We might also briefly consider Nussbaum's work on liberal higher education and on women and development. She (1997) has produced a detailed account of liberal education in the USA, taking us onto diverse university campuses and into classrooms in different subject areas. She establishes three central capabilities for liberal higher education for the cultivation of humanity: critical self-examination, the ideal of the world citizen, and the development of the narrative imagination. The first is a capability for critical examination of oneself and

Intrinsic	Having education is a valuable achievement in itself, for effective freedoms.
Instrumental personal	Education helps a person to do many other things that are also valuable such as getting a job, it enhances freedom to achieve a range of valued functionings that may follow from earning an income.
Instrumental social	Education facilitates public discussion and informed collective demands; it fosters interpersonal effects in opening up opportunities for others (family and children), and contributions to public and democratic life
Instrumental process	Access to education broadens one's horizons and encourages tolerance by bringing one into contact with people different from oneself.
Empowerment and distributive	Disadvantaged groups can increase their ability to resist inequalities and get a fairer deal in and through education

Figure 1: A multi-dimensional typology of the uses of education (Dreze/Sen 1999). Also see Robeyns, 2006

one's traditions, the 'examined life', which requires a critical perspective on our beliefs, traditions and habits, reasoning logically and testing ideas for consistency, correctness and accuracy of judgement as a democratic citizen. Secondly, Nussbaum argues, we need to develop the ability to see ourselves not only as belonging to a local community, but also as bound to all other human beings "by ties of recognition and concern in a global world" (10). Thirdly, is the cultivation of a 'narrative imagination', by which Nussbaum means the ability to think what it might be like to be in the place of a person different from oneself, to read such people's stories intelligently, and to understand the emotions and desires that someone so placed might have. More recently she has written more explicitly about education and democratic citizen ship (2002, 2006a) and linked capabilities and quality education. Her three-part model to develop young people's (especially girls and young women) capabilities through education is substantially similar to that outlined in *Cultivating Humanity:* critical thinking, world citizenship, and imaginative understanding

Crucially capabilities are multi-dimensional and this is a barrier to easy domestication of the capability approach and capability pedagogies – all capabilities we select would matter and each would be constitutive of other capabilities on the list. Moreover, research suggests that multiple indicators create sophisticated images of change, which are more convincing than single scales of failure or success (Hargreaves 2003). Selected capabilities would shape and inform conditions, practices and the evaluation of outcomes in education so that we know whether, how and to what extent we are moving towards equality for all students.

The richness and relevance of capabilities has been taken up by Robeyns (2006) in which her three models for education: human capital, rights and capabilities. Under current public policy there is an emphasis on the connections between education and economic policy, above any other goods of education. This is most apparent in the UK but also widespread elsewhere. The danger is that privileging employability above the intrinsic goods of education is to reduce individuals to economic units, and to equate material property with well-being and having a good life, even though we increasingly know that this link between satisfaction and well being has broken down in the case of developed countries (Rutherford 2006). In a human capital model of education, education is *only* instrumentally important for enabling economic opportunities and increased productivity. Human capital cannot, as Robeyns explains, account for any non economic goods from education, such as someone wanting to learn poetry for its own sake.

A rights based model of education, she argues, is helpful strategically in that rights can provide important levers for changing policies. The difficulty is that there may be no way beyond legislation to secure such rights to people. Thus rights as a moral issue are rather harder to implement and social change comes to an end when rights become legislation. For example, the right to non-discrimination on the grounds of race, sex or religion needs to translate into actual practices where people are treated equally so that differences do not become relational disadvantages.

For Robeyns the capability approach is the most appropriate model of education because it pays attention to the instrumental and the intrinsic and to actually securing rights to people. Thus Bernstein (2000) has described three central pedagogic rights – the right to confidence, the right to inclusion, and the right to participation. A capabilities approach would work to secure these rights to all children and students. Moreover, the capability approach integrates a focus on redistribution of material goods and the recognition and valuing of diversity as part of the social arrangements for securing equality of capabilities. How capabilities are distributed through formal education and to whom, and how this maps over structures of race, gender, class able-bodiedness, religion, and so on is then a matter of social justice in education.

We can see from the above discussion that in many ways Sen and Nussbaum offer a thick account of education as a complex human good with both intrinsic and instrumental value. Thus policy which constructed education as primarily or only for economic growth and productivity would need to be challenged for its effects on compromising student learning and narrowing human potentials.

Some limits to the capability approach in and for education

But Sen and Nussbaum are nonetheless somewhat thinner on processes of education and learning and how these might not be an unqualified good for all (Unterhalter 2001). We know that many people have very bad experiences of learning at school or university and the impact of this is very often lifelong (see for example Gallacher *et al.* 2002). Nussbaum is of more practical help here, with her list of three education capabilities and her ten, central and universal human capabilities which she argues are fundamental to a life of human dignity. We can see that some at least of these capabilities would be of relevance to an education list: Life, Bodily Health, Bodily Integrity, Senses, imagination and thought, Emotions, Practical Reason, Affiliation, Other Species, Play, Control over one's environment (2000: 78-80). While she argues that all ten capabilities count, and none can be left out for a fully human life, 'practical reason' and 'affiliation' are taken to architectonic. Practical reason she describes as, "Being able to form a conception of the good and to engage in critical reflection about planning one's life" (2000: 79). Affiliation includes social relations, respect and equal valuing of difference, compassion, friendship and, "being able to be treated as a dignified being whose worth is equal to that of others" (2000: 79). These two capabilities alone would be a demanding basis for evaluating quality of life, agency and well being in and through education.

Nonetheless Sen and Nussbaum miss that education can be a source of symbolic violence and exclusion (Bourdieu/Passeron 1977) as much as of empowerment and inclusion. Furthermore, because education assumes a changed human being – critical awareness, imagination and human creativity – it is value-laden. Some ways of educating will be taken to be better than others. As McLaughlin (2003) emphasises the notion of value-free education is illogical in that the very idea of education involves value. Saito (2003) in her exploration of the capability approach and education further underlines that education which expands capabilities should also be an education which teaches values in exercising such capabilities, with the idea that freedom is well rather than badly used. "We want", Saito (2003: 29) argues, "to develop the judgment of the person to be able to value in which way it is appropriate to use capabilities through education". For example, Saito writes, we may want a student to become a mathematician or an artist but not a drug addict or a murderer. We want to educate doctors to heal not to harm (and we can regrettably come up with many examples of the latter). Through education we would try to teach values that make the former choices more valued than the latter.

Education is inescapably moral. While we cannot guarantee the life choices students will make beyond formal education, education ought to make it at least possible for students to act on the future differently and to renew our common world. As Arendt (1977: 192) writes "The problem is simply to educate in such a way that a setting-right [of the world] remains actually possible, even though of course, it can never be assured." We ought to provide the conditions – 'educate in such a way' – that educational development that supports human development is enabled.

Because education is value saturated, it is hard to see how or if the capability approach should remain completely neutral about all competing conceptions of education. For example, apartheid education in South Africa embodied a version of the good life grounded in segregation of black and white and gross inequalities. It involved the power of the few to impose this version of the good life on the many, and power relations and practices inside education which supported this version. One could develop similar examples of education which involves a version of the good life in which girls and women or disabled people are denied full human flourishing on account of their gender or disability. The key issues here is that to count as *education*, processes and outcomes ought to enhance freedom, agency and wellbeing by "making one's life richer with the opportunity of reflective choice" for a life of "genuine choices with serious options" (Sen 1992: 41), and enhancing "the ability of people to help themselves and to influence the world" (Sen 1999a: 18). We might argue that education fundamentally involves what is needed for each person to function as a full and participating member of a modern democracy society (Anderson 1999). Following Nussbaum (2006a: 182), core education capabilities might then be agreed "by reasonable citizens to be important prerequisites of reasonable conceptions of human flourishing".

We might even need to specify core elements which have value independently of having been chosen or pursued by diverse students. We cannot overlook that people adapt their (subjective) preferences, according to what they think is possible for them; choices are deeply shaped by the structure of opportunities available to people. We adjust our hopes to our probabilities, even if these are not in our best interests. As Nussbaum (1998) asks, have we dealt with marginalised or excluded students more justly when we allow them their apparent freedom to choose in accordance with the conception of the good they have come to hold? Moreover, there is the matter of power. Those in a position of privilege may also not see or may choose not to recognise how their own privilege advantages them. In relation to gender, Connell (2002) has described this as the patriarchal dividend. We must then ask how does a marginalised individual or group participate in selecting capabilities as outcomes for education when they have been conditioned to believe that others are superior to them, or when they might resist such ideas but educational conditions and the design of institutions do not enable their voices? We might also wish through education and just pedagogies to resist neo-liberal consumerist values even though our students claim these as their subjective preferences. Thus Mella asks to what extent is what people value "linked to the macdonaldization of the world" (2006: 9). We might wish to design education and education processes to resist this view of the world, even if all our students say consumerism and political alienation is good.

While Sen is right to argue that there is a real social justice need for people to be able to take part in social decisions if they so choose, for education we need to say that not everything counts as education or learning. Capabilities in education would not be random in their selection but shaped by what it means to be human and to flourish, and to have a right to such flourishing. We could argue, following Anderson (1999) that education should minimally be constituted of the following:

- To be a critical agent in one's life
- To be able to form a conception of the good
- To participate in civil society
- To participate in the economy
- To have equal, democratic citizenship

For example, if we value democratic political deliberation in our society, then schools and universities have a responsibility to foster the values and capabilities that support democratic life.

If take justice as a central criterion for education we would have to work to secure to all students a level of capability to do all these things, especially as contemporary education is implicated in reproducing the inequalities of origins and destinies with regard to social class, race, gender, and so on.

Sen, notwithstanding his concern for public participation, does not hold a relativist position that any kind of education agreed by a family or a community will do. For example, he has recently argued that faith schools constrain reasoned identity choices and agency because "young children are placed in the domain of singular affiliations well before they have the ability to reason about different systems of identification that may compete for their attention" (2006: 9). Sen (1999b) has argued that the identity we are born into need not be the identity we choose. But to have other choices we need to know about other ways of life and an education which fosters and promotes autonomy would then be needed (even if as adults we decided, rationally, to choose a non-autonomous life). Thus we could argue that is no distortion of Sen's democratic concerns to say that we cannot leave the matter of capabilities – in the specific case of education – entirely open. Moreover, in contexts where students arrive in education with unequal amounts of cultural capital, and with uneven advantages regarding their valued social capital, we need to be careful in advocating an entirely open-ended approach in which democratic debate will theoretically allow the best argument to prevail. In practice, the more powerful will be heard. Of course how we do this without being paternalistic and reducing people's agency, or pronouncing loftily on desirable preferences, is tricky and awkward but this is no reason not to attempt it.

Education capability lists should of course still be generated through a participative process. Theoretical lists can offer a way into the debate, not its outcome, just as good teaching uses resources in the classroom for critical thinking and learning. Sen (2004) reminds us that reasoned public discussion is central to democracy and we should seek opportunities for such discussion which includes all the members of a particular educational community. He further reminds us democracy and political freedom (to participate) are valuable in that "they also have a direct contribution to public policy ... by bringing failures of social policy under public scrutiny" (64). It is to remind us that we develop the capability for democratic citizenship and democratic life by doing democracy – and both classrooms and the formation of education policy ought to be an arenas for such learning.

To use an analogy from pedagogy, Paolo Freire (1972) highlights the importance of how knowledge is mediated by teachers when he criticises what he describes as 'banking education' in which a teacher deposits knowledge into the blank and empty vessels of his or her passive students. This might be a canonical, fixed list of capabilities. Freire argues that knowledge instead should be a process of active inquiry: "Knowledge emerges only through invention and reinvention, through the restless, impatient, continuing, hopeful inquiry men [sic] pursue in the world, with the world and with each other" (1972: 58). For Freire, a truly learning process is transformative, engaged, critical, curious. This might be the process of public debate about valuable education capabilities. A key challenge for the capability approach would be to design and evaluate an aspect of public education in terms of capabilities and functionings as such a participative process, not least in addressing differences in the power to speak (see Young 2000).

Is the capability approach too ambitious?

Nussbaum (2000) suggests a 'threshold' level in valuable capabilities. But what might we mean by 'threshold' in education where basic needs at least in developed countries can to be assumed to have already been met? Here I draw particularly on Synpowich (2005) in her conceptualisation of cosmopolitanism and human flourishing. It is not my intention to explore perspectives on cosmopolitanism (but see Brock/Brighouse 2005), but rather to focus on how cultural (including educational) practices "affect human flourishing" (Synpowich 2005: 55) as a matter of human equality. Crucially, Synpowich (2005: 64) argues that even though we may not be able to equalize flourishing "we must attend to the levels of flourishing of individuals to determine whether shortfalls in flourishing are the result of conditions that can and ought to be improved by public policy". More than this she suggests that "we should have a demanding set of expectations as well as imaginative preparedness to see the environmental roots of deficits in well being". While Sen and Nussbaum emphasise capability rather than functioning, Synpowich suggests that it is not just potential (capability) but its actualization (functioning) that counts as flourishing. Flourishing and its social conditions must be connected, and social (educational) conditions must be designed with the former in mind. The former will then help regulate the latter. She is not persuaded by the argument for jettisoning functioning (not exercising a potential but one could if one so wished); she rejects this 'modest' approach because it turns away from the matter of how people actually live, of their actual achievements.

As to the argument that this embodies an unduly 'athletic' perspective, athleticism in her view is an integral aspect of a full account of human flourishing. She calls for a "radical and ambitious conception of what it is we are seeking to equalize in the form of the conditions for human flourishing" (2005: 73). She argues for a demanding rather than a thin measure of equality. She points out that even if conditions are improved the effects of disadvantage can be long lasting and transmitted across generations. "It is important", she writes, "that we appeal to flourishing itself to ensure that there are not additional measures that might be taken to encourage people to take advantage of conditions that are conducive to flourishing" (2005: 66). For Sypnowich we ought not to reduce egalitarian criteria to the satisfaction of basic needs. As she points out "The ideal of active engagement with the world, creative labour and fellowship, as conceived by socialists such as William Morris are vital aspects of well being even if mere survival does not depend on them" (2005: 67).

Conclusion

If we want to draw on the theoretical framework and ideas offered by the capability approach we will also need to consider how we operationalize these ideas practically in diverse educational settings. We will need to consider what other theories we need, given that the capability approach is thin on the symbolic and discursive aspects of education in concrete settings. This will require empirical research projects in which the actions, voices and perspectives of all those involved in education are both sought and heard. In this way we might develop a 'reflective equilibrium' that moves backwards and forwards between adapting the capability approach theoretically for education, and adjusting the ideas in the light of real life applications.

We would then have a fundamentally reflexive relationship between theory and the educational system that theory is supposed to describe. Our theories from the capability approach would then be connected to something – teaching, pedagogy, knowledge mediation, the implementation of public policy, the local effects of globalizations (Apple 2006). Michael Apple (2006: 681) explains why this relationship between theory and practice is so important: "Theory is best done when it about such things, not when it is waving one reading ... like an iconic talisman floating above the actual struggles both inside and connected to education." It would not be helpful in trying to improve and transform education if our capability theorising were to float free in such a way.

Finally, it is important to acknowledge the genuinely radical ideas for education in the capability approach. Not only its concern with heterogeneity and actual living out of valued lives, but also that it requires *both* redistribution of resources and opportunities *and* recognition and equal valuing of diversity. It integrates distributional, recognitional and process elements of justice. It argues for each and every person having the prospect of a good life, that they have reason to value, by enabling each of us to make genuine choices among alternatives of similar worth, and to be able to act on those choices. Moreover, a particular strength in the capability approach is that, while broadly oriented to justice, through its emphasis on capability (potential to function) it does not prescribe one version of the good life but allows for plurality in choosing lives we have reason to value. The importance of capability over functioning is emphasized – not a paternalistic imposition of a single idea of human flourishing but a range of possibilities and a concern with facilitating valuable choices through reasoning and reflexivity. Above all the capability approach offers a freedoms-focused and equality-oriented approach to practicing and evaluating education and social justice in all education sectors and in diverse social contexts. It speaks back to neo-liberal constructions of educational, social and political life.

References

Alkire, S., 2002: Valuing Freedoms. Sen's Capability Approach and Poverty Reduction. Oxford: Oxford University Press.

Anderson, E., 1999: What is the point of equality? In: Ethics 109: 287-337.

Apple, M., 2006: Review Essay: Rhetoric and reality in critical educational studies in the United States. In: British Journal of Sociology of Education 27, 5: 679-687.

Arendt, H., 1977: Between Past and Future. Harmondsworth: Penguin Books.

Baker, J./Lynch, K./Cantillon, S./Walsh, J., 2004: Equality. From Theory to Action. Houndmills: Palgrave.

Bernstein, B., 2000: Pedagogy, Symbolic Control and Identity. London: Routledge.

Bourdieu, P./Passeron, J-C., 1977: Reproduction in Education, Society and Culture, 2nd ed. London: Sage.

Brighouse, H., 2004: Justice. Cambridge: Polity Press.

Brock, B./Brighouse, H., (eds.) 2005: The Political Philosophy of Cosmopolitanism. Cambridge: Cambridge University Press.

Connell, R., 2002: Gender. Cambridge: Polity Press.

Deneulin, S., 2006: The Capability Approach and the Praxis of Development. Houndmills: Palgrave MacMillan.

Dreze, J./Sen, A., 1999: The Amartya Sen and Jean Dreze Omnibus. Oxford: Oxford University Press.

Fleurbaey, M., 2006: Capabilities, Functionings and Refined Functionings. In: Journal of Human Development 7, 3: 299-310.

Fraser, N., 1998: Social Justice in the Age of Identity Politics: Redistribution, Recognition and Participation. In: *Petersen, G.* (ed.): The Tanner Lectures on Human Values XIX. Salt Lake City: University of Utah Press.

Freire, P., 1972: Pedagogy of the Oppressed. London: Sheed and Ward.

Gadamer, H. G., 1986: The Idea of the University – Yesterday, Today and Tomorrow. In: *Misgeld, D./Nicholson, G.* (eds) 1992: Hans-Georg Gadamer on Education, Poetry and History. New York: SUNY Press.

Gallacher, J./Crossan, B./Field, J./Merrill, B., 2002: Learning careers and the social space. Exploring the fragile identities of adult returners in the new further education. In: International Journal of Lifelong Education 21, 6: 493-509.

Hargreaves, A., 2003: Teaching in the Knowledge Society. Education in an age of insecurity. Maidenhead/Philadelphia: Open University Press.

Kwiek, M., 2002: The social functions of the university in the context of the changing State/Market relations (the global, European Union and accession countries' perspectives). Issue paper for the European Commission, Research Directorates General. High Level Expert Group, STRATA project 'Developing foresight for higher education/research relations developing in the perspective of the European Research Area'. URL: http://www.cpp.amu.edu.pl/kwiek/publications.html. [Accessed 2006-11-30].

MacIntyre, A./Dunne, J., 2002: Alistair MacIntyre on Education: In Dialogue with Joseph Dunne. In: Journal of Philosophy of Education 36, 1: 1-19.

McLaughlin, T., 2003: Values in education. In: *Beck, J./Earl, M.* (eds): Key issues in secondary education. London: Continuum.

Mella, P., 2006: Human Development and Habermas's Critical Theory. In: Maitryee 4: 7-9.

Nussbaum, M., 1997: Cultivating Humanity. A Classical Defence of Reform in Liberal Education. Cambridge, MA: Harvard University Press.

Nussbaum, M., 1998: The Good as Discipline, the Good as Freedom. In: *Crocker, D. A./Linden, T.* (eds): Ethics of Consumption. Lanham: Rowman and Littlefield Publishers.

Nussbaum, M., 2000: Women and Human Development. Cambridge: Cambridge University Press.

Nussbaum, M., 2002: Education For Citizenship In An Era Of Global Connection. In: Studies in Philosophy and Education 21: 289-303.

Nussbaum, M., 2006a: Education and Democratic Citizenship: Capabilities and Quality Education. In: Journal of Human Development 7, 3: 385-398.

Nussbaum, M., 2006b: Frontiers of Justice. Cambridge, MA: Belknap Press.

Robeyns, I., 2006: Three models of education: rights, capabilities and human capital. In: Theory and Research in Education 4, 1: 69-84.

Rutherford, J., 2006: Labour's Lost Love. In: Times Higher Educational Supplement 22, September 2006: 18-19.

Salais, R., 2004: Incorporating the capability approach into social and employment policies. In: *Salais, R./Villeneuve, R.* (eds): Europe and the politics of capabilities. Cambridge: Cambridge University Press.

Saito, M., 2003: Amartya Sen's Capability Approach to Education: A Critical Exploration. In: Journal of Philosophy of Education 37, 1: 17-34.

Sen, A., 1992: Inequality Re-examined. Oxford: Oxford University Press.

Sen, A., 1999a: Development as Freedom. New York: Alfred Knopf.

Sen, A., 1999b: Reason before Identity. Oxford: Oxford University Press.

Sen, A., 2002: Rationality and Freedom. Cambridge, MA: Harvard University Press.

Sen, A., 2004a: Capabilities, Lists and Public Reason: Continuing the Conversation. In: Feminist Economics 10, 3: 77-80.

Sen, A., 2006: What clash of civilizations? Why religious identity isn't destiny. Slate Magazine 2006-06-03. URL: http://www.slate.com/id/2138731/ [Accessed 2006.09.18].

Sypnowich, C., 2005: Cosmopolitans, cosmopolitanism, and human flourishing. In: *Brock, B./Brighouse, H.* (eds): The Political Philosophy of Cosmopolitanism. Cambridge: Cambridge University Press.

Unterhalter, E., 2001: The capabilities approach and gendered education: An examination of South African complexities. Paper presented at the 1st international conference on the Capabilities Approach: Justice and Poverty, Examining Sen's Capability Approach, St Edmunds College, Cambridge September 2001.

Young, I. M., 2000: Inclusion and Democracy. Oxford: Oxford University Press.

Matthias Grundmann

Handlungsbefähigung – eine sozialisationstheoretische Perspektive

Einleitung

In der Capability-Forschung wird Handlungsbefähigung vor allem daran gemessen, was Menschen zu einem selbstständigen Leben befähigt. Gefragt wird z. B. danach, wie deprivierte Bevölkerungsgruppen durch Bildung zu einem Leben in relativem Wohlstand befähigt werden können. Dabei wird Handlungsbefähigung als eine Handlungsressource definiert, die sich im Wissen um Handlungsalternativen und den Möglichkeiten gesellschaftlicher Teilhabe äußert. Sie definiert sich über die Fähigkeit, Wissen und Können für eine „optimale" personale und soziale Wohlfahrtsproduktion einzusetzen (Kuklis 2005). Daher wird auch Bildung eine zentrale Bedeutung für die Bestimmung von Handlungsbefähigung zugeschrieben. Nach Sen (1999) ermöglicht sie eine intelligente Wahl zwischen unterschiedlichen Typen der Lebensführung. Diese humankapitalistische Definition von Handlungsbefähigung stößt an ihre Grenzen, wenn die erfahrungsweltlichen Grundlagen personaler Handlungsbefähigung erkundet werden sollen. In diesem Fall reicht es nämlich nicht aus, Indikatoren wie Bildung und Lebensstandard für die Wohlstandsproduktion und des Wohlbefindens zu bestimmen. Vielmehr gilt es, die Genese personaler Erfahrungen und individuellen Handlungswissens aus den konkreten Lebenszusammenhängen heraus zu rekonstruieren, in denen Menschen eingebunden sind. Auf diese Weise wird die sozialstrukturelle und vor allem auch alltagskulturelle Verankerung von Handlungsbefähigung sichtbar. Der vorliegende Beitrag zielt auf eine solche sozialisationstheoretische Bestimmung von Handlungsbefähigung. Zu diesem Zweck wird die im Capability-Ansatz vorherrschende instrumentelle Herleitung von Handlungsbefähigung sozialisationstheoretisch aufgebrochen. In Anlehnung an die Agency-Forschung (Sewell 1992; Bandura 1995) wird Handlungsbefähigung über das Erleben von Handlungswirksamkeit und Selbstbestimmtheit in konkreten sozialen Handlungsbezügen einer Person bestimmt. Darüber hinaus lässt sich Handlungsbefähigung auch als ein pragmatisches Handlungswissen definieren, dass sich in konkreten Lebenszusammenhängen bildet. Mehr noch: Indem ihre milieuspezifischen, d. h. erfahrungs- und lebensweltlichen Grundlagen berücksichtigt werden, kann Handlungsbefähigung ungleichheitstheoretisch geerdet werden. Es zeigt sich, dass sich Agency- und Capability-Forschung hervorragend ergänzen, indem die personalen und gesellschaftlichen Dimensionen von Handlungsbefähigung systematisch aufeinander bezogen werden können.

Zur sozialisationstheoretischen Bestimmung von Handlungsbefähigung

Im Zentrum der Sozialisationsforschung steht die Frage, wie sich Bedingungen des Aufwachsens auf die individuelle Entwicklung und die Lebenschancen einer Person auswirken. Sie mündet in der Analyse jener Faktoren, die Personen dazu befähigen, ihr Leben selbst in die Hand zu nehmen und ihre Lebensverhältnisse aktiv zu gestalten (Grundmann/Hurrelmann/Walper 2007). Dabei konzentrierte sich die Sozialisationsforschung vor allem auf die Frage, was Heranwachsende befähigt, mit den in ihren Lebenswelten vorherrschenden „Handlungsrationalitäten" und „Handlungsoptionen" umzugehen und selbst gegen die „Widrigkeiten" ihres Lebens eine Persönlichkeit auszubilden, die es ihnen ermöglicht, sich zu entfalten. In diesem Sinne lässt sich auch die Capability-Forschung sozialisationstheoretisch deuten, insofern sie nämlich gesellschaftliche Emanzipationsprozesse thematisiert, über die sich Individuen aus einer kulturellen, politischen oder ökonomisch bedingten Unmündigkeit und Abhängigkeit befreien können (Sen 1999; Nussbaum/Sen 1993; Nussbaum 2000).

Im Gegensatz zum Capability-Ansatz, der sich vor allem auf die Ressourcenausstattung, die Lebenslagen und Lebenschancen sowie die Frage nach dem „guten Leben" konzentriert und Handlungsbefähigung über die Verfügbarkeit und Verwertbarkeit gesellschaftlich wertgeschätzter Ressourcen wie z. B. Bildung ableitet, geht es der Sozialisationsforschung darum, die sozialen Handlungsbezüge herauszuarbeiten, aus denen sich Einsichten in die Möglichkeiten des Machbaren herleiten lassen (Grundmann 2006a). Wir haben es, wenn man so will, mit einem Perspektivenwechsel zu tun. Während der Capability-Ansatz von den strukturfunktionalen Imperativen kapitalistisch organisierter Gesellschaftlichkeit ausgeht und nach den Bedingungen und Möglichkeiten der Wohlfahrtsproduktion und -verteilung fragt, werden in der Sozialisationsforschung die sozialen Konstruktionsprozesse analysiert, aus denen sich Einsichten in die eigenen Handlungsfähigkeiten und Optionen der individuellen Lebensführung ergeben. Aus sozialisationstheoretischer Perspektive steht demnach nicht so sehr die Frage im Zentrum, wie sich die Ressourcenausstattung einer Person auf ihre Wohlfahrt auswirkt, sondern die Frage, wie Individuen ihre Lebensverhältnisse erleben und deuten und welche Handlungs- und Gestaltungsmöglichkeiten sich daraus ergeben.

Die Fruchtbarkeit einer solchen Forschungsperspektive für die Capability-Forschung wird deutlich, wenn wir Handlungsbefähigung über die Erfahrungen bestimmen, die Menschen in ihren sozialen Lebensräumen machen. Dazu ist zunächst die handlungsleitende Bedeutung dieser Erfahrungen zu erläutern.

Handlungsbefähigung wird dann nämlich in Anlehnung an die Agency-Forschung als ein Bündel von Persönlichkeitseigenschaften definiert, die für eine situativ angemessene Einschätzung von Handlungsoptionen vor dem Hintergrund verfügbarer Handlungsressourcen relevant sind (Grundmann 2006b; Dravenau 2006). Diese Persönlichkeitseigenschaften ergeben sich durch die Erfahrungen, etwas „bewirken" zu können und in Situationen angemessen zu agieren.

Handlungsbefähigung und Wirksamkeitserfahrungen

Für eine solche Herleitung von Handlungsbefähigung sprechen sozial- und entwicklungspsychologische Forschungsbefunde über die Bedeutung von Wirksamkeitserfahrungen für die Entwicklung allgemeiner Handlungskompetenz (Flammer 1990). Gefragt wird in der entsprechenden Forschung danach, ob und in welchem Ausmaß eigene Handlungen durch äußere Umstände (z. B. Schicksal, das Zutun anderer) oder Eigeninitiative (Anstrengungen, Motivation) beeinflusst werden können und wie sich diese Einschätzung auf die Leistungsfähigkeit auswirkt. Handlungsbefähigung meint in diesem Sinne die Einsicht in die Fähigkeit, sein Leben selbstständig zu meistern. Sie wird als allgemeine Handlungskompetenz bestimmt.

Einen wesentlichen Ausdruck findet die Handlungsbefähigung im strategischen Vorausschauen, in der Planung zukünftiger schulischer, beruflicher sowie privater Handlungsoptionen. Das kann mitunter zu sehr schmerzhaften Erfahrungen von Handlungsohnmacht, aber ebenso mit ausgeprägten Wirksamkeitserfahrungen einhergehen. Dies hängt wiederum von mehreren Faktoren ab. Zunächst lässt sich zeigen, dass Kinder, die aufgrund verfügbarer Ressourcen viele Alternativen erproben können, sich in der Regel als handlungswirksamer erleben als Kinder, die in ihren Handlungsspielräumen (sei es durch die Bedingungen des Aufwachsens zu Hause oder durch persönliche Handicaps) eingeschränkt sind (Flammer 1995). Das ist relativ trivial, wird aber vor dem Hintergrund variierender Erfahrungen der eigenen Handlungsmächtigkeit in unterschiedlichen Lebensbereichen (z. B. zu Hause, im sozialen Nahraum, auf dem Spielplatz etc.) und den in institutionellen Kontexten, insbesondere der Schule, aber auch in Sportvereinen geforderten formalen Bewertungskriterien für Handlungserfolg zu einem entscheidenden Entwicklungsfaktor. Denn die zunächst lediglich als unterschiedlich bewerteten Ressourcen der Wirksamkeitserfahrung werden von den Betroffenen und ihren Bezugspersonen als persönliches Defizit oder aber als besondere Leistung definiert. Bandura (1995) weist dementsprechend darauf hin, dass die Einschätzung der personalen Handlungsbefähigung (agency) von solchen Erfolgs- und Misserfolgserfahrungen abhängt. Darüber hinaus spielen soziale Überzeugungen der Handlungsmächtigkeit einer Person eine entscheidende Rolle. Sportlich aussehenden Heranwachsenden wird eher eine sportliche Höchstleistung zugetraut als schwachen. Ähnlich verhält es sich mit den Zuschreibungen geschlechtsspezifischer Handlungswirksamkeit: Männern werden andere Handlungswirksamkeiten zugeschrieben als Frauen. Schließlich tragen aber auch stellvertretende Erfahrungen von Bezugspersonen – also die Übertragung von Leistungsmerkmalen – zur Einschätzung der Handlungsbefähigung bei. Kindern aus bildungsnahen Herkunftsmilieus wird z. B. ein gewisses kulturelles Hintergrundwissen und entsprechendes Können (z. B. Klavierspielen) unterstellt, während Heranwachsenden aus bildungsfernen Milieus seltener zugetraut wird, dass sie sich für klassische Musik interessieren, geschweige denn ein entsprechendes Instrument beherrschen. Solche Zuschreibungen von Handlungsbefähigungen beeinflussen schließlich auch, wie sehr sich die Betroffenen für eigene Belange und die Realisierung ihrer Ziele einsetzen oder frühzeitig verzagen.

Die Erfahrung der eigenen Handlungswirksamkeit und die Anerkennung der eigenen Leistungsfähigkeit hängen demnach in hohem Maße davon ab, wie das eigene Handeln bewertet wird. Daher sind auch primäre Bezugspersonen, Peers und Nachbarn, also Personen im sozialen Nahraum, entscheidende Impulsgeber dafür, ob und in welchem Maße sich Personen als handlungswirksam erfahren. Wie auch immer die Umstände sein mögen, die Betroffenen erfahren sich als handlungswirksam, weil sie vor Ort und vor den Augen ihrer Bezugsgruppe belegen, wie sie den eigenen Ansprüchen und den Erwartungen ihrer Bezugspersonen genügen können. Daraus aber folgt, dass die Einschätzung der eigenen Handlungswirksamkeit von den Sozialbeziehungen und sozialen Kontexten abhängt, in die Personen eingebunden sind. Im Kontext der Familie ist die Erfahrung von Handlungswirksamkeit an das Maß der Reziprozität in der Partnerbeziehung bzw. den Eltern-Kind Beziehungen gebunden (wer wirkt wie auf wen?), in der Gleichaltrigenbeziehung an die Möglichkeiten der ko-konstruktiven Gestaltung einer Beziehung unter Gleichen (wer trägt was zum Gelingen der gemeinsamen Interaktion bei?) und im Leistungskontext der Schule an der Fähigkeit, den Leistungserwartungen zu entsprechen (kann ich leisten, was von mir als Schüler verlangt wird?). In allen Fällen sind die Beziehungen durch die Einschätzung des Handelnkönnens vor dem Hintergrund spezifischer – meist normativer – Erwartungshaltungen geprägt.

Solche lebensbereichsspezifischen Erfahrungen von Handlungswirksamkeit zeigen zunächst, dass sich Handlungsbefähigung nicht ohne weiteres generalisieren lässt. Das, was in der Familie Anerkennung findet und wirksam ist, kann im Freundeskreis als Mangel erfahren werden. Ähnliches gilt für die Wertschätzung spezifischer Handlungen z. B. in unterschiedlichen Kulturkreisen und Milieus. Nicht in allen Kulturkreisen und sozialen Milieus wird z. B. Selbstbestimmtheit als Zeichen von Handlungswirksamkeit, sondern von Konformität, Anpassung und Rücksichtnahme wertgeschätzt (vgl. Oerter 1999). Das aber bedeutet, dass die Erfahrung der Handlungswirksamkeit und die Einschätzung der personalen Handlungsbefähigung sozial konstruiert sind, also in und durch soziale Beziehungen entstehen. Daraus folgt, dass Erfahrungen der eigenen Handlungsmächtigkeit von den Bedeutungen abhängen, die spezifischen Fähigkeiten in sozialen Kontexten zugeschrieben werden. Dies ist für die Bestimmung von Handlungsbefähigung und ihrer Bedeutung für die individuelle Lebensführung wichtig, weil damit Generalisierungen vorgebeugt bzw. diese hinterfragt werden können, die sowohl in der Capability- als auch der Agency-Forschung vorgenommen werden. So neigt die Capability- Forschung dazu, Deprivierten spezifische Handlungsbefähigungen abzusprechen, weil sie eben nicht über jene Ressourcen verfügen, die ihnen die freie Wahl von Handlungsoptionen erlauben. In der Agency-Forchung zeigt sich schließlich, dass deprivierte und bildungsarme Bevölkerungsgruppen sich deutlich seltener als handlungswirksam einschätzen und erleben, als die Etablierten und Gut-Situierten. Tatsächlich mangelt es den Deprivierten und Bildungsarmen an entsprechenden Wirksamkeitserfahrungen und auch ihre Handlungsressourcen versperren ihnen faktisch jene gesellschaftliche Partizipation und „freie Wahl", die den Etablierten eigen ist. Gleichwohl verfügen sie über Handlungsbefähigungen, die ihren Lebensverhältnissen und Lebenserfahrungen angemessen sind. Allerdings äußern sich diese Handlungsbefähigungen eher in der Fähigkeit, mit restriktiven Lebensverhältnissen, mit Deprivationen und Diskriminierungen umzugehen, die ihnen durch das „Establishment" zugefügt und durch die standardisierten Bewertungen von Leistungsfähigkeit und Partizipation vermittelt werden. Dass diese Zuschreibungen den faktischen Handlungsbefähigungen der Betroffenen nicht gerecht werden, belegen die enormen Solidarleistungen, die die sozialen Netzwerkbeziehungen und die Unsicherheitsbewältigungskompetenzen, die deprivierte und marginalisierte Bevölkerungsgruppen ausbilden. Auch diese führen zur Erfahrung relativer Handlungsmächtigkeit, z. B. durch die Erfahrung wechselseitiger Unterstützung und Hilfeleistungen (Elder 1974, 1994). Allerdings kann das nicht darüber hinwegtäuschen, dass die Kumulation von Restriktionen und Ohnmachtserfahrungen die Optionen einer selbstbestimmten Lebensführung und die Möglichkeiten gesellschaftlicher Partizipation massiv beeinträchtigen. Wie wir aus der Deprivationsforschung wissen, können Lebensumstände das Handeln so weit hemmen, dass selbst trotz besseren Wissens in Situation nicht angemessen gehandelt werden kann. Damit zusammen hängt die Einschätzung der Selbstbestimmtheit und letztlich der Gestaltungsmöglichkeit eigener Lebensverhältnisse. Und viele Lebensumstände sind mit der Erfahrung verbunden, eben nicht selbständig handeln zu können. Bereits die frühen Studien über schichtspezifische Berufserfahrungen und Sozialisationspraxen (Kohn 1959, 1969) haben nachgewiesen, dass prekäre und restriktive Lebensbedingungen mit einer fatalistischen, als weitgehend fremdbestimmten Lebenshaltung und einer konventionellen Handlungsorientierung korrespondieren. Die Studien belegen, dass die Erfahrung von Handlungswirksamkeit massiv durch die tatsächlich verfügbaren Handlungsressourcen und Handlungsoptionen bestimmt ist. Handlungsbefähigung äußert sich daher auch in der Fähigkeit, realistische Handlungsziele oder darüber hinaus gar Lebenspläne vor dem Hintergrund des Faktischen zu formulieren (Kohn 1995; Elder 1995).

Handlungsbefähigung als pragmatisches Handlungswissen

Bei der Analyse von Handlungsbefähigung ist zu bedenken, dass sie zwischen dem vermittelt, was gesellschaftlich erwünscht und wertgeschätzt wird und dem was individuell möglich ist. Vor diesem Hintergrund lässt sich Handlungsbefähigung als ein pragmatisches Handlungswissen definieren, dass sich aus den beschriebenen Wirksamkeitserfahrungen speist, sich gleichwohl als eine allgemeine Handlungskompetenz beschreiben lässt. In diesem Sinne wird Handlungsbefähigung darüber bestimmt, ob und wie Akteure zwischen den lebensweltlich verfügbaren Möglichkeiten und kulturell normierten Ansprüchen vermitteln können. Dazu hat Sewell (1992) konzeptionelle Vorschläge ausgearbeitet. Er leitet Handlungsbefähigung als „virtuelles" Wissen darüber ab, wie Akteure verfügbare Handlungsressourcen innerhalb struktureller Rahmenbedingungen einsetzen und sozialstrukturell (z. B. in Form sozialen Aufstiegs oder Statuserhaltes) umsetzen können. Die Strategien, die Akteure einsetzen, um sich sozial zu verorten, entsprechen dabei nicht immer den objektiven Möglichkeiten, sondern leiten sich aus einer wechselseitigen Angleichung zwischen potentiellen und aktuell wahrgenommenen Handlungsmöglichkeiten ab. Handlungsbefähigung zeigt sich erst darin, ob dem Wissen über die Möglichkeit, z. B. sich beruflich selbstständig zu machen, auch ein faktisches Können entspricht. Solche Erfahrungen des Könnens und des Wissens um die Realisierbarkeit verdichten sich im Laufe des Lebens zu einem allgemeinen Handlungsmodell. Dieses wiederum ermöglicht es Personen, eine der jeweiligen Lebenssituation angemessene und den eigenen Handlungsressourcen und Erfahrungen entsprechende Einschätzung von Handlungsanforderungen (Emirbayer/Mische 1998) zu entwickeln.

Es liegt auf der Hand, dass sich solche Handlungsmodelle in sozialen Nahraumbeziehungen konstituieren, wobei die alltagspraktischen Erfahrungen ebenso bedeutsam sind, wie subkulturelle und milieuspezifische Habitualisierungen. In ihnen äußern sich nämlich jenes Rezeptwissen und jene lebensweltlichen Vorstellungen darüber, auf welche sozialen Ressourcen (z. B. Beziehungen, Netzwerke) zurückgegriffen werden kann und wie kulturelle und ökonomische Ressourcen eingesetzt werden können. Solche milieuspezifischen Handlungsbefähigungen beziehen sich demnach vornehmlich auf die Fähigkeit, eigene Handlungsmöglichkeiten an den in Herkunftsfamilie und Lebenswelt tatsächlich verfügbaren Handlungsressourcen auszurichten, und diese mit den in der eigenen Person liegenden Dispositionen, Fähigkeiten und Kompetenzen abzugleichen. Für die Bestimmung personaler Handlungsbefähigungen ist demnach zwischen einem objektiven Möglichkeitsraum und einem subjektiv wahrgenommenen Handlungsraum zu unterscheiden. Zentraler Bestandteil der Handlungsbefähigung ist demnach eine pragmatische Handlungsorientierung, die objektive und subjektive Ressourcen angemessen erkennt und einschätzt, um zukünftiges Handeln realistisch zu orientieren (Grundmann 2006b). Das aber führt dazu, dass Akteure dazu neigen, den ihren Lebensumständen innewohnenden Handlungspragmatiken zu folgen, was gut an den Reproduktionsmechanismen schichtspezifischer Bildungsungleichheit nachgewiesen werden kann. Dabei zeigt sich nämlich, dass Heranwachsende sich zunächst an jenen Bildungsabschlüssen und Berufsfeldern orientieren, die durch ihr Herkunftsmilieu vorgezeichnet sind. Die Bildungsaspirationen werden zunächst auf jene Bildungsabschlüsse gerichtet, die möglichst viele Erfolgsaussichten haben (Boudon 1974). So gesehen äußert sich eine pragmatische Handlungsbefähigung in der angemessenen Bewertung des Machbaren innerhalb des bestehenden Bildungs- und Erwerbssystems und zwar vor dem Hintergrund eines spezifischen, von den Eltern und Bezugspersonen vermittelten Handlungswissens.

Ein solches Handlungswissen bezieht sich primär auf die Einschätzung dessen was ist, was man hat, was man kann und wozu man fähig ist. Handlungsbefähigung ist demnach unmittelbar an die in den Lebensverhältnissen und sozialen Lebenslagen vorherrschenden Handlungsbewertungen und materiellen Einschränkungen oder Möglichkeiten gebunden. Das kann gut an der Entwicklung schulbildungsrelevanter Handlungsbefähigungen illustriert werden. Denn Heranwachsende werden im Leistungskontext der Schule sukzessive – insbesondere im Zuge ihrer eigenen schulischen Erfahrungsbiographie – mit den für schulische Bildungssysteme typischen Ungleichheitserfahrungen in der Bewertung persönlicher Eigenschaften und der Einschätzung ihrer schulischen Leistungsfähigkeit vertraut gemacht (Grundmann et al. 2006). Dabei spielen insbesondere die Passung mit den Leistungserwartungen der Lehrer sowie die in der Schule wertgeschätzten Handlungsweisen und Werthaltungen eine entscheidende Rolle. Schüler lernen sehr schnell, ihr Handeln an den Erwartungen des Lehrpersonals auszurichten. Und sie ahnen auch sehr bald, dass ihre schulische Leistungsbewertung nicht immer ihrem tatsächlichen Können entspricht. Das gilt vor allem für Kinder aus bildungsfernen Herkunftsmilieus.

Die systematische Abwertung von spezifischen Handlungsbefähigungen durch gesellschaftliche Institutionen und Organisation und die damit zusammenhängende Zuschreibung geringer Handlungskompetenzen vor allem in Bezug auf deprivierte und marginalisierte Bevölkerungsgruppen folgt zunächst politischen und ökonomischen Imperativen. Mit ihnen geht jedoch auch die bereits angesprochene Generalisierung von Handlungsbefähigungen einher. Das drückt sich in der Capability Forschung in der Wertschätzung von Bildung (meist definiert über formale Bildungsqualifikationen) aus, eine Bildung die gerade Deprivierten und Marginalisierten nicht zugänglich ist. Gleichwohl wird Bildung ein emanzipativer Einfluss zugeschrieben, weil mit ihr gesellschaftliche Partizipation und sozialer Aufstieg möglich werden. Allerdings wird dabei übersehen, dass gerade durch die schulische Leistungsbewertung und die Vermittlung spezifischer, gesellschaftlich wertgeschätzter Fähigkeiten Bildungschancen sozial ungleich verteilt sind. Schließlich werden durch internationale Bildungsstandards jene Erfahrungs- und Wissensbestände ausgeklammert, die nicht den Ansprüchen einer globalen Wirtschaft und Wohlfahrtspolitik entsprechen. Hier kommen Prozesse der institutionellen Diskriminierung zum Tragen, die durch politisch-administrative Regelungen der Beschulung und der Bewertungen von Bildung als Humanressource entstehen (vgl. dazu Illich 2003). Gerade weil das Bildungssystem standardisierte und an ökonomische Verwertungskriterien ausgerichtete Leistungskriterien zugrunde legt, wird es den in konkreten Lebenswelten angelegten Erfahrungen und Handlungsorientierungen nicht gerecht. Im Gegenteil: Im Bildungssystem werden jene ökonomischen und politischen Wertorientierungen und Handlungsrationalitäten hoch geschätzt, die der Humankapitaltheorie nahe stehen. So gesehen produzieren Bildungssysteme soziale Ungleichheiten, die sich in der Wertschätzung jener Handlungsbefähigungen niederschlagen, die sich für die Wohlfahrtsproduktion eignen. Das aber bedeutet auch, dass Bildung im Sinne des Capability-Ansatzes zwar emanzipativ wirkt, zugleich aber auch jene Selektionsmechanismen hervorbringt, die zu einer Abwertung solcher Handlungsbefähigungen führt, die sich weder ökonomisch noch politisch verwerten lassen. Damit aber werden jene erfahrungsweltlich verankerten Handlungsbefähigungen ausgeblendet, die Personen erst dazu befähigen, die sozialen, politischen und vor allem ökonomisch gesetzten Grenzen ihrer Lebenswelt zu überschreiten. Daher stellt sich die Frage, inwieweit die im Capability-Ansatz definierten Handlungsbefähigungen durch jene personalen Handlungsbefähigungen ergänzt werden können, wie sie in der Agency-Forschung beschrieben sind. Ergeben sich aus beiden Konzepten möglicherweise komplementäre Einsichten in die Handlungs- und Gestaltungsmöglichkeiten von Personen? Lassen sie sich als zwei Seiten einer Medaille lesen? Und was folgt daraus für die Capability Forschung?

Agency und Capability. Zwei Seiten von Handlungsbefähigung?

Zunächst kann festgehalten werden, dass eine Analyse von Handlungsbefähigung allein über Capabilities, also gemessen an Bildung, Lebenslage und Wohlstand, nicht ausreicht, um jene Handlungsressourcen zu bestimmen, die Personen in die Lage versetzen, ihr Leben aktiv mitzugestalten und so ein „erfolgreiches" Leben zu führen. Vielmehr gilt es, auch jene kultur- und milieuspezifischen Handlungsbefähigungen ins Spiel zu bringen, die sich in sozialen Nahräumen, in den konkreten Lebens- und Erfahrungsräumen entwickeln, in die Individuen eingebunden sind. Dabei ist vor allem auf die Erfahrung von Anerkennung und sozialer Einbindung zu achten, die für die Einschätzung der persönlichen Handlungswirksamkeit bedeutsam sind. Sie nämlich motiviert erst, die Grenzen der eigenen Lebenswelt zu überwinden, sich an der Gestaltung des eigenen Lebensraums zu beteiligen und sich gesellschaftlich zu engagieren. Die beschriebene Herleitung von Handlungsbefähigungen aus Wirksamkeitserfahrungen, pragmatischem Handlungswissen und den damit verbundenen Handlungskompetenzen verdeutlichte, dass Handlungsbefähigung sowohl sozial konstruiert, mithin über Indikatoren der lebensweltlichen Ressourcenausstattung messbar als auch im Individuum selbst verankert ist. Erst die sozialisationstheoretische Verbindung sozialer und personaler Handlungsbefähigung, also von Capability und Agency, vermittelt ein umfassendes Bild jener Mechanismen, über die sich Handlungsbefähigungen konstituieren und sozial verteilen. Durch die Verbindung der beiden Konzepte der Messung von Handlungsbefähigung wird das Verhältnis zwischen dem Individuell-Möglichen (Agency) und gesellschaftlich Realisierbaren (Capability) sichtbar.

Tatsächlich lässt sich die mikrosoziale Herleitung von Agency als Korrektiv bzw. als Ergänzung des eher makrosozialen Blickwinkels der Capability-Forschung lesen (siehe Tabelle 1). Dort nämlich wird Handlungsbefähigung vornehmlich über die Verfügbarkeit von Handlungsressourcen erfasst, die mit Hilfe grober Indikatoren der Lebenslage, der Bildung und des Wohlstands gemessen werden. Handlungsbefähigung bemisst sich so gesehen an den Verwirklichungschancen von Individuen, die sich in der persönlichen und sozialen Wohlfahrtsproduktion niederschlagen. Kriterium dafür ist die Nutzung verfügbarer Ressourcen, die Überwindung von Armut und Deprivation und die Suche nach gesellschaftlichen Partizipationsmöglichkeiten. Dem gegenüber wird in der Agency-Forschung die persönliche Wahrnehmung von Handlungsoptio-

Ansatz	Agency	Capability
Zugang	Mikrosozial	Makrosozial
Bezüge	• Sozialisationskonzept • Interaktionsansatz	• Wohlfahrtskonzept • Humankapitalansatz
Inhaltlich	Persönlichkeit im Kontext • Wirksamkeitserfahrungen • Bewältigungskompetenzen • Handlungs- und Wertorientierungen	Handlungsressourcen und Optionen • Nutzung vorkommender Ressourcen • Überwindung von Deprivation • Suche nach Gestaltungsmöglichkeiten
Kriterium	Messung von Erfahrungen, Erkenntnisse und Handlungsanforderungen • Personale Fähigkeiten/ Eigenschaften • Befähigungen für was?	Indikatoren für Lebensbedingungen und Ressourcen • Aspekte der Lebenslage • Nutzbarkeit der Lebensverhältnisse/Ressourcen

Tabelle 1: Agency und Capability – eine Gegenüberstellung

nen gemessen und die Fähigkeit, Handlungsziele pragmatisch umzusetzen. Sie konzentriert sich auf das Handeln-Können, das Sich-Bewähren und Sich-Behaupten. Kriterium dafür sind allgemeine Handlungskompetenzen, die es den Betroffenen ermöglicht, ihre Lebenssituation zu bewältigen und sich selbst zu entfalten.

Durch die Verbindung von Humankapitalansatz und Interaktionsansatz richtet sich die Analyse von Handlungsbefähigung auf die Vermittlung lebensweltlicher Erfahrungen und systemischer Handlungsimperative. Hier stellt sich z. B. die Frage des Zugangs zu Bildung, der Leistungszuschreibung durch Bildung und der in Bildung angelegten Handlungsoptionen. Das kann inhaltlich konkretisiert werden, in dem nämlich die Nutzung von Handlungsressourcen im Sinne von Capabilities Handlungskompetenzen voraussetzt. Diese jedoch entwickeln sich nur in solchen Handlungskontexten, in denen sich Akteure als handlungswirksam erfahren, in denen klare Handlungsorientierungen vorherrschen und die so gestaltet und ausgestattet sind, dass eine alltägliche Lebensbewältigung möglich ist. Handlungsbefähigung bedeutet in Krisen- und Kriegszeiten etwas anderes als im Frieden und relativem Wohlstand. Diese differenzierte Betrachtung von Handlungsbefähigung wird möglich, wenn nicht nur Aspekte der Lebenslage und der Lebenssituation sondern zugleich auch die personalen Voraussetzungen des Handelns in diesen Kontexten erfasst wird. Das spricht für eine komplexe Messung und Analyse von Handlungsbefähigung als Agency und Capability.

Was gewinnen wir durch solche Konkretisierungen? In dem das Konzept der Capability sozialisationstheoretisch untermauert wird, eröffnen sich Einsichten in Förderungs- und Interventionsmöglichkeiten gerade jener Bevölkerungsgruppen, die von der Wohlfahrtsproduktion ausgeschlossen und auf soziale Unterstützungssysteme angewiesen sind. Diese Förderungs- und Interventionsmöglichkeiten ergeben sich vor allem durch die Einsicht, dass Handlungsbefähigung auch von der Einschätzung der eigenen Handlungswirksamkeit abhängt. Daher gilt es zunächst, die persönliche Handlungsbefähigung durch Anerkennung und Wertschätzung der Person vor dem Hintergrund ihrer spezifischen Lebenssituation zu stärken.

Die sensible Wahrnehmung und Bewertung personaler Handlungsbefähigung führt letztlich auch dazu, jenen sozialen Ausgrenzungsmechanismen zu begegnen, die durch soziale Zuschreibungen von Handlungsbefähigungen durch standardisierte Leistungskriterien hervorgerufen werden. Dass solche Mechanismen gerade auch in Wohlfahrtsstaaten ungleiche Zugangschancen zu den Wohlfahrtsprodukten bedingen, lässt sich erst erschließen, wenn Handlungsbefähigungen sozialstrukturell sensibel erfasst und ihre gesamtgesellschaftliche Verankerung berücksichtigt wird. Durch die umfassende Berücksichtigung von Capabilities und Agencies lassen sich die personalen und sozialen Ressourcen einer selbstständigen Lebensführung identifizieren, die für eine angemessene Soziale Arbeit mit den Betroffenen notwendig sind. Förderung von Handlungsbefähigung muss sich dem entsprechend auf die individuellen Lebensumstände und zugleich auf Optimierung der Rahmenbedingungen für die Betroffenen durch die bewusste und wirksame Stärkung der Handlungswirksamkeit und Gestaltungspotentiale beziehen.

Literatur

Bandura, A., 1995 (Hg.): Self-Efficacy in changing societies. Cambridge: Cambridge University Press.

Boudon, R., 1974: Education, opportunity, and social structure. New York: Wiley.

Bourdieu, P., 1982. Die feinen Unterschiede. Kritik der gesellschaftlichen Urteilskraft. Frankfurt a. M.: Suhrkamp.

Dravenau, D., 2006: Die Entwicklung milieuspezifischer Handlungsbefähigung. In: *Grundmann, M./Bittlingmayer, U./Dravenau, D./Edelstein, W.* (Hg.): Bildungsmilieus und Handlungsbefähigung. Zur Analyse milieuspezifischer Alltagspraktiken und ihrer Ungleichheitsrelevanz. Münster: Lit – Verlag.

Elder, G. H. Jr., 1974: Children of the great depression. Chicago: University of Chicago Press.

Elder, G. H. Jr., 1994: Time, human agency, and social change: Perspectives on the life course. In: Social Psychology Quarterly 57, 1: 4-15.

Elder, G. H. Jr., 1995: The life course paradigm: Social change and individual development. In: *Moen, P./Elder, G. H./Lüscher, K.* (eds.): Examing lives in context: perspectives on the ecology of human development. Washington: APA.

Emirbayer, M./Mische, A., 1998: What is agency? In: American Journal of Sociology 103, 4: 962-1023.

Flammer, A., 1990: Erfahrung der eigenen Wirksamkeit. Einführung in die Psychologie der Kontrollmeinung. Bern: Huber.

Flammer, A., 1995: Kontrolle, Sicherheit und Selbstwert in der menschlichen Entwicklung. In: *Edelstein, W.* (Hg.): Entwicklungskrisen kompetent meistern. Heidelberg: Asanger.

Grundmann, M., 2006a: Sozialisation. Skizze einer allgemeinen Theorie. Konstanz: UVK.

Grundmann, M., 2006b: Milieuspezifische Handlungsbefähigung sozialisationstheoretisch beleuchtet. In: *Grundmann, M./Bittlingmayer, U./Dravenau, D./Edelstein, W.* (Hg.): Bildungsmilieus und Handlungsbefähigung. Zur Analyse milieuspezifischer Alltagspraktiken und ihrer Ungleichheitsrelevanz. Münster: Lit-Verlag.

Grundmann, M./Bittlingmayer, U./Dravenau, D./Edelstein, W., 2006 (Hg.): Bildungsmilieus und Handlungsbefähigung. Zur Analyse milieuspezifischer Alltagspraktiken und ihrer Ungleichheitsrelevanz. Münster: Lit – Verlag.

Grundmann, M./Hurrelmann, K./Walper, S., 2007: Zum Stand der Sozialisationsforschung. In: *Hurrelmann, K./Grundmann, M./Walper, S.* (Hg): Handbuch der Sozialisationsforschung. Weinheim: Beltz.

Illich, I., 2003: Entschulung der Gesellschaft. Eine Streitschrift. München: Beck.

Kohn, M. L., 1959: Social class and parental values. In: American Journal of Sociology, 64: 337-351.

Kohn, M. L., 1969: Class and Conformity. A study in values. Homewood, Il: Dorsey.

Kohn, M. L., 1995: Social structure and personality through time and space. In: *Moen, P./Elder, G. H./Lüscher, K.* (eds.): Examing lives in context: perspectives on the ecology of human development. Washington: APA.

Kuklys, W., 2005: Amartya Sen's capability Approach: Theoretical Insights and Empirical Applications. Berlin: Springer.

Nussbaum, M. C., 2000: Women and Human Development: The Capabilities Approach. Cambridge: Cambridge University Press.

Nussbaum, M./Sen, C. A., (eds.) 1993: The Quality of Life. Oxford: Clarendon Press.

Oerter, R., 1999: Menschenbilder in der modernen Gesellschaft. Stuttgart: Enke.

Perrig, W. J./Grob, A., (Hg.) 2000: Control of human behavior, mental processes, and consciousness. Mahwah, NJ: Lawrence Erlbaum Associates.

Sen, A. K., 1985: Commodities and Capabilities. Oxford: Oxford University Press.

Sen, A. K., 1999: Development as Freedom. New York: Knopf.

Sewell, W. H., 1992: A theory of structure: Duality, agency, and transformation. In: American Journal of Sociology, 98: 1-29.

Nina Oelkers / Mark Schrödter

Kindeswohl und Kindeswille.
Zum Wohlergehen von Kindern aus der Perspektive des Capability Approach

In der Kinder- und Jugendhilfe treffen handlungsorientierende Konzepte aufeinander, die sich in der Praxis nicht immer miteinander vereinbaren lassen: Ein Beispiel ist die Gegenüberstellung von Kindeswohl und Kindeswille. Während die Auslegung des Kindeswohlbegriffs in der Regel in eine advokatorische oder paternalistische Richtung läuft, wird mit dem Begriff des Kindeswillens ein eher partizipatives Konzept verbunden.

Unser Anliegen ist die Übertragung der Perspektive des Capability Approach auf den Handlungszusammenhang der Kinder- und Jugendhilfe, der sich zwischen den Bereichen Kindesschutz, Interessenvertretung und Gestaltung der Bedingungen des Aufwachsens für Kinder entfaltet. Die Legitimation von sozialpädagogischem Handeln in diesem Aufgabenfeld erfolgt zumeist über die rechtlichen Grundlagen und praxiologischen Auslegungen. Eine weitergehende handlungsethische Begründung, die zudem noch die unterschiedlichen Aspekte von Wohl und Wille, Wohlfahrt und Wohlergehen zusammenführt, steht noch aus.

Der von Sen begründete und von Nussbaum erweiterte *Capability oder Capabilities Approach* umfasst eine Definition von Lebensqualität sowie Verfahren zur Messung von Wohlfahrt. Wohlfahrt wird in diesem Kontext in einem weiten Sinn von *well-being* oder *standard of living* verstanden. Es geht folglich nicht um das, was mit dem klassischen ökonomischen Begriff „*welfare*" gemeint ist. Als ethisch fundiertes Maß wird hier der Ansatz für eine Betrachtung des menschlichen Lebens und der Lebensumstände genutzt, insbesondere bezogen auf die Bedingungen des Aufwachsens von Kindern und Jugendlichen. Der Ansatz ermöglicht es, subjektive und objektive Aspekte gleichermaßen zu berücksichtigen. Die subjektive Vorstellung von einem guten Leben wird in dieser Konzeption im Zusammenhang mit den objektiven Bedingungen ihrer Realisierung betrachtet, ohne weder ausschließlich an den externen Bedingungen menschlichen Lebens orientiert zu sein, noch eine schlichte Präferenzorientierung zu setzen oder auf Verfahren, die das Wohlergehen von Personen mit der Selbsteinschätzung der Betroffenen identifizieren. Mit dem Ansatz wird eine positive Auffassung von Freiheit begründet, an die sich die Forderung anschließen lässt, Kinder und Jugendliche in die Lage zu versetzen, ihren subjektiven Vorstellungen von einem guten Leben nachzugehen.

Kindeswohl ...

Wie im § 1 SGB VIII deutlich wird, ist das Kindeswohl ein zentraler handlungsleitender Begriff in der Kinder- und Jugendhilfe. Mit dem unbestimmten Rechtsbegriff „Kindeswohl" begrenzt der Gesetzgeber die Ausübung der elterlichen Sorge (§ 1666 BGB). Über den Kindeswohlbegriff nimmt der Staat sein im Grundgesetz verankertes *Wächteramt* wahr und kann in das private Erziehungshandeln der Eltern eingreifen (Art. 6 GG). Folglich ist der Kindeswohlbegriff zentral für das historisch entwickelte, gesellschaftliche und rechtliche *Spannungsverhältnis* zwischen *Eltern*, denen gemäß Art. 6 II 1 GG[1] die Erziehungsverantwortung zukommt, *Kindern*, die gemäß BVerfG-Urteil[2] Grundrechtsträger mit anerkannten Persönlichkeitsrechten sind und *Staat*, dem die Förderungsverpflichtung und das staatliche Wächteramt gemäß Art. 6 II 2 GG obliegt.

Im Verhältnis von Eltern zum Staat beziehungsweise zu Dritten zeigt sich ein klassisch-liberales Abwehrrecht gegen staatliche Eingriffe und zugleich ein Schutzrecht. Das Elternrecht beziehungsweise die verfassungsrechtlich geschützte Erziehungsverantwortung der Eltern ist ein „quasi-treuhänderisches" Recht im Interesse des Kindes, zu dessen pflichtgebundener Ausübung die Eltern berechtigt sind. Laut BVerfG kann eine Verfassung, welche die Würde des Menschen in den Mittelpunkt ihres Wertsystems stellt, bei der Ordnung zwischenmenschlicher Beziehungen grundsätzlich niemandem Rechte an der Person eines anderen einräumen, die nicht zugleich pflichtgebunden sind und die Menschenwürde des anderen respektieren (BVerfGE 24). Aus der Grundrechtsträgerschaft der Kinder wird abgeleitet, dass die Erziehungsverantwortung der Eltern an die Interessen des Kindes (dem so genannten Wohl des Kindes) gebunden sein muss. Dadurch erhält das Kindeswohl Verfassungsrang, ohne ausdrücklich genannt zu sein. Die Grundrechtsposition Minderjähriger ergibt sich aus der Verknüpfung von Art. 6 II GG mit Art. 1 I GG: Minderjährige werden als autonome Rechtssubjekte auch in Bezug auf die Eltern anerkannt.

Die staatliche Gemeinschaft hat über die Betätigung der elterlichen Verantwortung zu wachen (staatliches Wächteramt). Als Grundrechtsträger haben Kinder einen unmittelbaren Anspruch darauf, dass der Staat eingreift, wenn ihr Wohl konkret gefährdet ist. Das so genannte staatliche Wächteramt beinhaltet folglich

▶ eine staatliche *Schutzverpflichtung* gegenüber dem Kind als Grundrechtsträger;

---

1 Pflege und Erziehung der Kinder, als natürliches Recht der Eltern, nehmen diese gemäß Artikel 3 II GG als Mutter und Vater gleichberechtigt war.

2 Es ist gefestigte Rechtsprechung des Bundesverfassungsgerichts, dass Kinder von ihrer Geburt an, wie Erwachsene, uneingeschränkt Träger aller Grundrechte sind (keine fehlende Grundrechtsmündigkeit analog zur beschränkten Geschäftsfähigkeit im Zivilrecht).

- eine *Erziehungsreserve* bei Kindesvernachlässigung oder elterlichem Erziehungsversagen;
- eine *Schlichtungsfunktion* bei Konflikten zwischen den Eltern bei Erziehungsfragen und
- eine *Schutzfunktion* bei Kindeswohlgefährdung durch missbräuchliche Ausübung elterlicher Erziehungsrechte.

Der Verfassungsrechtsprechung und dem Schrifttum folgend hat Jean d'Heur (1987) in einem Rechtsgutachten Auslegungsgrundsätze zum Kindeswohlbegriff zusammengestellt: „Demnach enthält das Elternrecht neben der abwehrrechtlich-staatlichen Dimension eine fremdnützige Ausübungspflicht zugunsten des Kindes (Elternverantwortung) und stellt in diesem Sinne eine grundrechtsdogmatisch einmalige, weil funktionale Freiheitsgarantie dar. Das staatliche Wächteramt legitimiert zu Eingriffen in das Elternrecht, falls die Erziehungsberechtigten ihren Aufgaben gemäß Art. 6. Abs. 2 S. 1GG nicht nachkommen und dem Kindeswohl dadurch Schaden droht bzw. ein solcher bereits eingetreten ist. Diese Eingriffsbefugnis darf grundsätzlich nur subsidiär wahrgenommen werden. Gleichwohl ist der Staat im Rahmen von Art. 6 Abs. 2 S. 2 GG nicht auf rein defensive Maßnahmen beschränkt; vielmehr hat er zur Entfaltung der aus Art. 1 Abs. 1 (Menschenwürdegrundsatz) bzw. Art. 2 Abs. 1 (allgemeines Persönlichkeitsrecht) spezifisch abgeleiteten Menschenwerdungs- oder Persönlichkeitsentfaltungsrechte des Kindes beizutragen" (Jean d'Heur 1987: 11).

Auf dieser Grundlage besteht in der Kinder- und Jugendhilfe insbesondere für die Jugendämter einerseits eine aus dem staatlichen Wächteramt resultierende „Eingriffsorientierung", und andererseits ein Gestaltungsauftrag bezüglich allgemeiner Bedingungen des Aufwachsens für Kinder und Jugendliche.

Die Erziehungsmöglichkeiten innerhalb von Familien sind aufgrund von gesellschaftlichen Spaltungsprozessen unterschiedlich, so dass sich für einige Familien die Frage stellt, inwieweit die Eltern ihre Erziehungsaufgaben verfassungsgemäß erfüllen können. Der Staat, so lässt sich aus dem GG ableiten, muss zusätzliche Angebote in der Kinder- und Jugendhilfe zur Verfügung stellen, als „Ermöglichungsbedingung zur effektiven Wahrnehmung des Elternrechts" (Jean d'Heur 1987: 11). Es geht um die Schaffung von Sozialisationsbedingungen, die dem Menschenbild des Grundgesetztes genügen, von Angeboten zur Unterstützung oder Widerherstellung der Ausübungsmöglichkeiten des elterlichen Erziehungsrechts. Die Abwehr von Gefährdungen für das Kindeswohl reicht folglich auf dem Hintergrund des Grundgesetzes nicht aus. Vielmehr hat die Kinder- und Jugendhilfe auch die Aufgabe der positiven Gestaltung der Sozialisationsbedingungen von Kindern und Jugendlichen: „Das Kindeswohl darf nicht erst dann die rechtspolitischen Debatten beflügeln, wenn ein Schaden bereits eingetreten ist und es lediglich um dessen Begrenzung geht; vielmehr muss das Wohl des Kindes mehr als bisher Maßstab allen staatlichen Handelns werden" (Jean d'Heur 1987: 13).

Das staatliche Wächteramt sowie der Menschenwürdegrundsatz enthalten über die abwehrrechtliche Seite hinaus eine garantienormrechtliche Verpflichtung des Staates zu aktiven Maßnahmen und öffentlichen Leistungsangeboten. Zentrale Vorschriften für das Kindeswohl sind eben auch der Menschenwürdegrundsatz des Art. 1 Abs. 1 GG sowie das allgemeine Persönlichkeitsrecht (Art. 2 Abs. 1 GG), die die positiven Ermöglichungsbedingungen für eine kindgerechte Entwicklung bestimmen: Kindesgrundrechte auf Persönlichkeits- oder Menschwerdung bzw. sogenannte *Menschwerdungsgrundrechte* von Kindern. In diesem Sinne ist das Kindeswohl immer dann relevant, „wenn das Kind zu einer Selbstbestimmung seiner Interessen rechtlich nicht in der Lage ist und deshalb sein objektiv bestimmtes wohlverstandenes Interesse in den Vordergrund tritt. Aus dieser Ersatzfunktion des Kindeswohls ergibt sich, dass der Kindeswillen bei entsprechender Reife des Kindes eine Berücksichtigung finden muss. Als Akt der Selbstbestimmung und der kindlichen Autonomie ist der Wille des Kindes also Teil des Entscheidungsmaßstabes Kindeswohl" (Parr 2005: 9f.).

... und Kindeswille

Eine *autonome Stellung des Kindes* ist daher weder im elterlichen Sorgerecht noch über das staatlich zu sichernde Kindeswohl gegeben. Mit dem Konzept der elterlichen Sorge hat der Gesetzgeber den Eltern hinsichtlich der Elternautonomie und der Persönlichkeitsentwicklung des Kindes umfangreiche Kompetenzen eingeräumt. Die sich aus verfassungsrechtlichen Vorgaben abzuleitende Verpflichtung des Gesetzgebers, die Persönlichkeitsentfaltung des Kindes auch im Verhältnis zu den Eltern zu gewährleisten, geschieht dadurch, dass für noch Minderjährige eigene subjektive Rechtspositionen begründet werden. Allerdings erlangen Kinder in bestimmten Bereichen *Teilmündigkeit*[3] vor der Volljährigkeit. Neben den gesetzlich formulierten Teilmündigkeiten wurde in Rechtslehre und Rechtsprechung die Rechtsfigur des so genannten *einsichtsfähi-*

---

3 Gemäß § 1 BGB beginnt mit der Vollendung der Geburt die Rechtsfähigkeit des Menschen. Im Bereich des allgemeinen Geschäftslebens wurden Minderjährigen bereits mit dem In-Kraft-Treten des BGB bestimmte Rechtspositionen eingeräumt (Beschränkte Geschäftsfähigkeit etc. §§ 106-113 BGB; beschränkte Schadensverantwortlichkeit § 828 II BGB). Weitere eigenständige Rechtspositionen für Kinder gibt es im deutschen Recht vor Beginn der Volljährigkeit nur vereinzelt, zum Beispiel: Ab 14 Jahren besteht ein Recht auf die Wahl des Bekenntnisses (§ 5 RKEG); das Beschwerderecht zum Beispiel gegen Entscheidungen des VormG/FamG (§ 56 FGG) und ein Anhörungsrecht gemäß § 50 FGG; beschränkte Strafmündigkeit (§§ 1, 3 JGG); Zustimmungsrecht zum Beispiel bei Geburtsnamensänderung (§§ 1671a ff BGB); Vorschlagsrecht bei der Verteilung elterlicher Sorge (§ 1671 III BGB); Einwilligung in die Adoption (§ 1746 BGB); Antragsrecht auf Bestellung eines anderen Pflegers/Vormunds (§ 1887 BGB). Ab 15 Jahren besteht das bedingte Antragsrecht auf Sozialleistungen (§ 36 SGB I). Ab 16 Jahren besteht das eigenständige Testierrecht (§ 2229 I BGB) und Eidesfähigkeit (§§ 393, 455 ZPO; § 60 StPO) (Münder 1999: 135).

gen Minderjährigen entwickelt: wenn das tatsächliches Verhalten, insbesondere in höchstpersönlichen Angelegenheiten, betroffen ist, können Minderjährige bei hinreichender Einsichtsfähigkeit in der konkreten, zur Entscheidung stehenden Angelegenheit selbst die entsprechende Entscheidung treffen. Dies bedeutet zugleich, dass die Zuständigkeit der Eltern diesbezüglich eingeschränkt wird (Münder 1999: 136).

Wenn es um die Auswahl geeigneter Hilfen zur Erziehung (Hilfeplanung nach § 36 SGB VIII) oder familiengerichtliche Klärung von Fragen der elterlichen Sorge (§§ 1626, 1746 BGB), des Aufenthalts und des Umgangs der Kinder und Jugendlichen (§§ 1631, 1632 BGB) geht sowie um die Beteiligung von Kindern und Jugendlichen im familiengerichtlichen Verfahren (Anhörungen nach § 50b FGG und/oder Verfahrenspflege nach § 50 FGG), sind Wunsch und Wille des Kindes ausdrücklich zu beachten, bzw. Kinder und Jugendliche angemessen zu beteiligen (§ 8 SGB VIII). Der Gesetzgeber des neuen Kindschaftsrechts von 1998 hat z. B. die Verfahrenspflegschaft (§ 50 FGG) eingeführt, um zu garantieren, dass Kindern und Jugendlichen eine Subjektstellung im gerichtlichen Verfahren eingeräumt wird. Da die familiengerichtlichen Entscheidungen in der Regel von maßgeblicher Bedeutung für die Zukunft der Kinder und Jugendlichen sind, soll diese nicht über deren Köpfe hinweg erfolgen. Das Kind hat grundsätzlich Anspruch darauf, dass sein Wille ernst genommen wird und eine Resonanz der am Verfahren beteiligten Erwachsenen bewirkt (vgl. Weber/Zitelmann 1998).

Im Kontext einer solchen Interessenvertretung für Kinder, z. B. bei Kindeswohlgefährdung oder im Zusammenhang mit Trennungs- und Scheidungsprozessen, stellt sich die Frage, ob die VerfahrenspflegerIn „Sprachrohr" für den Kindeswillen, VertreterIn des Kindeswohls oder der wohlverstandenen Interessen des Kindes ist. In der regierungsamtlichen Begründung des Gesetzes wird von einem Interessenbegriff ausgegangen, der subjektiven und die wohlverstandenen Interessen des Kindes umfasst.

Dettenborn (2001) schlägt vor, zwei Interpretationsmöglichkeiten des Verhältnisses zwischen Kindeswohl und Kindeswillen zu unterscheiden, die in der Kindeswohl-Literatur eine Rolle spielen:

(1) „es gibt kein Kindeswohl gegen den Kindeswillen",
(2) „die Umsetzung des Kindeswillens kann dem Kindeswohl schaden"
      (Dettenborn 2001: 78).

Dettenborn selbst führt diese Unterscheidung nur sehr knapp aus. Was verbirgt sich hinter dieser Unterscheidung? Aussage (1) behauptet, dass die Erfüllung des Kindeswohls gegen den Kindeswillen *logisch* nicht möglich ist, weil jedes Handeln gegen den Willen zugleich (per definitionem) gegen das Wohl verstößt. Wir können nicht sagen, dem Kind gehe es gut, wenn man gegen seinen Willen verstößt. (2) behauptet, dass es einige Fälle gibt, in denen die Erfüllung des Kindeswillens dem Kindeswohl schadet. Dies ist dann der Fall, wenn das Kind etwas Schädliches will.

Diese Differenzierung ist durchaus hilfreich für unser Verständnis des Verhältnisses von Kindeswohl und Kindeswille. Allerdings ist sie nicht trennscharf, da die beiden Aussagen sich nicht wechselseitig ausschließen. Ein praktisches Beispiel, das von Dettenborn selbst stammt, macht die unzureichende Differenzierung der beiden Varianten von Kindeswohlbegriffen deutlich:

„Ein dreizehnjähriges Kind kann die Rückkehr in das Elternhaus verweigern, weil es sich im Kreise einer Drogen missbrauchenden Gleichaltrigengruppe ‚wohl fühlt'. Dabei kann aber auch Gruppendruck und -sog bis hin zur Angst vor negativen Folgen bei Verlassen der Gruppe ausschlaggebender Motivhintergrund sein, weswegen der Wille nicht hinreichend selbstbestimmt ist" (Dettenborn 2001: 79).

Nach Aussage (2) würde die Umsetzung des Willens des Kindes, bei der Gleichaltrigengruppe zu verbleiben, seinem Wohl schaden, weil es dort Drogen missbraucht. Was sagt Aussage (1) zu diesem Beispielfall? Aussage (1) können wir lediglich entnehmen, dass dem Wohl des Kindes nicht entsprochen würde, wenn es *nicht* bei der Gleichaltrigengruppe bleiben kann. Ob aber der Verbleib des Kindes bei der Gruppe seinem Wohle dient, dazu sagt (1) gar nichts aus. Auch sagt (1) nichts dazu aus, ob es dem Wohl schadet, wenn das Kind ins Elternhaus zurückkehrt. Aussage (1) bezieht sich ausschließlich auf Zuwiderhandlungen. Daher wäre es mit Aussage (1) völlig kompatibel, zu behaupten, dass es dem Wohle des Kindes ebenso schadet, wenn es bei der Gruppe bleibt wie wenn es *nicht* bei der Gruppe bleibt. Wenn es bei der Gruppe bleibt, schadet der *Drogenmissbrauch* seinem Wohl. Wenn es *nicht* bei der Gruppe bleibt, schadet *die Missachtung des Willens* seinem Wohl.

Nun ist oftmals der Kindeswille – wie der Wille des Erwachsenen auch – ambivalent. Vielleicht wünscht sich das Kind latent, in sein Elternhaus zurückzukehren, jedoch überwiegt der Wunsch nach den spannenden Erlebnissen und der Anerkennung, die das Kind durch die Gleichaltrigengruppe erfährt. In der Praxis erscheint das Problem der Berücksichtigung des Kindeswillen und des Kindeswohls daher oftmals als eine Sache des Ausbalancierens, für die folgendes Handlungsprinzip vernünftig erscheint: „Soviel Akzeptierung des Kindeswillens wie möglich, soviel staatlicher Eingriff wie nötig, um das Kindeswohl zu sichern" (Dettenborn 2001: 79). Sofern wirklich gute Gründe für eine Rückkehr ins Elternhaus sprechen, geht es darum, das Kind dahin zu führen, dass es Abstand nimmt von seinem Wunsch, bei der Gruppe zu bleiben. Neben der Frage, ob ihm hier eine liebevolle und anregende Erziehung zuteil wird (Kindeswohl), wird hier unter den „guten Gründen" vor allem relevant sein, ob das Kind selbst zumindest latent den Wunsch hegt (Kindeswille), zum Elternhaus zurückzukehren.

So pragmatisch angemessen die Handlungsmaxime im Konflikt zwischen Kindeswille und Kindeswohl erscheinen mag, so eröffnet sie doch eine Menge

Fragen. In welcher Hinsicht können Kindeswille und Kindeswohl in Konflikt geraten? Nach welchem Maßstab soll über die Akzeptanz des Kindeswillens entschieden werden? An welchen Maßstäben bemisst sich das Kindeswohl? Das Verhältnis von Kindeswille und Kindeswohl, sowie die Maßstäbe zu deren Bewertung und Operationalisierung bedürfen also einer systematischen Klärung.

Modelle des Zusammenhangs zwischen Kindeswille und Kindeswohl

Im Folgenden sollen Konzeptionen des Kindeswillen und Kindeswohls sowie deren Verhältnisbestimmung danach unterschieden werden, ob sie das Kindeswohl bzw. den Kindeswillen subjektiv oder objektiv fassen. Ein *subjektiver Kindeswohlbegriff* liegt vor, wenn davon ausgegangen wird, dass sich das Kindeswohl lediglich qua Vereinbarung operationalisieren lässt. Mit anderen Worten: die Bestimmung des Kindeswohls gilt als nicht irrtumsfähig. Ein „Irrtum" darüber, was als Kindeswohl gelten soll, ist im subjektiven Kindeswohlbegriff deshalb nicht möglich, weil es keinen Maßstab gibt, anhand dessen bemessen werden könnte, ob die Bestimmung des Kindeswohls „richtig" ist oder nicht. Diese (inter-)subjektive Bestimmung des Kindeswohls kann dann nur noch pragmatistischen Angemessenheitskriterien genügen. Einem *objektiven Kindeswohlbegriff* liegt dagegen die Annahme zugrunde, dass sich – wie auch immer zu bestimmende – Kriterien für das Kindeswohl angeben lassen, die universale Geltung beanspruchen können. Die Bestimmung des Kindeswohls gilt hier als irrtumsfähig, weil jede konkrete Rekonstruktion des Kindeswohls immer unter dem Vorbehalt steht, das „wahre" Kindeswohl zu verfehlen. Das Kindeswohl ist hier gebunden an „das Gute" oder „das Vernünftige". Während also im subjektiven Kindeswohlbegriff das Kindeswohl als pragmatistisch sinnvolles Konstrukt erscheint, geht es im objektiven Kindeswohlbegriff um die gültige Rekonstuktion des Kindeswohls.

Ein *subjektiver Begriff von Kindeswille* liegt vor, wenn der Kindeswille mit den realen, empirisch vorfindbaren inneren Zuständen des Kindes gleichgesetzt wird. So plädiert Dettenborn (2001) dafür, den Kindeswillen „von allen ‚Wohlverständnissen' unverfälscht" zu fassen: „Es geht um vom Kind selbst definierte Interessen bzw. um das, was gelegentlich als ‚bloßer' Wille des Kindes [...] benannt wird. Dagegen geht es nicht um ‚wohlverstandenes' Interesse, nicht um ‚vernünftigen' Willen [...], nicht um die stellvertretende Abwägung möglicher Zielzustände durch Professionelle" (Dettenborn 2001: 63). Allerdings bleibt offen, inwiefern das Kind über seine inneren Zustände selbst verfügen kann. So können zwei Variationen des subjektiven Kindeswille-Begriffs unterschieden werden. Zum einen kann im Rahmen des subjektiven Begriffs des Kindeswillens angenommen werden, dass dem Kind hinsichtlich seines Willens epistemische Autorität zukommt, dass es also einen privilegierten Zugang zu seinem

Wollen besitzt (vgl. dazu Baumann 2000). Es weiß am besten was es will. Oftmals wird dann auch der Kindeswille mit den Artikulationen des Kindes gleichgesetzt. Das, was das Kind verlautbart, ist das, was es will. Zum anderen kann im Rahmen des subjektiven Begriffs des Kindeswillens davon ausgegangen werden, dass sich das Kind über seine eigenen Zustände täuschen mag. Der Wille muss dann zum Gegenstand einer rationalen Prüfung werden, die auch Dritte vornehmen können. Das Kind besitzt dann keine epistemische Autorität über seinen Willen. Es ist nicht notwendigerweise die Instanz, die am besten weiß, was es will.[4]

Der Übergang von der zweiten Variante des subjektiven Willensbegriffs zum *objektiven Begriff von Kindeswillen* ist fließend. Auch beim objektiven Willensbegriff wird davon ausgegangen, dass sich das Kind darüber täuschen, oder im Unklaren darüber sein kann, was es will. Entscheidend ist aber, dass hier der Kindeswille an „das Gute" oder „das Vernünftige" gebunden wird. Daher kann der objektive Kindeswille nichts Schädliches wollen. Beinhalten Willensäußerungen des Kindes schädigende Gehalte, so ist es nicht der „eigentliche" Wille, der hier zum Ausdruck kommt. Das vom Kinde Gewünschte ist nicht gleichzusetzen mit seinem Willen. Der Unterschied zwischen dem subjektiven und objektiven Willensbegriff ist natürlich vor allem bei Aristoteles thematisch:

Hinsichtlich des Willens „meinen die einen, er gehe auf das Gute, die anderen, er gehe auf das gut Scheinende. Für die, welche das Gute als Gegenstand des Wollens bezeichnen, folgt aber dann, dass das, was jemand will, der nicht richtig wählt, nicht als gewollt gelten kann – *denn wäre es gewollt, so wäre es auch gut*, und doch wäre es unter Umständen schlecht –; dagegen für die, denen das gut Scheinende Gegenstand des Wollens ist, folgt, dass der Gegenstand des Wollens nicht von Natur ein solcher ist, sondern *dass es für jeden dasjenige ist, was ihm so scheint*. Das ist aber bei dem einen dies, bei dem anderen ist es das, und unter Umständen das Gegenteil vom ersten" (Aristoteles 1921: 1113b, Herv. d. A.).

Die Verwendung des objektiven Willensbegriffs setzt also die Unterscheidung zwischen dem „natürlichen" Willen, der auf das subjektiv als „gut Scheinende" zielt, einerseits und dem „freien", „autonomen" Willen, der auf „das Gute" zielt, andererseits voraus. Der subjektive Willensbegriff fasst den Willen als das vom Kinde Gewünschte, der objektive Willensbegriff fasst den Willen als das vernünftige Streben.[5]

---

4 In der Literatur wird diese Begriffsvariante oftmals als „wohlverstandenes Kindesinteresse" bezeichnet.

5 Vertreter des objektiven Willensbegriffs halten zumeist den rein subjektiven Willensbegriff für gefährlich: „Denn eine Willensfreiheit, die an nichts gebunden wäre, und eine Autonomie, die über ihre Gesetze bedingungslos verfügte, sind Argumente, die zu allem gebraucht und leicht missbraucht werden können. Aus dem nämlichen Grund muss die Verträglichkeit der Willensfreiheit mit dem Wohl anderer geprüft werden, ehe man ihre Position öffentlich geltend macht. Der Wille ist ohnehin nur dann und solange bei sich, als er das Vernünftige wählt und vollbringt; und die Autonomie ist nur solange ein moralischer Standpunkt, als ihre Gesetze unter der Bedingung praktischer Vernunft stehen. Ist das nicht gewährleistet, dann schlägt die

Setzt man den objektiven und subjektiven Begriff von Kindeswille und Kindeswohl in Beziehung zueinander, ergibt sich eine Typologie von Konzeptionen des Verhältnisses zwischen Kindeswille und Kindeswohl (siehe Tabelle 1). Es ergeben sich drei sinnvolle Verhältnisbestimmungen von Kindeswille und Kindeswohl: das (1) Aushandlungsmodell, das (2) Prioritätenmodell und das (3) Kongruenzmodell.

		Kindeswohl	
		subjektiv Kindeswohl als Überein- kunft über das Gute	objektiv Kindeswohl als „das Gute"
Kindeswille	subjektiv Kindeswille als das vom Kinde Gewünschte	1 Aushandlungsmodell	2 Prioritätenmodell
	objektiv Kindeswille als vernünftiges Streben	4 [nicht sinnvoll]	3 Kongruenzmodell

Tabelle 1: Modelle des Verhältnisses zwischen Kindeswille und Kindeswohl

(1) *Aushandlungsmodell*. Werden subjektiver Kindeswille-Begriff und subjektiver Kindeswohlbegriff zusammengeführt, ergibt sich ein Zusammenhang, der als „Aushandlungsmodell" bezeichnet werden kann. Da weder für den Kindeswillen noch für das Kindeswohl objektive Maßstäbe als geltend angenommen werden können, treffen hier zwei unterschiedliche Perspektiven aufeinander, die epistemologisch gleichwertig sind. Keine Perspektive kann beanspruchen, erkenntnistheoretisch „höherwertiger" oder der anderen „überlegen" zu sein. Die Perspektiven unterscheiden sich lediglich darin, dass hier entweder – wie es oftmals formuliert wird – „kindzentrierte" oder „erwachsenenzentrierte" Maßstäbe zugrunde liegen. Anhänger dieses Modells sehen in dieser Verhältnisbestimmung die Subjektperspektive des Kindes am besten aufgehoben.[6] Der Kindeswille wird nicht bewertet, sondern als eine eigenständige Perspektive betrachtet, die es nicht durch eine „Erwachsenenperspektive" zu korrigieren oder „aufzuklären" gilt. Konfligieren nun die beiden Perspektiven miteinander, dann muss zwischen diesen beiden Perspektiven vermittelt werden. Diese Vermittlung wird im Sinne eines Verhandlungsmodells als Aushandlung begriffen, an deren Ende ein pragmatischer Kompromiss stehen soll, der für alle Parteien zufriedenstellend ist.

Moral entweder verzweifelt in Handlungsunfähigkeit oder in Willkühr und Barbarei um" (Pleines 1996: 171).

6 Andere wiederum sehen bereits in dem Kindeswohlbegriff die Kindzentrierung des Rechtsverfahrens: „Die Maxime des Kindeswohl verpflichtet das Gericht damit einerseits kindzentriert zu denken und jeden Aspekt, der nicht ohnehin das Kind betrifft, auf seine Bedeutung und Auswirkungen gerade für das Kindeswohl zu prüfen und entsprechend zu würdigen" (Parr 2005: 8).

(2) *Prioritätenmodell.* Wird der subjektive Kindeswille-Begriff beibehalten aber der objektive Kindeswohlbegriff übernommen, dann ergibt sich eine Verhältnisbestimmung, die als das „Prioritätenmodell" bezeichnet werden kann. Hier wird versucht, das Kindeswohl mit universaler Geltung zu bestimmen. Ein objektiver Kindeswohlbegriff liegt beispielsweise dann vor, wenn er an Vorstellungen von universal gültigen Grundbedürfnisse, Entwicklungsbedingungen oder Grundrechten des Kindes zurückgebunden wird. Prominentes Beispiel dafür ist die Liste der Grundbedürfnisse von Thomas Brazelton und Stanley Greenspan (2000), deren Buch in der deutschen Übersetzung bezeichnenderweise den Titel trägt: „Die sieben Grundbedürfnisse von Kindern. Was jedes Kind braucht, um gesund aufzuwachsen, gut zu lernen und glücklich zu sein". Da im Prioritätenmodell der Kindeswille subjektiv bestimmt wird als das, was sich das Kind aktual wünscht, wird der Kindeswille stets vor dem Hintergrund des Kindeswohls beurteilt. Schadet der subjektive Kindeswille dem objektiven Kindeswohl, so genießt das Kindeswohl Priorität. Zwar kann (muss aber nicht) im Rahmen des Prioritätenmodells behauptet werden, dass eine Zuwiderhandlung gegen den subjektiven Kindeswillen oder auch nur dessen Missachtung dem Kindeswohl schadet. In diesem Sinne wäre dann der subjektive Kindeswille Bestandteil des Kindeswohls. Priorität kann aber der Kindeswille im Prioritätenmodell nicht haben, weil er nicht an das objektiv „Vernünftige" oder „Gute" gebunden ist. Folglich muss der Kindeswille immer dann als *irrelevant* betrachtet werden, wenn er dem Kindeswohl zuwiderläuft. Entsprechend hat im Rechtsverfahren der Richter „stets die Aufgabe, die Verträglichkeit der vom Kind gewünschten Lösung mit seinem Wohl zu prüfen. In diesem Zusammenhang können es die Kindesinteressen auch rechtfertigen, von einem grundsätzlich nachvollziehbaren Kindeswillen *abzuweichen*" (Parr 2005: 9f., Herv. d. A.). In der Praxis geht es freilich weniger um stumpfe Ignoranz des Kindeswillen, sondern man wird eher bemüht sein, den subjektiven kindlichen Willen durch geeignete sozialpädagogische Zuwendung und Begleitung „umzustimmen".

(3) *Kongruenzmodell.* Dem dritten Modell, welches als „Kongruenzmodell" bezeichnet werden kann, liegt die Annahme zugrunde, dass Kindeswille und Kindeswohl gleichermaßen an „die Vernunft" bzw. an „das Gute" gebunden sind. Einen Konflikt zwischen Kindeswille und Kindeswohl kann es deshalb nicht geben, weil sie ihrer Zielrichtung nach zusammenfallen. In diesem Modell können sich – wenn man so will – Kinder und Erwachsene gleichermaßen irren: das Kind kann in seiner Willensbildung „das Gute" oder „das Vernünftige" ebenso verfehlen, wie die Erwachsenen bei der Rekonstruktion des Kindeswohls. Den Fachkräften kommt nun die Aufgabe zu, in den Äußerungen des Kindes das vernünftige Potential zu erkennen, ohne diese sogleich als „bloß" subjektive, „unreife" Wünsche zu disqualifizieren und dem Kinde vorschnell einen (in Graden) autonomen Willen abzusprechen. Liegt jedoch eine solche „unreife" oder „verzerrte" Willensbekundung vor, etwa bei dem geäußerten

Wunsch nach Rückkehr zu den Eltern, die das Kind materiell und emotional vernachlässigen, so muss aus der Perspektive des Kongruenzmodells angestrebt werden, den Willen des Kindes „aufzuklären", also zur Autonomie zu führen. Diese Notwendigkeit der „Aufklärung" des Kindeswillens ergibt sich aus der Perspektive des Kongruenzmodells daraus, dass der Kindeswille nicht nur Ausdruck der Selbstbestimmung des Kindes, sondern immer auch Ausdruck seiner Bindung an die Bezugspersonen ist (vgl. Coester 1983). Daher kann der Kindeswille durch gefährdende Beziehungen zu diesen Bezugspersonen verzerrt sein. Ob nun tatsächlich mit zunehmendem Reifegrad die Fähigkeit des Kindes zunimmt, zu seinen Bindungen in reflexive Distanz zu treten und damit zur autonomen Willensbildung zu gelangen, oder ob nicht auch Erwachsene ebenso eingeschränkt zur „reflexiven Willensbildung" fähig sind, ist eine empirische Frage. Diese Frage muss aber empirisch gar nicht entschieden werden, um das Kongruenzmodell zu vertreten. Entscheidend ist weniger die Annahme, dass Kinder tendenziell noch nicht zur autonomen Willensbildung fähig sind, sondern der Anspruch, Kinder grundsätzlich davor zu bewahren, gravierende lebenspraktische Entscheidungen zu treffen und für die Konsequenzen einzustehen (vgl. Klenner 2006).[7]

(4) Rein formal betrachtet wäre im Rahmen der Systematisierungslogik wäre eine vierte Position möglich: die Kombination des objektiven Kindeswille-Begriffs und des subjektiven Kindeswohlbegriffs. Diese Position kann aber kaum sinnvoll vertreten werden, weil sie auf die absurde Position hinausliefe, den Kindeswillen als an „das Gute" oder „die Vernunft" gebunden zu betrachten, es aber gleichzeitig für unmöglich zu halten, objektiv vernünftige Maßstäbe für das Kindeswohl anzugeben.

---

7 Das Kongruenzmodell findet Resonanz in dem so genannten „Wunschbefriedigungs-Ansatz" (vgl. Murphy 1999) im Rahmen der Forschung zum „Wohlergehen" (*well-being*). Dort bemisst sich das Wohlergehen eines Menschen daran, in welchem Maße er die geistigen und sozialen Zustände erreicht, die er sich wünscht. Das Wohl wird hier nicht auf den Willen reduziert. Es wird aber ein starker Zusammenhang zwischen Wohl und Wille postuliert. So heterogen die einzelnen Varianten des Wunscherfüllungs-Ansatzes auch sein mögen, unstrittig ist dort, dass ein Begriff von Wohlergehen, der auf Wünsche rekurriert, sich nicht auf die Befriedigung faktischer Wünsche bezieht, sondern auf die Befriedigung von Wünschen, die wir in einer hypothetischen Situation ausbilden würden. Es handelt sich hierbei um ein methodisches Verfahren zur Feststellung des Wohlbefindens. So wie sich bei Rawls „das Gerechte" dadurch bestimmen lässt, dass wir danach fragen, wie wir in einer hypothetischen Situation entscheiden würden, bestimmt sich für die Vertreter des Wünscherfüllungs-Ansatz „das Gute", das wir für uns erstreben, daran, was wir uns in einer hypothetischen Situation wünschen würden. Es geht hier also nicht um das, was wir uns faktisch wünschen sondern um das Wünschenswerte. Da das Wünschenswerte nicht verstanden wird als das, was wir wünschen *sollten*, sondern als das, was wir uns wünschen *würden*, handelt es sich um einen Ansatz der methodischen Annäherung an „das Gute" oder „das Vernünftige". Zur Rekonstruktion der einflussreichen „desire-fulfillment theory" vgl. Parfit (1984: 493ff.). Zur Kritik des dem zugrunde liegenden Konstruktes einer abstrakten, „fleischlosen" Person vgl. Sobel (1994) und auch schon Sen (1985b: 191f.).

Gibt es ein überlegenes Modell?

Nun lässt sich nicht ohne weiteres zwischen diesen drei Modellen entscheiden. Keiner Fassung des Verhältnisses zwischen Kindeswille und Kindeswohl ist evidentermaßen der Vorzug zu geben. Es sollte Gegenstand weiterer Debatten sein, welche Variante in Theoriebildung und Praxis zu bevorzugen ist. Entscheidend ist aber, dass die hier modellierten Fassungen in der Diskussion strikt voneinander geschieden werden.

Viele Debatten im Zusammenhang des Kindeswohls sind wohl darauf zurückzuführen, dass auf Basis eines der drei Modelle Schlussfolgerungen kritisiert werden, die im Rahmen eines anderen Modells entstanden sind. Insofern handelt es sich hier um Scheindebatten. So wird oftmals aus der Perspektive des Aushandlungs- oder Prioritätenmodells ausgehend Vertretern des Kongruenzmodells vorgeworfen, das Kind nicht in seinem Subjektstatus ernst zu nehmen. Aus der Perspektive des dritten Modells wird aber das Kind gerade darin in seiner Vernünftigkeit anerkannt, dass seine prinzipielle Fehlbarkeit ernst genommen wird.[8]

Umgekehrt wird aus der Perspektive des dritten Modells Vertretern des ersten oder zweiten Modells vorgeworfen, das Kind lediglich als hedonistisches Subjekt wahrzunehmen. Die Gleichsetzung des Kindeswillens mit dem vom Kinde Gewünschten wird hier so verstanden, als würde das Kind stets nur nach subjektivem Wohlbefinden streben ohne seine Wahl auch auf andere Maxime als dem der Lust (Hedonismus) zu gründen.

Bemerkenswert ist, dass die Kritik am Missbrauch mit dem Kindeswillen und -wohlbegriff auf alle drei Modelle bezogen worden ist. So werfen Kritiker dem Kongruenzmodell vor, dass hier der Manipulation Tür und Tor geöffnet sei, weil Erwachsene entschieden, was ein autonomer Wille sei und worin das Kindeswohl bestehe. Vertreter des Kongruenzmodells unterstellen freilich dem Prioritätenmodell, hier würde nur fadenscheinig der Subjektstatus des Kindes anerkannt. Faktisch würde jedoch stets gegen den geäußerten Willen des Kindes gehandelt werden müssen, was letztlich das Kind in seinem Autonomisierungsbestreben grundlegend infrage stellt. Anhänger des Prioritätenmodells und des Kongruenzmodells wiederum werfen den Vertretern des Aushandlungsmodells vor, ohne jegliche Grundlage das Kind in eine Verhandlungssituation zu führen, in der es bereits rein rhetorisch unterlegen sei. Überhaupt konzipiere das Verhandlungsmodell die Beteiligten als gegnerische „Parteien", die antagonistische Interessen vertreten. In Sorgerechts- und Familienstreitigkeiten gehe es aber nicht um konstitutiv entgegengesetzte Interessen, vergleichbar denen

---

8 Beispielsweise nimmt Rainer Balloff (2002), der offensichtlich auf Basis des Prioritätenmodells argumentiert, die auf dem Kongruenzmodell fußende Position Wolfgang Klenners (vgl. jetzt: Klenner 2006: 9) zum Beispiel dafür, dass „nunmehr offenbar bezweifelt [wird], dass es einen kindlichen Willen gibt und ob man diesen zur Kenntnis nehmen und beachten sollte" (Balloff 2002: 241).

des Käufers und Verkäufers, die um eine Ware feilschen. Die Modellierung möglicher divergierender Sichtweisen zwischen den Eltern, dem Kind und den Fachkräften als Aushandlung zwänge die Beteiligten daher erst in diesen antagonistischen Interessenkonflikt und blende damit aus, dass es letztlich doch primär um das Wohl des Kindes gehe. Vertreter des Aushandlungsmodells schließlich betrachten die Bindung des Urteils an „das Gute" oder „das Vernünftige" als metaphysischen Anachronismus und halten das Aushandlungsmodell für das zeitgemäße Modell.

Es sollte deutlich geworden sein, dass keinem Modell prinzipiell der Vorrang zu geben ist. Vor allem schützt kein Modell vor Missbrauch durch inkompetente Fachkräfte, sei es durch Fachkräfte, die das Kind wie einen Geschäftspartner betrachten und dem Kind in seiner Überforderung rhetorisch geschickt in den Mund legen, was dann als Verhandlungsergebnis gilt (Aushandlungsmodell), sei es durch Fachkräfte, die der Überzeugung sind, „das Gute" für alle Ewigkeit erkannt zu haben und sich daher stets genötigt sehen, den Kindeswillen zu ignorieren (Prioritätenmodell) oder den „wahren Willen" aus dem Kinde herauszukitzeln (Kongruenzmodell).

Für die weitere Debatte um das Kindeswohl ist es entscheidend, dass die konzeptionellen Möglichkeiten aller drei Modelle ausgereizt werden. Nun stehen aber gerade das Prioritätenmodell und das Kongruenzmodell unter dem Verdacht, dem falschen Paternalismus (siehe dazu Oelkers/Steckmann/Ziegler 2007) das Wort zu reden, weil sie auf dem objektiven Kindeswohlbegriff fundiert sind.[9] Im Gegensatz zum Begriff des Kindeswillens wird der Kindeswohlbegriff für schwer zugänglich gehalten. So heißt es, „[v]on beiden Begrifflichkeiten, Kindeswohl und Kindeswille, ist letzter unproblematischer zu klären" (Kotthaus 2006: 88), denn die „Schwierigkeit des Begriffes des Kindeswohls besteht darin, dass dieser, anders als der Kindeswille, keinen psychologischen Begriff, sondern ein hypothetisches, von einer Vielzahl schwer zu überschauender, wechselwirkender Einzelfaktoren bestimmtes Konstrukt in verschiedenen Gebrauchskontexten darstellt" (Kotthaus 2006: 89). Im Folgenden soll daher aufgezeigt werden, wie das Prioritätenmodell und das Kongruenzmodell durch den Begriff des Wohlergehens fundiert werden kann.

---

9 Bemerkenswert ist dabei, dass Vertreter des Aushandlungsmodells häufig implizit auf Annahmen der beiden anderen Modelle zurückgreifen, ohne sich dessen bewusst zu sein. Sie bekennen sich zum Aushandlungsmodell in dem Glauben, dem Kinde damit die stärkste Subjektstellung zukommen zu lassen, bedienen sich aber dann der Annahmen der alternativen Modelle, wenn sie in der theoretischen Debatte oder in der praktischen Arbeit an Grenzen stoßen.

Wohlergehen und das gute Leben

Der Begriff „Wohlergehen" dient der Beurteilung einer Lebenspraxis in Hinblick auf das gute Leben. Alternative Hinsichten der Beurteilung wären etwa: der Beitrag der Lebenspraxis für die Gesellschaft oder ihr Erfolg bei der Realisierung bestimmter Handlungsziele (vgl. Sen 1993: 36) oder auch die Erfüllung von Grundbedürfnissen. In der Jugendhilfe ist das Kindeswohl bislang vor allem über Grundbedürfnistheorien fundiert und operationalisiert worden. Weil aber Grundbedürfnistheorien sich aber an Subsistenzbedingungen orientieren, führt die Beschränkung auf solche Größen dazu, dass reale Freiheiten und Möglichkeiten der Lebensführung in den Blick geraten. Grundbedürfnistheorien zielen ausschließlich auf realisierte Zustände (*actual achievement*), nicht auf Möglichkeiten (*freedom to achieve*) (vgl. Sen 1992: 31ff.; vgl. auch Heinrichs 2004).

Dieser Fokus auf reale Freiheiten nimmt dagegen im Befähigungsansatz einen zentralen Stellenwert ein. Amartya Sen (1985b) unterscheidet zwischen der Freiheit, zielgerichtet zu Handeln (*agency freedom*), der Freiheit, Wohlergehen anzustreben (*well-being freedom*), dem Erreichen von gesteckten Zielen (*agency achievement*) und Erreichen von Wohlergehen (*well-being achivement*).[10] Mit dem „zielgerichteten Handeln" und dem „Wohlergehen" sind zwei Aspekte von Lebenspraxis bezeichnet, die nicht aufeinander reduziert werden können. Im Begriff des zielgerichteten Handelns ist der Mensch thematisch, der handelnd in die Welt eingreift, wertend Stellung nimmt und sich begründet Handlungsziele setzt, die er verwirklichen will. Mit dem Begriff des Wohlergehens geht es um den Menschen, dem etwas in der Welt widerfährt, der von ihr profitiert oder unter ihr leidet (Sen 1985b: 208). „Wohlergehen" ist dabei nicht als egoistische Orientierung misszuverstehen. Das Wohlergehen kann sich durchaus aus der Hinwendung zu Dingen oder anderen Menschen ergeben. So kann es mir wohlergehen, wenn ich meinen Mitmenschen helfe oder mich für eine gute Sache einsetze. Solche Tätigkeiten tragen dann *indirekt* zu meinem Wohlergehen bei (vgl. Sen 1993: 36).

Die Maximierung von Wohlergehen ist häufig ein wichtiges Handlungsmotiv, jedoch lediglich nur eines unter vielen anderen (vgl. Sen 1985a: 14ff.; 1985b: 186ff.). Zwar liegt in der Regel das Wohlergehen im Horizont der der persönlichen Handlungsziele – wir setzten uns das Ziel, Wohlergehen durch unser Handeln zu verwirklichen. Aber unsere Handlungsziele müssen nicht notwendigerweise zu unserem Wohlergehen beitragen. So kann ich mir zum Ziel setzten, anderen Menschen zu helfen oder mich für eine gute Sache einzusetzen, auch wenn sich dies nicht auf mein Wohlergehen auswirkt. Menschliches Handeln ist oft auch durch deontologische Forderungen, wie der Pflicht gegenüber anderen, motiviert. Damit können meine Handlungsziele sogar mei-

---

10 Zu dieser Übersetzung von „agency" durch Pauer-Studer vgl. Sen (2000: 221f.).

nem Wohlergehen zuwiderlaufen. Wenn ich in dem Moment, in dem ich (etwa aus religiösen oder gesundheitlichen Gründen) faste, leide, dann laufen meine Handlungsziele meinem Wohlergehen entgegen (vgl. Sen 1985b: 201). Auch im künstlerischen oder politischen Engagement, bei dem ich große persönliche Entbehrungen aufnehmen muss, laufen meine Handlungsziele meinem Wohlergehen entgegen. Die Lebenspraxis kennt Zustände wie „kreative Unmut" oder „schöpferische Unzufriedenheit" (Sen 1999: 31). Wohlergehen ist insofern lediglich ein erstrebenswerter Aspekt von Lebenspraxis von vielen anderen. Es wäre reduktionistisch, menschliches Handeln so zu konzipieren, als sei es grundsätzlich auf die Steigerung des Wohlbefindens gerichtet.[11] Wenn aber menschliches Handeln auch auf andere Dinge als Wohlbefinden gerichtet ist, dann ist Wohlergehen bestenfalls ein *Indikator* der subjektiven Konzeption des guten Lebens. Wohlergehen bezeichnet lediglich, wie glücklich eine Person mit bestimmten Aspekten ihrer Lebenspraxis ist, nicht aber, ob es ein gutes Leben ist und nicht einmal ob die Person selbst dies für ein gutes Leben hält.[12]

Für das „gute Leben" spielen viel mehr Dinge eine Rolle als Wohlergehen. Wenn Vanille-Eis auf meiner Präferenzskala hinsichtlich Wohlergehen an höchster Stelle rangiert, dann wird dieses Wohlbefinden nicht notwendig dadurch eingeschränkt, wenn keine anderen Eis-Sorten als Vanilleeis angeboten werden – aber meine *Freiheit* ist dadurch eingeschränkt (vgl. dazu Sen 1985a: 14f.). Es braucht daher eine umfassende Konzeption von Wohlergehen, die diesem Umstand Rechnung trägt, dass wir die Freiheit wertschätzen, zwischen (nicht-trivialen) Handlungsalternativen entscheiden zu können (vgl. Sen 1985b: 202). Wir sollten daher Konzeptionen von Wohlergehen im Sinne von „Wohlbefinden" als unmittelbare Wunscherfüllung unterscheiden von einem umfassenden Begriff von Wohlergehen, der den Wert menschlicher Freiheit mit einbezieht.

Handlungsfreiheit ist also zum einen notwendige (aber nicht hinreichende) *Bedingung*, um Wohlergehen zu erreichen. Ohne die Freiheit zu zielgerichtetem Handeln kann ich nicht die Dinge tun, die mein Wohlergehen fördern. Zum anderen ist – für einen umfassenden Begriff von Wohlergehen – Handlungsfreiheit zugleich *Selbstzweck*. Handlungsfreiheit hat einen instrumentellen Wert und ist zugleich Selbstzweck für menschliches Wohlergehen.

---

11 So wird etwa im Utilitarismus methodisch von der Annahme ausgegangen, dass menschliches Handeln grundsätzlich durch Nutzenmaximierung motiviert ist. Diese Nutzenmaximierung wird dann in der klassischen Spielart des Utilitarismus als Grad der Befriedigung von Wünschen konzipiert. Rational ist eine Handlung, die individuelle Wünsche maximal befriedigt (vgl. Sen 1999: 96f.). Deontologische Handlungen werden dann oftmals ebenfalls als Nutzenmaximierend konzipiert. Es ist aber wenig überzeugend, die Erfüllung einer Pflicht als durch die Steigerung von Wohlbefinden motiviert zu betrachten, wenn der Akteur das selbst nicht so sieht (vgl. Sen 1977).

12 Anderenfalls müssten Wittgensteins letzte Worte: „Sag ihnen, daß es wunderbar war!" angesichts eines schweren, leidvollen Lebens als Alterswahn interpretiert werden (vgl. Seligman/ Royzman 2003).

Kinder- und Jugendhilfe als Menschwerdungshilfe

Aus der Perspektive des Befähigungsansatzes hat Jugendhilfe zu gewährleisten, dass alle Kinder und Jugendlichen ein soziales Minimum an Chancen bekommen, ihr Wohlergehen zu verwirklichen (vgl. auch Schrödter 2007). Denn aus dem GG lässt sich ableiten, dass zusätzliche Angebote in der Kinder- und Jugendhilfe zur Verfügung zu stellen sind, im Sinne der Schaffung von „Ermöglichungsbedingungen zur effektiven Wahrnehmung des Elternrechts" und als „Menschwerdungshilfe" (Jean d'Heur 1987: 11). Praktisch bleibt der Einfluss von Eltern auf die Sozialisationschancen von Kindern maßgeblich, weil der Staat unterhalb der Gefährdungsschwelle des Kindeswohls nicht in die verfassungsrechtlich geschützte elterliche Erziehung eingreift. Ein von oder für Kinder einklagbares „Recht auf Erziehung" gibt es nicht, wohl aber eine Legitimation, die über die rechtlichen Grundlagen hinausweist: So nennt etwa Martha Nussbaum (1999) substanzielle Eigenschaften, die Menschen erst zu Menschen machen: Die Fähigkeit, sich Gedanken zu machen, die Fähigkeit, auf die Ansprüche anderer zu antworten oder die Fähigkeit zu handeln oder sich zu entscheiden. Ausgehend von den essentiellen Bestandteilen eines guten menschlichen Lebens gelangt Nussbaum zur Bestimmung eines Sets von interdependenten Grundbefähigungen, auf deren Ermöglichung jede Person Anspruch habe und die als *central human capabilities* in der sogenannten Nussbaum-Liste aufgeführt sind (Nussbaum 2006: 76ff.). Die Grundbefähigungsliste kann als Grundlage zur Einschätzung dessen dienen, inwiefern die öffentliche Aufgabe erfüllt wird, „jedem Bürger die materiellen, institutionellen sowie pädagogischen Bedingungen zur Verfügung zu stellen, die ihm einen Zugang zum guten menschlichen Leben eröffnen und ihn in die Lage versetzen, sich für ein gutes Leben und Handeln zu entscheiden" (Nussbaum 1999: 24).

Öffentliche Aufgabe wäre also in erster Linie für die Ermöglichungsbedingungen zur Ausbildung von Fähigkeiten zu sorgen, nicht aber die Realisierung bestimmter Fähigkeiten durchzusetzen. Auf der (legitimatorischen und handlungsethischen) Grundlage des Capability Approach sind das gesellschaftlich zu fördernde Gut die Befähigungen (*capabilities*) und nicht die sogenannten Funktionen (*functionings*) selbst, weil anderenfalls kein Freiheitsspielraum für die unterstützten Personen entstünde, ihr eigenes Leben zu führen (Sen 1992: 39ff.; Nussbaum 1999: 86ff.). Die Entscheidung für die Realisierung eines bestimmten Funktionenprofils bleibt Sache der Individuen. Mit Blick auf diesen Unterschied besteht Martha Nussbaum darauf, dass sich politische Maßnahmen, z. B. im Rahmen der Kinder- und Jugendhilfe, auf Befähigungen und nicht auf die konkreten Funktionen von Kindern und Jugendlichen zu beziehen haben. Zwar manifestiere sich das gute Leben in Form real verwirklichter Funktionsweisen, „nichtsdestoweniger ist es mit Blick auf politische Zwecksetzungen angemessen, dass wir auf die Befähigungen zielen – und nur darauf [...]. Selbst dann, wenn wir uns sicher sind zu wissen, worin ein gedeihliches Leben besteht und dass eine spezifische Handlungs- und Daseinsweise hierin eine bedeutende Rolle spielt, sind wir respektlos gegenüber Menschen, wenn wir sie in diese Funktionsweise zwängen" (Nussbaum 2000: 87f.).

In der Perspektive des Befähigungsansatzes wird das Maß an vorliegender Autonomie nicht daran bemessen, inwieweit individuelle Wünsche der AdressatInnen Befriedigung erfahren (Nussbaum 2000, 2006). Das Bild ist weitaus komplexer: mit einbezogen ist die Struktur und Breite des sozialwissenschaftlich erforsch- und bestimmbaren materiell, kulturell und politisch-institutionell strukturierten Raums *gesellschaftlicher Möglichkeiten* sowie dessen Beziehung zum akteursbezogenen Raum der *individuellen Fähigkeiten*. Beide zusammen bestimmen die objektiven Chancen der AdressatInnen, aus der Menge potentieller Optionen jene wählen und verwirklichen zu können, für die aus der Sicht ihrer eigenen Konzeption eines guten Lebens gute Gründe sprechen. Der effektive Beitrag zur Erhöhung der in dieser Form beschreibbaren Verwirklichungschancen von AdressatInnen ist dann der Maßstab zur Bewertung der Ziele und Maßnahmen Sozialer Arbeit.

Aus dem Befähigungsansatz folgt, dass es nicht in den Zuständigkeitsbereich der Professionellen fällt, welche Konzeption des guten Lebens die AdressatInnen zu entwerfen und zu verwirklichen trachten. Aus diesem liberalen Grundsatz ist jedoch keineswegs auf eine einseitige Ausrichtung an den subjektiven Wünschen zu schließen. Aus einer sozialwissenschaftlichen Perspektive betrachtet, wäre eine solche Ausrichtung mit dem Problem der „adaptiven Präferenzen" konfrontiert.[13] Die Arbeiten von Pierre Bourdieu – und in Deutschland die der ForscherInnen um Michael Vester (vgl. Vester 2001) – haben immer wieder empirisch beschrieben, in welchem Ausmaß die vermeintlich authentischen Wünsche und Interessen von Individuen von dem Platz im sozialen Raum determiniert sind, an den das Individuum ohne sein Zutun gesetzt ist: „Der Geschmack", schreibt Bourdieu „bewirkt, dass man hat, was man mag, weil man mag, was man hat, nämlich die Eigenschaften und Merkmale, die einem de facto zugeteilt und durch Klassifikation de jure zugewiesen werden" (Bourdieu 1979: 285f.). Eine umstandslose Orientierung an manifesten Präferenzen läuft dementsprechend Gefahr, die im empirischen Sinne ungleiche und unter moralischen Gesichtspunkten häufig ungerechte Struktur des sozialen Raums schlicht zu reproduzieren. Mit Blick auf die typischen AdressatInnen der Sozialen Arbeit bedeutet dies häufig die Reproduktion von Miserabilität.

---

13 Zum Begriff der adaptiven Präferenzen siehe Elster 1982, vgl. Sen 1985 und Nussbaum 2000: 111ff.

Literatur

Aristoteles, 1921: Nikomachische Ethik. Hamburg: Meiner.

Balloff, R., 2002: Kindeswille, Grundbedürfnisse des Kindes und Kindeswohl in Umgangsrechtsfragen. In: Familie Partnerschaft Recht 8, 6: 240-245.

Baumann, P., 2000: Die Autonomie der Person. Paderborn: Mentis.

Bourdieu, P., 1979: Die feinen Unterschiede. Kritik der gesellschaftlichen Urteilskraft (dt. 1982). Frankfurt a. M.: Suhrkamp.

Brazelton, T. B./Greenspan, S. I., 2000: Die sieben Grundbedürfnisse von Kindern. Was jedes Kind braucht, um gesund aufzuwachsen, gut zu lernen und glücklich zu sein (dt. 2002). Weinheim: Beltz.

Coester, M., 1983. Das Kindeswohl als Rechtsbegriff – Die richterliche Entscheidung über die elterliche Sorge beim Zerfall der Familiengemeinschaft. Frankfurt a. M.: Metzner.

Dettenborn, H., 2001: Kindeswohl und Kindeswille. Psychologische und rechtliche Aspekte. München: Reinhardt Verlag.

Heinrichs, J.-H., 2004: Grundbefähigungen. Zum Verhältnis von Ethik und Ökonomie. Dissertation, Universität Duisburg-Essen, Duisburg [online: http://deposit.ddb.de/cgi-bin/dokserv?idn=970513372].

Jean d'Heur, B., 1987: Der Kindeswohl-Begriff aus verfassungsrechtlicher Sicht. Ein Rechtsgutachten. Bonn.

Klenner, W., 2006: Essay über die Emanzipation des Kindes im Familienrechtsverfahren. In: Kindschaftsrecht und Jugendhilfe, 1: 8-11.

Kotthaus, J., 2006: Zur Beteiligung von Kindern an Entscheidungen in den erzieherischen Hilfen am Beispiel von Fremdunterbringungen entsprechend §33 SGB VIII. Bergische Universität Wuppertal, Wuppertal.

Münder, J., 1999: Familien- und Jugendhilferecht. Eine sozialwissenschaftlich orientierte Einführung. Bd. 1: Familienrecht. Neuwied: Luchterhand.

Murphy, M. C., 1999: The simple desire-fulfillment theory. In: Noûs 33, 2: 247-272.

Nussbaum, M. C., 1999: Gerechtigkeit oder das gute Leben (Hg. v. Pauer-Studer, H.). Frankfurt a. M.: Suhrkamp.

Nussbaum, M. C., 2000: Women and human development. The capabilities approach. Cambridge: Cambridge University Press.

Nussbaum, M. C., 2006: Frontiers of justice. Disability, nationality, species membership. Cambridge, MA.: Harvard University Press.

Oelkers, N./Steckmann, U./Ziegler, H., 2007: Normativität in der Sozialen Arbeit. In: *Ahrens, J./ Beer, R./Bittlingmayer, U. H./Gerdes, J.* (Hg.): Beschreiben und/oder Bewerten? Beiträge zu den normativen Grundlagen der Sozialwissenschaften. Münster: Lit.

Parfit, D. 1984: Reasons and persons. Oxford: Clarendon Press.

Parr, K., 2005: Das Kindeswohl in 100 Jahren BGB. Julius-Maximilians-Universität Würzburg, Würzburg [online: http://opus.bibliothek.uni-wuerzburg.de/volltexte/2006/178 3/].

Pleines, J.-E., 1996: Autonomie und vernünftiges Handeln. In: Vierteljahrsschrift für wissenschaftliche Pädagogik 72, 2: 163-175.

Schrödter, M., 2007: Soziale Arbeit als Gerechtigkeitsprofession. Zur Gewährleistung von Verwirklichungschancen. In: neue praxis 37, 1: 3-28.

Seligman, M. E. P./Royzman, E., 2003: Happiness. The three traditional theories. Authentic Happiness Newsletter July 2003. Eingesehen am 5.1.2007, über www.authentichappiness.sas.upenn.edu.

Sen, A. K., 1977: Rational fools: A critique of the behavioral foundations of economic theory. In: Philosophy and Public Affairs (1982) 6, 4: 317-344.

Sen, A. K., 1985a: Commodities and capabilities. Amsterdam: North-Holland.

Sen, A. K., 1985b: Well-being, agency and freedom: The Dewey lectures 1984. In: Journal of Philosophy 82, 4: 169-221.

Sen, A. K., 1992: Inequality reexamined. Cambridge, MA.: Harvard University Press.

Sen, A. K., 1993: Capability and well-being. In: *Nussbaum, M. C./Sen, A. K.* (Hg.): The quality of life. Oxford: Clarendon Press.

Sen, A. K., 1999: Ökonomie für den Menschen. Wege zu Gerechtigkeit und Solidarität in der Marktwirtschaft (dt. 2000). München: DTV.

Sen, A. K., 2000: Konsequentialismus, Social-choice-Theorie und Gleichheit der Vermögen. In: *Pauer-Studer, H.* (Hg.): Konstruktionen praktischer Vernunft. Philosophie im Gespräch. Frankfurt a. M.: Suhrkamp.

Sobel, D., 1994: Full information accounts of well-being. In: Ethics 104, 4: 784-810.

Vester, M., 2001: Soziale Milieus im gesellschaftlichen Strukturwandel. Zwischen Integration und Ausgrenzung (vollst. überarb., erw. u. aktualis. Aufl. von 1993). Frankfurt a. M.: Suhrkamp.

Weber, C./Zitelmann, M., 1998: Standards für VerfahrenspflegerInnen. Die Interessenvertretung für Kinder und Jugendliche in Verfahren der Familien- und Vormundschaftsgerichte gemäß § 50 FGG. Neuwied: Luchterhand.

IV. Anschlüsse an Bildungstheorie und Bildungsforschung

Sabine Andresen / Hans-Uwe Otto / Holger Ziegler

Bildung as Human Development:
An educational view on the Capabilities Approach

The Capabilities Approach as an educational point of view

A basic argument of our paper is that the capabilities approach elaborates an educational perspective. It contains a conception of justice based on considerations which come close to the German notion of *Bildung*.

We argue that the notion of education should not be reduced to school education. This does not imply raising any doubt that education in school is important. Yet we advocate a notion of education which reflects a relation between formal (e. g. school), non-formal (e. g. working groups outside school) and informal (peers, media) processes of learning, training and developing social and personal identity. Recognising ongoing long term social processes of informalization (Wouters 1986) as a notoriously contradictious and ambivalent part of the western civilizing process (Elias 1984), we suggest that informal education plays an important role in (post)modern societies (cf. Kahane 1975; Cohen 2001). According to Reuven Kahane, "informality is especially relevant given the seeming chaos and the multiplicity of choices with which one must simultaneous cope in contemporary life" (Cohen 2001: 357). From significant empirical studies, we know that informality is an important aspect of the educational process, also within formal educational institutions. The main reasoning of our article – i. e. that the capabilities approach is an educational approach – is based on a particular conception of education: the conception of *Bildung*, which inherently reflects the broad interplay of formal, non-formal and informal processes and modes of education.

Not only educational scientists such as Elaine Unterhalter and Melanie Walker (2007) but also philosophers and economists – including Armatya Sen and Martha Nussbaum themselves – recognise a strong position of education within the capabilities perspective. Referring to the work of Armatya Sen and Jean Drèze, the Dutch economist Ingrid Robeyns emphasizes that in terms of the promotion of human well-being and agency, education might play:

- an instrumental personal economic role,
- an instrumental collective economic role,
- a non-economic personal role and
- a non-economic collective role.

In reflecting these roles, Robeyns even considers education itself to be a capability: Education, she argues

"is important in the capability approach for both intrinsic and instrumental reasons. Being knowledgeable and having access to an education that allows a person to flourish is generally argued to be a valuable capability. But being well-educated can also be instrumentally important for the expansion of other capabilities" (Robeyns 2005: 12).

This idea of considering education as a capability in Sen's and Nussbaum's narrower sense of the notion is all the more convincing when applied to an encompassing conception of education which reflects formal as well as informal processes: The more comprehensive the notion of education is with respect to different modes of educational processes, the closer the relation between education and the capabilities approach seems to be. In particular when formulated in terms of *Bildung*, it seems to be appropriate to consider education as a capability, and human capabilities as consequences of educational processes.

It may even be that what distinguishes the capabilities approach from other egalitarian approaches to justice is its specific – but often – unsaid relation to an educational perspective. Where the approaches of Armatya Sen and Martha Nussbaum reach beyond other theories and approaches of justice is, in particular, where they point out that just procedures, institutions and distributed resources are always necessary but often insufficient to enhance social justice and human well-being. With the capabilities perspective, real, tangible and vulnerable human beings with real biographies, real needs and real socially and culturally embedded ways of life come into the scope of justice. The way in which humans plan and conduct their life, their self-realization and self-actualisation is considered as a focal point of ethical considerations. Whenever these features are practical and political issues that reach beyond the idea of creating an abstract situation of justice, they seem to be most notably a matter of educational processes.

Thus we suggest that the capabilities approach might basically be considered as an educational approach. The capabilities approach may provide a deliberate analytical reference for evaluation and a theoretical umbrella for existing empirical work which allows for field- and domain-specific empirical operationalisation. The strength of the capabilities approach is its capacity to provide sensible tools and frameworks within which literacy, social competences and other educational aspects may be appropriately conceptualised and evaluated. Understood in these terms, a capabilities approach establishes an enlightened framework for social justice in education which may particularly concern the contribution of education to enabling individuals to function as equal democratic citizens (cf. Anderson 1999) when conducting their lives in modern societies.

There is substantial empirical and theoretical research which suggests a strong relation between education and the capabilities approach. Educational theorists such as Madoka Saito (2003) point to a strong immanent connection between pedagogical perspectives and the capabilities approach. Also philosophers such as Sturma (2000) or Garrett (2001) insist that the majority of human capabilities are to be developed by experience and (informal or formal) education, and that, vice versa, "having access to an education that allows a person to flourish is generally argued to be a valuable capability" (Robeyns 2005a, Unterhalter 2003). Pedro Flores-Crespo (2004) elaborates that "historically education has been intimately connected to human capabilities"; and pointing to pedagogical values such as tolerance, self-expression and empowerment, Sabina Alkire (2004) argues that education conduces "to the 'full development of the human personality and to the strengthening of respect for human rights and fundamental freedoms'". There are a broad number of "interconnections between education and other freedoms [...] that people – including poor people – value, including social esteem, health, employment, productivity, empowerment and self-reliance, political participation, having one's rights respected, and so on". To connect the issue of education with the capabilities perspective is particularly convincing when we bear in mind that education might not only be valued in terms of its contribution to capital accumulation and growth but also in terms of its contribution to the development of contemplative capacities and to the exposure to the learning of techniques for acquiring fame and fortune (Standing 2003). In a similar vein, Jean Drèze and Amartya Sen (1995: 43) also insist on the necessity "to bear in mind [... that] education, and other features of a good quality of life are of importance on their own [...] and not just as 'human capital', geared to commodity production". Martha Nussbaum (1999) goes one step further and notes that from an Aristotelian view, education is the most relevant part of public policy with respect to capabilities. This is no coincidence, as Nussbaum considers the divergent abilities of individuals to convert resources into valuable human functioning respectively to translate available characteristics of 'external' and 'internalised' economic, social and cultural assets into functional choices as the central and distinguishing concern of the capabilities approach. Amartya Sen specifies inter alias the following sources of variation in the respective conversion rates: distribution within the family; social climate, public facilities and community; and personal heterogeneities. With respect to these sources of variation, the capabilities approach obviously comes close to the person-in-environment perspective of an educational point of view which is a typical focus of the German tradition of 'social pedagogy'. The same is true with respect to the two 'architectonic' capabilities to which Martha Nussbaum (2003) often refers. Nussbaum argues that "among the capabilities, two, practical reason and affiliation, stand out as of special importance, since they both organize and suffuse all the others, making their pursuit truly human". Also these outstanding capabilities come very close to the central aspects of education and, again, particularly in terms of 'social pedagogy'. This form of education and pedagogy beyond mere schooling is about enhancing human development by improving competence, knowledge and skills while at the same time it gives priority to the bonds and conflicts between people, and to how moral ties and dilemmas as well as the co-operative and competitive aspects of groups and communities both constrain and enable individuals[1] (Jordan 2003).

At least in the continental European tradition, most educational professions legitimize their intervention inference into human lives by referring to the quest to enable each individual to realize his or her full human potential, and, in doing so, well-being, human dignity, agency and self-determination are typical values which educational approaches in the field of welfare share with the capabilities perspective. This is particularly true when education is not only understood in terms of training and expertise but in terms of *Bildung*. We want to make clear that we do not celebrate the (often conservative) notion of *Bildung* per se. The notion of *Bildung* has to be handled with care. The history and the systematics of the German term *"Bildung"* are closely associated with the idea of a national state, as well as with criticism of modernization and with the German *"Bildungsbürgertum"* (cultured middle class). *Bildung* is associated rather more with the development of the *"Gymnasium"* (grammar school) than with that of the welfare state. In this sense, the political conversion and ideological adoption of the idea of classical humanist education taking place in the 19th century seems somewhat elitist. To this day, the German education system is characterised by early selection and exclusion. *Bildung* itself is conceptually rather more preoccupied with performance and achievement than with the democratic public realm.

German educational concepts correspond with the perception of cultural, political and economical crises. When reconstructing German educational history, therefore, distinguishing which particular idea of crisis the term *Bildung* is associated with is unavoidable. This is still the case today, as can be seen, for example, by the use of the metaphor "educational catastrophe", which was formulated by Georg Picht in 1964 and which is still used in political and journalistic debates today. The consequences of this were that criticizing education in a generalised and empirically unsecured way conceals political dimensions.

In the German discourse, at least, it is still evident today that education tends to be brought before the public from the point of view of cultural criticism rather than that of educational science. In most cases, however, a substantiated criticism of the educational system is absent. If we want to point out the creative aspects of the term *Bildung* we have to look at it as a critical concept. That means *Bildung* as a critical concept also can play several roles:

1. as a critical potential against inequality and the distress of human beings
2. as a critical potential according to self-respect and self-criticism

---

1 It is therefore coherent when some commentators argue that the "capability perspective incorporates social work's twin missions – enhancing well-being and meeting basic needs – into its justice framework" (Morris 2002: 270).

Bildung therefore has always a double face. Like Gert Biesta (2002) says, "one face is educational, the other is political". In this context, the notion of *Bildung* may refer to the idea of educative self-formation which claims to include the micro- and macro-levels of cultural self-formation particularly with respect to the formation of the capacity to take autonomous decisions.

Regarding the capabilities of children and adolescents, we have to recognize that they primarily stay in asymmetric relations especially to parents, teachers, social workers and so on. These often act in an advocatory way. So, if we follow our thesis that the capabilities approach is a fundamentally educational approach, we have to talk about rights as a possible instrument.

This brings us to a further point: Recently Josef Bleicher (2006) has described *Bildung* in an unsaid but nevertheless striking correspondence to main aspects of the capabilities approach: "Transcending mere acquisition of knowledge, *Bildung* points to a way of integrating knowledge and expertise with moral and aesthetic concerns. On the basis of a successful integration of thinking, willing and feeling, it enables sound judgement, indicated by a developed awareness of what is appropriate [...] It entails openness to difference and a willingness to self-correct. *Bildung*, in the classic sense, thus also contains a projective anticipation of the 'good life', of human freedom enacted with responsibility for self and others in the open-ended project of self-creation."

It seems to be most appropriate to broach the issue of this "open-ended project of self-creation" in relation to the notion of freedom or autonomy which the capabilities approach suggests. When we argue that the capabilities approach allows us to address both education and welfare in terms of a non-idealist notion of *Bildung*, we neither reduce the capabilities approach to an individualized and individually applied technology nor do we embrace the unempirical, conservative and romantic conception which is often implied with this term. Rather, we consider *Bildung* as an empirically analyzable, foundational part of a political economy (in the ancient sense of a moral economy). The aim of *Bildung* might well reflect the emancipatory project of moving what Karl Marx (1971: 820) called the mere 'realm of natural necessity' into what he considered as the 'true realm of freedom'. This is reflected in the position of some proponents of the perspective of *Bildung* that "autonomy is not simply an educational aim, but that it is the one and only aim of education" (Biesta/ Tedder 2006: 4) and that – as Klaus Mollenhauer (1983) has argued with respect to this aim – "there can be no individual emancipation without societal emancipation" (Biesta/Tedder 2006: 5), because a mere "reification of agential freedom abstracts from the concrete context and conditions under which chosen ends can be effectively pursued" (Tobias 2005: 70).

A fundamental issue that our notion of education as *Bildung* shares with both Marxian thinking and Martha Nussbaum's capabilities approach is a strong and specific concept of human life practice. It agrees on the idea that human beings produce themselves and develop both their capacities and needs through vital activity. Martha Nussbaum (1992: 202) affirmatively refers to Marx's *Economic and Philosophical Manuscripts* of 1844 where he suggests a utopian conception in which "in place of the wealth and poverty of political economy come the rich human being and rich human need". "The rich human being", Marx argues in this context, "is simultaneously the human being in need of a totality of human life-activities – the person in whom his own realization exists as an inner necessity, as need".

Nussbaum's idea of human flourishing obviously reflects such a conception of human needs – pointing to the insight that human beings are "constitutively vulnerable to a range of conditions that would render them incapable of fulfilling the functions that are fundamental to the pursuit of *any* of the human goals that constitute a good life" (Tobias 2005: 70) – which also provides a basis for the non-idealist notion of *Bildung* which we shall outline in this contribution.

On the fundament of these basic considerations, we outline our point that the capabilities approach elaborates a decisively *educational* perspective on human development, well-being and justice. Our article is intersected in five steps: the first section reflects the capabilities approach with respect to notion of freedom and the problem of social inequality. The second section investigates the relations between the capabilities approach and Marxist ideas. The third section analyses the problem of an individualised version of the capabilities approach in the political context of current welfare reforms (i. e. the 'activating State' respectively the 'Third Way'). The fourth section investigates the role of resources within the capabilities approach. The fourth section eventually relates the idea of *Bildung* to the capabilities approach.

The Capabilities Approach, Class and Freedom

At the first glance there is a stronger relation between liberal egalitarian theories of political philosophy and the capabilities approach[2]. Regardless of their critical considerations both Armatya Sen and Martha Nussbaum draw on Rawls' *Theory of Justice* (see Harry Brighouse and Elaine Unterhalter in this volume). Particularly in her recent work on the *Frontiers of Justice*, Martha Nussbaum (2006) locates her approach decisively within the realm of political liberalism. However, beyond her critic of the inherent frontiers of justice in terms of the explanation of theoretical arguments and concepts of personhood within Rawls' *Theory of Justice*, she also criticises its focus on goods and resources at the expanse of an emphasis on the real freedoms or capabilities to which such 'primary goods' enable[3]. As Joshua Cohen points out, "the capability approach

---

2 Ironically, in the German debate Martha Nussbaum is sometimes characterised as a leading 'communitarian' thinker (cf. Reese-Schäfer 2001).

3 In his "Contribution to the Critique of Political Economy" Karl Marx formulates a quite simi-

captures the intuitively attractive idea that people should be equal with respect to effective freedom" (quoted from Gasper 2007: 339). The notion of freedom in the capabilities approach comes close to Gerald MacCallum's conceptualisation of an agent's freedom from – avoidable and/or compensable – economic, social, political and personal constrains or restrictions X to be or to do Z, whereby Z constitutes valuable and attainable life-states (cf. Pauer-Studer 2000). This freedom is accentuated in the work of Armatya Sen: "The concept of 'functioning', which has distinctly Aristotelian roots", Sen argues, "reflects the various things a person may value doing or being. The valued functionings may vary from elementary ones, such as being adequately nourished and being free from avoidable disease, to very complex activities or personal states, such as being able to take part in the life of the community and having self-respect. A person's 'capability' refers to the alternative combinations of functionings that are all feasible for her to achieve. Capability is thus a kind of freedom: the substantive freedom to achieve alternative functioning combinations" (Sen 1999: 75).

With the capabilities perspective therefore, the agency and well-being of persons come to the fore. Neither Sen nor other approaches to well-being – perhaps with the exception of some psychologically oriented empirical 'Happiologists' (critically: Otto/Ziegler 2007) – doubt that goods, rights and resources are important means in order to realise such a positive formulation of freedom in terms of autonomy and human flourishing. Nevertheless, they might not inherently capture essential features such as non-exploitation, non-discrimination, non-humiliation and human dignity (cf. Young 1987). Furthermore, resources do not necessarily "tell us what the person will be able to do with those properties" (Sen 1985: 9). A focus on rights and resources might therefore fail to account for people's differing capacities to take advantage of their resources and circumstances (cf. Weale 2005), as it potentially ignores large "personal heterogeneities, environmental diversities, variations in social climate, differences in relational perspectives, distribution within the family" (Sen 1999: 70-71) which are central for human well being.

On the one hand, the capabilities approach avoids such shortfalls by emphasizing socio-cultural, "political, and institutional settings as contextual frameworks that limit and structure the opportunities and options that individuals can utilize to take advantage of certain life chances" (Böhnke 2007: 5) and pointing to the practical conditions and structural environments which enable "people to achieve a decent living that provides self-respect as well as enough to eat" (Böhnke 2007: 5). On the other hand, the use of the capabilities approach in terms of a person's real opportunities and freedoms to achieve various forms of life conduct also "contrasts with those approaches that focus on a person's

---

lar idea. Money, he argues, is not power as such but a resource which may under certain conditions enable and capacitate its holder as an individual person to exercise power. It "puts social power as a thing into the hands of the private person, who as such uses this power".

given ability or skills" (Pressman/Summerfield 2002: 430). Particularly in Nussbaum's version, capabilities are virtues which may not be predominantly individual. Rather they are to be primarily considered as a political product of a combination of capacitating and opportunities to decide about the projects of ones own individual and collective life. This is consistent with a notion of education which highlights that well-being and "agency [... are] not exclusively an individual achievement but [...] connected to contextual and structural factors" (Biesta/Tedder 2006: 5).

Reflecting these aspects, Martha Nussbaum and Armatya Sen argue that a just society is not to be defined and determined in terms of the goods and assets it provides. Rather it should be defined in terms of its equal and effective contribution to an expansion of 'human capabilities' and subsequently to human flourishing. To create the conditions that allow for an effective realisation of human potentialities is therefore a most central task for a just society. This task might not be confounded with a merely material abundance. Resources and the modes of their distribution are highly relevant to justice, yet they are rather instrumental means to an end – not ends in themselves. To consider them as ends in themselves comes close to what Karl Marx used to call *fetishism* (of 'dead labour'). The capabilities approach avoids such commodity fetishism by focussing on the (potential) doings and beings respectively the agency and well-being of individuals.

At the same time, the metric of the capabilities approach is also different from a focus on welfare in terms of subjective well-being respectively of preference or desire satisfaction. Such a focus is suggested, for instance, by classical utilitarian perspectives (cf. Kraut 2007) but also, and increasingly prominently, by proponents of the so-called 'new hedonic psychology' (cf. Kahneman/Diener/Schwarz 1999, Layard 2005). Given the fact that, in particular, poor, exploited and marginalised groups "frequently exhibit 'adaptive preferences' [...] that have adjusted to their second-class status[4]" (Nussbaum 2003: 33-34), the capabilities perspective is critical of utilitarianism and subjective welfarism, and argues in favour of more objective mainstays for evaluating social justice. It focuses on peoples' powers and faculties, i. e. on what people *can actually* be and do rather than on their mere *abstract and formal rights* to do or be or on what they *want* to do, be or do, or on what would make them *feel satisfied and happy*. Yet the capabilities approach does not deny that it is reasonable to suggest that *un*happiness or *dis*satisfaction contradicts human flourishing (cf. Schaber 1998). On the contrary Martha Nussbaum (2006: 76) explicitly acknowledges that the ability "to have pleasurable experiences and to avoid nonbeneficial pain" is to be considered as one of the essentialist basic human capabilities.

---

4 In particular, Nussbaum (2006b) argues that "the utilitarian framework, which asks people what they currently prefer and how satisfied they are, proves inadequate to confront the most pressing issues of gender justice".

Nevertheless, the capabilities approach points to a formulation of well-being in terms of a good life which exceeds Bentham's and Mill's conception of maximizing the balance of pleasure over pain. "The central question asked by the capabilities approach", Nussbaum (2002: 123-124) explains, "is not, 'How satisfied is this woman?' 'How much in the way of resources is she able to command?' It is, instead, 'What is she actually able to do and to be?' The core idea seems to be that of the human being as a dignified free being who shapes his or her own life, rather than being passively shaped or pushed around by the world in the manner of a flock or herd animal. The basic intuition, from which the capabilities approach begins in the political arena, is that human abilities exert a moral claim that they should be developed".

Unlike John Rawls 'thin' theory of the good, Nussbaum (1995: 451) therefore presents a *thick* theory of human needs and aspirations in terms of a "historically grounded empirical essentialism". In doing so, she provides a non-trivial account of what defines a good life and human flourishing[5]. Nussbaum "proposes a set of capabilities to function as definitive of a good human life,

---

5 This is what Nussbaum's list of central human capabilities is about. The current version of this list – which is regarded as "an account of minimum core social entitlements" (Nussbaum 2006: 75) – includes the following ten features: "1. *Life*. Being able to live to the end of a human life of normal length; not dying prematurely, or before one's life is so reduced as to be not worth living. 2. *Bodily health and integrity*. Being able to have good health, including reproductive health; being adequately nourished; to have adequate shelter. 3. *Bodily integrity*. Being able to move freely from place to place; being able to be secure against violent assault, including sexual assault and domestic violence; having opportunities for sexual satisfaction and for choice in matters of reproduction 4. *Senses, imagination, thought*. Being able to use the senses, to imagine, think, and reason – and to do these things in a 'truly human' way, a way informed and cultivated by an adequate education [...]. Being able to use imagination and thought in connection with experiencing, and producing expressive works and events of one's own choice [...]. Being able to use one's mind in ways protected by guarantees of freedom of expression with respect to both political and artistic speech and freedom of religious exercise; being able to have pleasurable experiences and to avoid nonbeneficial pain. 5. *Emotions*. Being able to have attachments to things and persons outside ourselves; being able to love those who love and care for us; being able to grieve at their absence, to experience longing, gratitude, and justified anger; not having one's emotional developing blighted by fear or anxiety [...]. 6. *Practical reason*. Being able to form a conception of the good and to engage in critical reflection about the planning of one's own life [...]. 7. *Affiliation*. Being able to live for and in relation to others, to recognize and show concern for other human beings, to engage in various forms of social interaction; being able to imagine the situation of another and to have compassion for that situation; having the capability for both justice and friendship [...].Being able to be treated as a dignified being whose worth is equal to that of others. 8. *Other species*. Being able to live with concern for and in relation to animals, plants, and the world of nature. 9. *Play*. Being able to laugh, to play, to enjoy recreational activities. 10. *Control over one's environment*. (A) *Political*. Being able to participate effectively in political choices that govern one's life; having the rights of political participation, free speech and freedom of association. (B) *Material*. Being able to hold property [...] and having property rights on an equal basis with others; having the right to seek employment on an equal basis with others; having the freedom from unwarranted search and seizure. In work, being able to work as a human being, exercising practical reason and entering into meaningful relationships of mutual recognition with other workers" Nussbaum 2006: 76-77).

and proposes that social justice requires that every person should have the capability to achieve a decent or good enough level of functioning for each and every one of the types of functioning that together constitute a good human life" (Arneson 2005). However, she proposes this set of capabilities in a way which promises to be vague enough to be sensitive to cultural differences and to allow for pluralism. Nussbaum presents a formulation of major elements of a good life which provides the basis of a sort of 'benchmark' for what, in particular, politics of welfare and education should be about. Independent from the question whether or not Nussbaum's formulation is guided by (mild) perfectionism (cf. Deneulin 2002), it is obvious that she seeks to avoid any morally elitist paternalism, and that she does not give priority to an overbearing quest to 'normalise' those, who – like, for instance, the so-called 'under-achievers' – are considered as problematically different or deviant. Regarded against the background of the pedagogical discourse on "normalization versus the autonomy of life praxis" (Sünker 1992), Nussbaum decisively takes a position in favour of the latter. She explicitly defends a conception of "the good as freedom" against "the good as discipline" (Nussbaum 1998).

In arguing that the primary political task of societies should be to enhance "what people are actually able to do and be" (Nussbaum 2000) and thus the *freedoms* people "actually enjoy to choose the lives they have reason to value" (Sen 1992), the capabilities approach formulates an autonomy-based egalitarian position. Within this position an equal distribution of resources and opportunities is considered as an important means for the ultimate aim: the realisation of freedom and autonomy (which are grounded in a notion of the universal idea of the recognition and dignity of individuals as human beings). This autonomy-based egalitarian position "finds expression in the notion that autonomy needs to be supported by a complex form of egalitarian distributions" (Pauer-Studer 2002: 8). From an egalitarian perspective, Ruth Levitas (2004: 614) even argues that the "problem of inequality [may] increase[e] if we think less in terms of income inequality and more about the distribution of capabilities" (Levitas 2004: 614). For the case of Germany, the empirical work of Christian Arndt and Jürgen Volkert (2006) points to "the fact that inequalities are often more severe regarding non-financial instead of financial determinants of capabilities; moreover the results for Germany show that studies focusing only on income miss substantial fractions of the population who suffer from non-financial impairments". Altogether, only 46% of all Germans – still one of the richest and most productive countries in the world – suffer no impairments of determinants of capabilities. This is why some argue that the capabilities approach implies greater redistribution of income and wealth than (other) resourcist or welfarist approaches (critically Brighouse/Wright 2002). Beyond quantitative aspects, it is crucial that these distributions are considered as an important part of an arrangement of social conditions for the freedom to choose a life one has reason to value against the background of an effective access to "a heterogeneous collection of desirable states of the person [even if these states are] reducible neither to [her or] his resources bundle nor to [her or] his welfare level" (Cohen 1993: 28, cf. Wright/Brighouse 2002).

Following this view, capabilities are basically about *the power* to exercise individual and collective self-determination and to achieve valuable functioning. Issues of power, domination and hegemonic social and institutional relations may therefore be considered an important concern of the capabilities perspective. Surprisingly, however, such forms of analysis are rare if not completely absent. Nevertheless, we argue that the capabilities approach – particularly when regarded as a social scientific perspective – might well be applied in terms of such an analysis of power: for instance, if the capability approach is combined with approaches like those of Pierre Bourdieu or Michel Foucault (cf. Tobias 2005). Particularly with respect to discursive and institutional roles of education within advanced liberal societies, such views might be very valuable. But even if the capabilities perspective is not yet convincingly combined with theories of power and class relations, the capabilities approach seems to problematize inequality in a way which is close to a very reflected notion of 'class': a notion of class which is not only about wealth and which does not only affect our access to things, but also – as Andrew Sayer (2005a) puts it – our "relationships and practices which we have reason to value, including the esteem or respect of others and hence our sense of self-worth. It shapes the kind of people we become and our chances of living a fulfilling life". In this respect, the capabilities approach might be essentially about issues of 'class'.

The Capabilities Approach and the Marxist Tradition

If the capabilities approach is conceptualised in a societally founded version, it is no coincidence that it involves many of the same points that Marx makes (cf. Levitas 2004). Martha Nussbaum explicitly refers to Marx and in particular to his *Economic and Philosophical Manuscripts* of 1844: "It will be seen", the young Karl Marx writes there

"how in place of the wealth and poverty of political economy come the rich human being and rich human need. The rich human being is simultaneously the human being in need of totality of human life-activities – the man in whom his own realization exists as an inner necessity, as need".

This is similar to the basic idea of Nussbaum's formulation of the capabilities approach. Also its considerable utopian content – which is critical about an agreement with the given – bears striking resemblances to Marxian thinking as well as to ideas of Critical Theory in the tradition of the Frankfurt School. The capabilities approach promises to provide a considerable emancipatory energy, as it constructs "human beings as people with agency for whom the freedom to

175

be able to make choices about what they want to be and do and about how they deploy the resources available to them is of fundamental importance" (Lister 2004: 17).

The capabilities approach advocates a focus on a person's freedom to achieve valuable functioning which refers "to the set of *real opportunities* (as against formal opportunities) and *valuable choices* (as against imagined/trivial choices) available to a person in leading a life" (Alexander 2002: 4). As this is seen as a mayor criterion for allocating material resources and goods, Marxists may argue that to take the capability approach seriously requires being at least normatively anti-capitalist (cf. Brighouse/Wright 2002). This is because fundamental cultural and structural changes would be needed if the task to enhance capabilities of individuals in terms of their real and genuine, socially, economically and culturally constrained opportunities to reach their autonomous ends were to be really taken seriously.

The capabilities approach also intersects with the tradition of ideology critique. Nussbaum and Sen point not only to an unequal distribution of the means of freedom but also to serious inequalities and socially produced eclipses in terms of the real opportunities and capacities of *judging* the kind of life that one would like to lead. For Nussbaum, these opportunities and capacities are themselves considered as one of most important capabilities, and this is also what ideology critique in the tradition of Karl Marx is about. Critical social theorists such as Ruth Levitas are much more radical about this than most economic or philosophical proponents of the capabilities approach. Levitas emphatically points to the "need to interpolate Marx's understanding that those processes of evaluation and judgement are themselves social" (Levitas 2004: 615). This is an insight about which – as, for instance, the work of Pierre Bourdieu demonstrates – there is hardly any doubt from the perspective of an enlightened and empirically founded social science. "Valued capabilities, as well as capabilities themselves", Levitas therefore argues, "are always socially produced. Since desires, capabilities and capacities are social in their origin as well as their development, it follows that in any human society, the free development of each and the free development of all will be subject to social determination at every stage" (Levitas 2004: 615). It might therefore be that to take the implications of the capabilities approach really seriously might imply to challenge the very constitution of contemporary capitalist societies much more than most other approaches to justice would suggest.

Eventually the capabilities approach is attractive for Marxists as it comes close to what Marx used to consider as *human flourishing* in terms of the full realization of human potentials. And, in a nutshell, this is what Marx's critique of capitalism was all about and "it is the realization of such potentials that is core of the emancipatory ideal for socialists" (Wright 2006: 25). The socialist problem with capitalism is that it "involves a juxtaposition of extraordinary productivity, affluence and enhanced opportunities for human creativity and fulfillment along with continuing human misery and thwarted lives" (Wright 2006: 19). Put differently: As "capitalism systematically generates a gap between the potential for human flourishing and the realization of human flourishing[6]" (Wright 2005: 2) it impedes human flourishing (cf. Wolff 2003)[7].

Also Martha Nussbaum emphasises the necessity for a political environment that allows for 'a truly human life' (cf. Nussbaum 1999) and formulates a conception of the capabilities approach which "is aimed at creating a base-line of abilities that are guaranteed in order to create an environment of potential human flourishing" (Butler 2003). Even if Nussbaum does not use any severe anti-capitalist language, thinkers such as Alex Callinicos therefore argue that an egalitarian anti-capitalism currently finds its closed philosophical correspondent in a capabilities approach to egalitarian justice. When the notion of political economy is considered in the Aristotelian-Marxist tradition as a science which is "ultimately concerned with the provision to members of the polis of the material means of a 'good life'" (Winslow 2006: 1), the notion of capabilities seems to be tantamount to a political-economical idea of human flourishing. Marxists may therefore embrace the capabilities approach: Enhancing human capabilities in terms of the conditions of the possibilities for human actors to realize their full human potential, they might argue, requires "economic conditions of a radically egalitarian distribution of the material conditions of life [...] political conditions of deep, participatory democracy [... as well as] social conditions of solidaristic communities of mutual support and reciprocity"[8] (Wright 2002: 1).

The capabilities approach in the current welfare reform

However, there is no reason to argue that the capabilities approach per se is a Marxist approach to justice. Particularly with respect to Sen, this might well be

---

6 The basic point is that Capitalism would erect barriers to the full realization of the autonomies described in terms of capabilities and generate large inequalities in 'real freedom' (van Parijs 1995) with respect to human capacities to act on her or his life plans. Therefore a socialist tradition asserts an urgent need for radical social transformation so that the capabilities of each individual can be fully realised.

7 In his entry on 'Karl Marx' in the Stanford Encyclopedia of Philosophy, Jonathan Wolff (2003) argues that "in the absence of any special reason to argue otherwise, it simply seems obvious that Marx's critique is a moral one. Capitalism impedes human flourishing".

8 The capability perspective seems to include 'culture' in the classical Tylorian sense of "that complex whole which includes knowledge, belief, art, law, morals, custom, and any other capabilities and habits acquired by man as a member of society" (Tylor 1871). As Robeyns (2003: 547) puts it "cultural and non-material social constraints [...] that influence which options a person will choose from her capability set, must [...] be critically examined. In the capability approach, preference formation, socialization, subtle forms of discrimination, and the impact of social and moral norms are not taken for granted or assumed away but analyzed upfront."

a decisively false conclusion. Of course, Sen is also (sometimes) critical about market outcomes and decisively opposes the implications of public choice theory. He insists on the necessity of institutions beyond the capitalist market economy. However, Sen is not critical about market relations as such. On the contrary, he considers them to be conducive to or even constitutive of freedom and autonomy. It is, Sen argues "very hard to see how any reasonable critic could be against the market mechanism as such" (Sen 1999), and in the Swiss newspaper NZZ (10, January the 14th 1999: 25) Sen is quoted as an opponent of state inference into the market: "*Ich war immer ein Skeptiker, wenn es um staatlichen Interventionismus ging*" (I was always sceptical about an intervening state*)*. Some even suggest that actually Sen is "not an opponent of the mainstream [economic] approach, and that, on the contrary, he considers these theories as constituting great progress in the understanding of concrete economic and social issues" (Bénicourt 2002, critically Farvaque/Robeyns 2005). Nussbaums position on this issue is somewhat different. She recognizes the state as an active and important shaper, not only of individual fate but also of institutions such as religion or the family. "All human associations", Nussbaum argues (2000: 263), "are shaped by laws and institutions, which either favour or disfavour them, and which structure them in various ways". But beyond the question of the different positions Sen and Nussbaum endorse, the capabilities approach in terms of Nussbaum (cf. Feldman/Gellert 2006) as well as in terms of Sen (cf. Navarro 2000) is criticised for not adequately incorporating unequal class and power relations in a systematic and analytically appropriate way. As outlined in the last section, this criticism might be legitimate, yet this shortfall is not constitutive for the capabilities perspective as such. Nevertheless, as Ingrid Robeyns (2003: 50) points out, "the capability approach only specifies an evaluative space, and therefore can be used with widely divergent views on social realities and interpersonal relations", therefore "the fact that the capability approach interests both scholars who work in the libertarian tradition, as well as scholars who work in the critical tradition" is no coincidence. It is hardly to deny that the capabilities approach is also open for an individualist application. This is particularly true when it is framed by a market perspective.

Ingrid Robeyns (2005) has thoughtfully discussed the question whether the capabilities approach is 'too individualistic'. The fact that the approach explicitly endorses ethical individualism – this is particularly valid for the Aristotelian tradition of Martha Nussbaum – does not imply that it also embraces ontological or explanatory individualism. Nussbaum vehemently insists that the unit of moral concern and "the primary subject of political justice is the person[9]"

---

9   Educationally Nussbaum's suggestion that "the primary subject of political justice is the person" (Nussbaum 2003c: 67) is all the more noteworthy as it reflects a reasoning which seems to be quite different from Rawls (1997), who has suggested that "the primary subject of political justice is the basic structure of society understood as the arrangement of society's main institutions into a unified system of social cooperation over time".

(Nussbaum 2003c: 67). Yet she seems to endorse neither the Popperian impli-
cation that "all social phenomena are to be explained wholly and exclusively in
terms of individuals and their properties" (Bhargava 1992:19) nor the (neo-)lib-
eral conception "which identifies singular actors as the immediate causes of
events" (Lavin 2005: 439) and which is the core rationality behind contemporary "politics of personal responsibility" (cf. Swanson 2000). However, the criticism that the capabilities approach is 'too individualistic' goes further. It does
not just imply that the position of the methodological individualism might
have shortfalls and it does not necessarily suggest that the solution to this shortfall is to insist on the anthropological truism that human beings are intrinsically
social respective as Aristotle puts it political animals[10]. Rather commentators
such as Marianne Hill (2003) or Shelley Feldman and Paul Gellert (2006: 444)
accused the capabilities perspective of paying "a lack of attention to inequalities
among collectivities". Feldman and Gellert argue that "the challenges such inequalities pose to the democraticness of deliberation leads Sen to be naïve about
the conditions of deliberation. This naiveté is exemplified in his assertion that
there is 'no reason why vested interests must win if open arguments are permit-
ted and promoted [...] the remedy has to lie in more freedom – including that
of public discussion and participatory political decisions' (1999: 123). While
participation is necessary to a meaningful and potentially progressive social process of achieving human capability, it is insufficient for 'people to describe their
needs, capabilities and choices' as they may be vulnerable to domination by particular social forces or classes (Hill 2003: 21)".

This might be a blind spot in Sen's theoretical account. However, this problem aggravates against the background of a welfare reform within which the
concept of capabilities is applied in very individualistic ways which do not care
much about the conditions that are necessary to participation to a meaningful
and socially progressive process (cf. Steinert/Pilgram 2003, Cooke/Kothari
2001) and which abstract from and – subsequently eclipse – structural and
power relations.

The argument that "equality of distribution of primary goods does not equa-
lise the ability to develop capabilities or achieve valued ends" (Levitas 2004) is
persuasive. However, the decisive focus of the capabilities approach on the capacities and agency of individuals is jeopardised to provide a philosophical
fundament for a politics which systematically underestimates the significance of
redistributive measures in favour of a one-sided focus on issues of recognition
and identity rather then on egalitarian justice (cf. Fraser 1997). The convincing
perspective of the capabilities approach, that individuals are creative producers
of their own life conduct may rapidly be transformed into the erroneous pretension of substantially autonomous subjectivity. This pretension fits well into

---

10 A *zoon politicon* and not only a *homo socialis* – Aristotle was more convincing than most
communitarians in this respect.

the political suggestion that every man is the architect of his own fortune which may legitimise cynical strategies of blaming the victims of social distress. As Rosemary Crompton (2006) argues, the new

"emphasis on the reflexive individual and a focus on individual identities [i. e. individual 'beings' and 'doings'] rather than collective actions and outcomes has many resonances with neoliberalism, and the promotion of individual [...] recognition [of identities] meshes well with the arguments of those who have criticised the way in which collective provision has 'disempowered' individuals".

Because of its spurious but nevertheless hazardous propinquity to such ideas, the capabilities approach might be used to backup a shift of the focus on inequality from 'class' to 'culture' (cf. Savage et al. 2005, Heite et al. 2007).

As already pointed out, the capabilities approach is attractive for Neo-Marxist thinkers. However the capabilities perspective also seems to be more seductive for a 'neo-liberal' respectively 'activating' reform of the welfare state than resourcist approaches. This is no coincidence. Hilde Bojer (2006 see also Bourdieu 1986) elaborates that resources and assets – particularly in terms of economic goods – are typically 1) scarce in so far that they "can only be obtained at the cost of less of some other good" and 2) transferable in so far as it is "it is technically possible to take the good from one person and transfer it to another". Particularly on the part of the better off, the political enthusiasm towards resources-oriented approaches to justice is rather limited. Obviously, to take scarce resources from the privileged and transfer them to the unprivileged is against the interests of the most potent actors in society. This might not be the case with respect to the idea of 'recognising' minorities or 'enabling' the poor. Empirical research suggests that these political conceptions are indeed most popular in the upper-class milieus (cf. Vester et al. 2001). In this regard, Andrew Sayer (2005b: 497-498) has persuasively pointed out that "class, unlike, say, ethnicity, is not a social form or identity demanding recognition as legitimate [...]. Low income people are not disadvantaged primarily because others fail to value their identity and misrecognize and undervalue their cultural goods, or indeed because they are stigmatized, though all these things make their situation worse; rather they are disadvantaged primarily because they lack the means to live in ways which they, as well as others, value. Certainly, some may be consigned to the working class because of racism or other identity-sensitive forms of behaviour, but these are not necessary conditions of being working class. The lottery of the market and of birth and the intergenerational transmission of capitals can produce (and have widely produced) class inequalities even in the absence of these forms of discrimination".

'Third-way' governments seem to be prone to take the capabilities approach as an alternative because it allows them to elaborate a sound conception of social justice and to argue at the same time that an unequal distribution of resources is not an issue of social justice. Reflecting Sen's formulation of the capability approach as an "opportunity concept" (Sen 2002), Jean-Michel Bonvin and Nicolas Farvaque (2004: 2) point out that the "discourse and practice of the so-called 'Third Way' shares with the CA [i. e. the capabilities approach] and many other 'opportunity'-oriented views for evaluating social arrangements an appeal for a procedural depiction of the role of the State, qualified by some as 'enabling'" rather than redistributing or de-commodificating. In this context, there is an evident tendency to draw on the capabilities approach in order to legitimise the position that a change in public policy focus away from the reduction of monetary inequalities is required. In particular Anthony Giddens (2002: 39) has suggested that the capabilities approach builds an appropriate ethical fundament of the 'third way' as it "provides a solid philosophical grounding for meritocratic policies and one that dovetails well with the emphasis of the new social democracy upon investing in education and skills".

In Germany, the UK and elsewhere in Europe, this stance was adopted in reforming welfare: "Instead of 'cash handouts', it promised 'hand-ups' – 'opportunity' through education and paid work" (Lister 2004). These reforms "which go along with a discourse of empowerment that convokes 'civil society' as a partner for the new 'activating' state, are presented as freeing individual agency from the burden of a crushing bureaucratic welfare state" (Zimmermann 2006: 468). The idea is to overcome the "cash welfare state" and to promote individual agency and subsequently individual responsibility. This dimension of agency/responsibility, which is one of the most central elements in the current welfare reform (cf. LeGrand 2003) seemingly plays a broader role within the capability approach than for instance within the 'primary goods' approach. In Germany, a welfare reform which is about reducing expenditures by means of an increased selectivity of social security measures, a lowering of the generosity of income protection and a reduction of both the benefit rates and the duration of benefits is legitimised as a contribution to social justice in terms of the capabilities approach. To increase the amount of economic and other external resources for the disadvantaged, it is argued, would not imply an adequate increasing of capabilities – in particular, not of those capabilities which are necessary to overcome personal risks and to enhance individual self-responsibility to care for ones own welfare. In order to enhance these capabilities, the argument goes on, it is instead necessary to 'invest' in the 'human capital' and the 'employability' of the poor. And in particular state ministries and their political advisers highlight an alleged close relation between capabilities, job performance and productivity (BMAS 2005). The idea is to concentrate on social policy measures which are not an "income-replacing compensation for industrial market failures" but rather "a societal investment, mobilising the developmental capabilities of citizens to achieve self-reliance under post-industrial conditions" (Hemerijck 2006).

It is not only an ideology to suggest that the activating policies of the "Third Way" constitute a kind of "practical representation of the capability approach to social policies"(Bonvin/Farvaque 2004: 2), in particular as it considers individuals as agents of their own change. As the disadvantaged and marginalized should not be what is called 'passive recipients of public aid' in terms of a redistributive, consumption-based welfare system centred on benefits and rights, the position of the 'activating welfare state' is to empower individuals' capability through investments in human capital – skills and knowledge – because this is seen as an important means to increase employability and individual competitiveness and as such as a necessary prerequisite for an effective shift towards greater individual responsibility for 'social participation' at the expense of social responsibility for public welfare and individual well being. In adopting this view, Wolfgang Clement (2000: 11), a leading figure in the German 'Social Democratic Party', even agues in favour of a 'politics of opportunity' within which inequalities are not necessarily problematic but may rather themselves be "*sehr wohl auch ein Katalysator für individuelle als auch für gesellschaftliche Entfaltungsmöglichkeiten*" ("very well a promoter for individual and social flourishing").

Against this background, Iain Begg and Jos Berghman (2002) point out that the capabilities approach itself "presumes a different relationship between the individual and the state: the welfare state is rephrased as 'the active welfare state' or 'the enabling society'".

The capabilities approach legitimises this presumption as it allows a distinction to be drawn between rather structural external and rather individual capabilities as complementary parts of a person's 'capability set'. Beyond a socially, institutionally, culturally and politically constrained set of attainable life-paths, the capabilities approach points to the importance of a space of capacities, skills, abilities and attitude which structure the agency and freedom of persons to realize valuable functionings (cf. Gasper 1997, 2002). An analytical distinction between such – always closely related – external and internal capabilities might be appropriate to avoid over-determining merely structural characteristics at the expense of under-emphasising the issue of agency. However, the capabilities approach is currently often used ina way which mistakenly views such an analytical or heuristic distinction of internal capabilities from the external conditions required to achieve these capabilities as being a substantial distinction between two essentially abstracted and separated social realms. A political use of the capabilities approach in this way legitimises and accelerates politics within which the individual becomes the focal point of attention for a new welfare arrangement. The welfare discourse on 'social investments' in internal capabilities – in terms of human and social capital – works as a means to substitute the 'tax and spend' logic of the Keynesian welfare state which is accused of being ineffective and potentially entrapping. Its insistence on individual active participation represents "a trend of social integration policies towards emphasising 'individual agency' [e. g. cognitive abilities, psychological factors such as self-esteem, etc.] at the expense of 'social agency' [... impact of structures and institutions such as legal provisions or social norms, etc.]" (Bonvin/Thelen 2004). This may result in a hypertrophying over-emphasis on the role of free actions and individual responsibility. In this respect, the capabilities approach does not put forth a politics of structure but rather a politics of behaviour which picks up the rhetoric of human qualities while placing individual values, motives and active behaviour at the centre of attention.

Against this background, an activating politics aims to intervene most efficiently and effectively in people's lives in order to improve their functionings, i. e. to adapt them to the conditions of what is presumed to be a post-industrial knowledge society.

The promotion of willingness of the poor to show 'engagement' and 'individual self-responsibility' – the "responsibility to use ones own capabilities" – is suggested as a main aspect of a changing of paradigms away from a so-called 'passive equalisation' and alimentation in terms of distributive policies. A language of capabilities goes well with this focus implying a 'targeted development of human capital' in order to invest in and to 'empower' individual energy rather then to enhance 'purchasing power'.

,Activating' social and workfare policies may thus be justified with an explicit reference to Sen's capability approach. This approach is straightforwardly adopted to the aim of enhancing the individual capability to take over more individual responsibility by means of selective, targeting, means-tested measures which also imply the use of incentives and sanctions and which implicitly rely on the old discrimination between 'deserving' and 'undeserving poor'.

Of course, this is not a necessary result of the use of the capabilities approach. Conceptions of a new capabilities-based welfare system in Europe as outlined by Jean-Michel Bonvin, Hartley Dean Nicolas Farvaque, Jerome Gautié or Robert Salais point in a very different direction. Robert Salais and Robert Villeneuve (2005) even argue that Europe is at the crossroads between going down an activation versus going down a capability route. While the welfare reforms in Germany may rhetorically be justified in terms of the capability approach, they rather point to what Vando Borghi and Rik van Berkel (2005) call an "incentive giving state" which is "centred on a conception of an individually responsible subject who has to improve his own human capital and employability, correctly using opportunities and incentives provided by welfare schemes". Hartley Dean and his colleagues sharply distinguish the "incentive giving state" from what they call a "capability state". Within such a "counterfactual type of convention", they argue, "the welfare subject may achieve autonomy through a collective politics of capability" (Dean et al. 2004: 5). In the 'capability state', the welfare subject's capacity for voice is central for the determination of provision of resources and interpretation of outcomes. Therefore, Jean-Michel Bonvin and Nicolas Farvaque (2005) argue that it is not convincing to play off cash benefits against capabilities. "Generous cash benefits combined with adequate factors of conversion" they argue "usually result in a greater capacity for initiative and for negotiating the job content. On the opposite, reduction of cash benefits with the objective of making the exit option less attractive often results in lasting social exclusion". Against a capabilities perspective which legitimises an activating governmentality, Ruth Lister (2004) suggests "to locate a capabilities approach, with its focus on individual agency, firmly within a broader structural analysis". The capabilities approach, she argues, is a complement rather supplant to more conventional resource-based approaches to social justice.

Resources and the capabilities approach

Armatya Sen importantly points out that money and other external material resources are just a means to an end, and buying commodities is only one of many possible ways of achieving functionings. Therefore protagonists of the capabilities approach suggest a curvilinear rather than a straight relationship between resources and capabilities (cf. Ruta/Camfield/Donaldson 2007). But given that "the role of money in achieving functionings depends on the extent to which goods and services are commodified" (Lister 2004), it is obviously a particularly important way in advanced capitalist Western societies. For the vast majority, more income and resources might actually be tantamount to a greater range of choice and typically also to a higher quality and quantity of functionings in terms of the elements of choice. Sen therefore explicitly acknowledges that the capability approach "does not involve any denial of the sensible view that low income [...] can be a principal reason for a person's capability deprivation' (1999: 87), and the Belgian researcher Karel Van den Bosch (2001: 1) even suggests to define deprivation as "a situation where people lack the economic resources to realize a set of basic functionings". In this case, however, the capabilities perspective is firmly tied to the resources people have at their disposal including their objective living conditions and life chances. This is a kind of 'ressourcist' thinking which comes close to the Swedish approach to welfare measurement which is explicitly advocated by Martha Nussbaum (1999: 80-84). This approach decisively precepts each individual "as an active, creative being, and the autonomous definer of his own end" (Thålin, 1990: 166), but, nevertheless, gives priority to resources as the basic means to the latter. Welfare in this point of view is assessed in an 'objective' way "which makes it as little influenced as possible by the individual's evaluation of his own situation" (Erikson, 1993: 77), and, at the same time, is defined as an "individual's command over, under given determinants mobilisable resources, with whose help he/she can control and consciously direct his/her living conditions" (Erikson 1974: 275). Like all welfare approaches with privilege capitals, assets or resources at the command of individuals, such approaches may have some blind spots with respect to the differences in peoples' abilities to convert resources into capabilities, or, as Sen puts it, with respect to "personal characteristics that govern the conversion of primary goods into the person's ability to promote her ends" (Sen 1999: 74). This is what basically constitutes the already mentioned critique by Sen of Rawls' 'Theory of Justice': the 'primary goods' metric is too inflexible to take into account the great variations between individuals, their skills, abilities and life circumstances appropriately (cf. Brighouse/Unterhalter in this volume). People are unequal in their capabilities of doing and being, even with the same rights, social and physical infrastructure, amount of money or the same panel of goods and assets. However, apart from the case of disability, the empirical research of Brian Nolan and Christopher Whelan (1996: 184), which explicitly seeks to take account of (inter-) personal factors, concludes that "it is not clear that interpersonal variation is so pronounced as to pose a major problem".

Bearing in mind the capacitating nature of goods and assets, the differences between what the UNDP considers as capabilities-based 'human poverty' and distinguishes from resource-based 'income' poverty might therefore be empirically less significant then many of the proponents of a capabilities approach to welfare seem to suggest. This is particularly the case if we keep in mind the difference between the use-values and the exchange-values of resources, and if we think about resources not only in terms of money and services but in terms of those irreducible but nevertheless mutually convertible 'economic', 'cultural', 'social' and 'symbolic' forms of (non-monetary) capital which the sociologist Pierre Bourdieu has suggested with respect to his approach of power, fields, habitus and class. The work of Bourdieu also empirically confirms the insight of Nancy Fraser that economic and cultural or symbolic forms of injustice typically 'reinforce each other dialectically': "economic disadvantage impedes equal participation in the making of culture, in public spheres, and in everyday life" (Fraser 1997: 15). In a similar mode, the British Sociologist Andrew Sayer (2005b) also stresses that behaviour and achievements "depend on access to valued goods and practices [... and thus] distributional inequalities in access to valued practices and goods in any case render equality of conditional recognition impossible".

This may remind us that that an allegedly capabilities-based politics which argues that an investment in people's individualised agency is more just than a redistribution of resources might be analytically worse than erroneous. Against this background, Thomas Pogge (2002: 217) might be right when he argues that "capability metrics tend to conceal the enormous and still rising economic inequalities which resource metrics make quite blatant".

Others have argued that there is effectively not that much difference between a capability and a primary goods approach, particularly as these goods provide an essential tool for effective self-definition and deliver a crucial aspect of what people need to shape a life plan. In his work on 'Sovereign Virtues', Ronald Dworkin (2000), for instance, accepts that the quest to enhance human capabilities is reasonable and legitimate. Nevertheless, he insists that an egalitarian ressourcist approach might be the best way to realise the promises of the capabilities perspective. In particular, Dworkin (2002) argues that the capabilities approach is "ambiguous about the kind of capabilities in which it declares people should be equal". When this ambiguity is resolved in an appropriate way, Dworkin's argument goes on, "then the approach is indistinguishable, in principle, from equality of resources, the conception of equality I defended" (see critically Williams 2002). In a similar vein, Jude Browne and Marc Stears (2005: 355) reject the "assumption that the 'capability approach' to equality, as outlined by Amartya Sen, is better able to respond to important empirically identifiable inequalities than its resource egalitarian alternative", and Hilde Bojer (2006: 13) also convincingly demonstates that "all theories of distributional justice, including the capability approach, ultimately concern the just distribution of economic goods, whether we prefer to call these resources or not". From a theoretically elaborated point of view, Elaine Unterhalter and Harry Brighouse (this volume) figure out how close the capabilities approach is to Rawls' theory of justice, and the German feminist philosopher Herlinde Pauer-Studer (2000) even makes clear that, if some translation is done, there is a broad overlap between both approaches. Where they seem to give priority to different aspects, these aspects are very often preconditions or prerequisites of the respectively other perspective.

Given these considerations, Thomas Pogge suggests that in terms of justice, the capabilities approach should be understood as part of the Rawlsian approach, and also John Rawls (2001: 169) himself argues that the primary goods approach "does take into account and does not abstract from basic capabilities" and does "rely on a conception of citizens' capabilities and basic needs".

Nevertheless, the capability approach seemingly reflects the idea that resources are something like potentials which are only relevant when realized in a particular life practice. With this point, the capabilities perspective might be regarded as an appropriate 'sociologization' of the primary goods perspective. A large number of recent studies on class and stratification insist that the stratification of unequal material distribution situations is particularly important with respect to the life praxis of people; however, the "levels of distribution cannot be directly translated into either specific value patterns within society or in cultural attitudes as an expression of social life" (Bögenhold 2001: 841). In other words, the quantitative aspects of (vertical) stratification intersect with the more qualitative socio-cultural issues (cf. Bittlingmayer/Bauer/Ziegler 2005). These are important because it is interests that drive action (as the 'force of action'), and these interests, in turn, are shaped by and enacted through the repertoires of meaning in terms of 'culture' (determining the direction of action) (cf. Swedberg 2003). With respect to their life conduct and to what Bourdieu used to call the habitus of social agents, there is hardly any doubt that not only ends vary between individuals – this is very much recognised by a resourcist approach – but that "differences of sex, age, genetic endowments, health, social context, class position and other factors produce a differential relationship between resources and the possibility of developing capabilities" (Levitas 2004: 614).

Thus, we may follow Ruth Lister (2004: 20) in arguing that the capability approach "should complement rather than supplant more conventional, resource-based, definitions": while a lack of resources does always imply capability deprivation, it may be possible to be poor in terms of an encompassing concept of capabilities but not in terms of goods and income.

The failure of reductionist resourcist approaches might thus be the claim that individuals' equal opportunities are tantamount to their equal command over resources. The quest to promote "the general welfare of the citizens by providing them the resources they need in order to lead lives of their own choosing" (Kraut 1999: 315) and the view that this is all that is to be done in terms of social justice may therefore imply a reductionism. With respect to interchangeable individuals, the particular strength of this view on impartial justice is its applicability in terms of a theory of institutional justice including the structures of educational institutions. If applied to issues of human life conduct, however, it might be formalistic and inappropriately scholastic in terms of epistemology (cf. Bourdieu 2000), and it seriously underestimates the role of individual and collective human agency.

Whenever real freedom might be enhanced without interventions into the life conduct of individuals, ressourcist approaches might be more appropriate than a capabilities approach. However, real freedom and autonomy might be impeded not only with respect to a limited space of effective opportunities but also in terms of a limited space of abilities – limited 'incorporated' or 'internalised' capitals in terms of Pierre Bourdieu. In these cases, the quest to realize 'real freedom' or 'real autonomy' as the central currency of justice comes close to educational approaches to *Bildung*. To enable this perspective is the great advantage of an Aristotelian point of view and, in particular, of the capabilities approach.

Bildung and the capabilities approach

Elizabeth Anderson (2006) has recently argued that the capability approach is superior to a resource metric for a number of reasons: "because it focuses on ends rather than means, can better handle discrimination against the disabled, is properly sensitive to individual variations in functioning that have democratic import, and is well-suited to guide the just delivery of public services, especially in health and education". The unique analytical strength of the capabilities approach comes to the fore with respect to all issues that deal with capacitating individuals – and this points to the field of education. There is no doubt that a capabilities perspective is "clearly apt for exploration from an educational point of view" (Saito 2003). More radically, we argue that where the capabilities approach transcends recoursist approaches, it comes itself very close to an educational approach to justice.

The capabilities approach suggests that in terms of human flourishing – which is the ultimate subject-matter of an eudaemonic conception of justice – it is relevant that individuals are able to transform resources into aspired functionings respectively to keep in mind the individual, political, social and institutional constraints that might affect the ability to convert individual capabilities into achieved functioning. These transformative potentials are significant, independent from the question of whether the resources of concern are endowments with income, material goods, institutional or other contextual structures. Within the debates surrounding the capabilities approach, the potentials, possibilities, competencies or faculties to address changing environments and tasks are usually conceptualized as 'conversion factors'. Robert Salais and his colleagues (2003) define these factors as "the internal and external conditions that enable the individual to seize an offered opportunity and to effectively take advantage of it". With respect to children and adolescents, such conversion factors are constitutive elements of processes of growing up.

The resourcist approaches obviously focus on institutional and social conversion factors. Key issues are social opportunity structures (including social norms, discrimination, gender roles, and power structures), economic opportunities and the social or the legal-institutional infrastructure. Resourcist approaches in the tradition of Will Kymlicka (1995) might also be able to take culturally coded influences into consideration. However, what these approaches do not appropriately take into account is the degree to which (socially and culturally embedded) personally internalized conversion factors also matter. In other words, factors like, for example, different personal preconditions (age, gender, linguistic abilities, level of education, etc.), needs, attitudes and aspirations may clearly impact on the degree and quality of realization opportunities[11].

In this context, it is constructive to draw on the already discussed heuristic distinction between internal and external capabilities. With respect to the relation between 'external resources', practical use-value and internal goods, Des Gasper (1997, 2002) distinguishes between what he calls "O-capabilities" and "S-capabilities" which constitute related, complementary parts of a person's 'capability set'. Skills, faculties, abilities, aspirations and attitudes form the realm of 'S-capabilities[12]' (with 'S' meaning 'skill' and 'substantive') (see Gasper

---

11 Of course, institutional or social and personal conversion factors are not isolated. The most important question is how they are related. (The work of Annette Lareau (2003) on 'Unequal Childhoods' might be one of the most conducive studies on the basis of a relational view.)

12 It is probably most appropriate to analyse the majority of S-Capabilities in terms of a Bourdieuian notion of habitus.

1997). S-capabilities come close to what O'Neil (2000) refers to when talking about 'capacities for reason' respectively cognitive and social capacities and 'capabilities for action'. S-Capabilities might be regarded as the most immediate subject-matter of educational interventions. Nevertheless, such S-Capabilities are also related empirically to a particular and socially, culturally, politically, economically and not least institutionally constrained set of life-paths which is (potentially) attainable to a given person. In terms of Gasper (2002), this socially structured set of attainable life-paths constitutes the realm of 'O-capabilities' (with 'O' meaning 'option' and 'opportunity') which might be subdivided into 'socio-structural and cultural conversion factors' (such as social norms, gender roles, power relations, discriminatory practices etc.) and 'institutional conversion factors' (such as welfare and educational arrangements, collective provisions etc.) (cf. Robeyns 2005).

Also in the realm of education it is therefore appropriate to develop a relational perspective on O- and S-capabilities which combines a notion of 'individual' and 'social agency' and focuses on the interface of the question 'what an individual is able to do' and 'which opportunities are open for him or her' (Bonvin/Thelen 2003: 1). Against this background, it might be misleading to confuse a capabilities approach to education and literacy with an "*ideology of ability*" which reproduces educational inequality by ignoring the empirical significance of social (class-)milieus with respect to predefined educational success. This is what a capabilities approach to education should avoid. And this might also be considered as a major difference between a notion of capabilities and *analytically individualised*, substantialised or naturalised 'competences' of persons.

These considerations form the fundament of our argument that the capabilities approach is more than an intriguing application and modification of an equality of resources approach, and that the capabilities perspective implies a basically educational approach. However, we do not suggest that the capabilities approach supplies any coherent educational 'theory' let alone an educational programme to be applied straightforwardly. Rather, we suggest that the particular strength of the capabilities approach is its capacity to guide a just delivery of public services in the field of education including social care (in terms of social pedagogy).

In order to do so however, it is necessary to define – or at least to clarify – the capabilities a society should have an obligation to promote (and equalize) for each individual: What are the "good-enough principles of welfare" (Williams 1999) respectively the 'good-enough principles of education' in the space of capabilities?

There are at least two major suggestions with respect to the identification of basic capabilities which might be considered as fundamental in the fields of education and welfare. The first – most closely related to the work of Martha Nussbaum and her 'list of basic capabilities' – seeks to figure out "an objective account of human well-being or flourishing. The aim is to identify all of the functionings needed for human flourishing. For each of these functionings, the ideal is that each person should be sustained in the capability to engage in every one of these functionings at a satisfactory or good enough level" (Arneson 2002). The second suggestion – most closely related to the work of Elizabeth Anderson (1999) – ties the capabilities approach "to the idea of what is needed for each person to function as a full participating member of modern democratic society. Each person is to be sustained throughout her life, so far as this is feasible, in the capabilities to function at a satisfactory level in all of the ways necessary for full membership and participation in democratic society" (Arneson 2002).

If the capabilities approach is conceived in terms of the latter proposal the potential of educational processes as 'capability inputs' rests mainly on their link to people's agency and on their capacity to form people who act as critical agents of their own life conduct. The conception of Anderson (1999) is that a capabilities approach should elaborate some basic but nonetheless definite negative and positive aims: "Negatively, people are entitled to whatever capabilities are necessary to enable them to avoid or escape entanglement in oppressive social relationships. Positively, they are entitled to the capabilities necessary for functioning as an equal citizen in a democratic state [... i. e.] enabling all citizens to stand as equals to one another in civil society". This obviously comes close to Nancy Fraser's 'principle of participatory parity' requiring a "creation of conditions that facilitate the meeting of human need and the exercise of caring responsibilities in such a way as to ensure that all individuals can develop and flourish as citizens" (Lister 2002). More generally, this principle involves the demand that "the distribution of resources must be such as to ensure participants' independence and 'voice'" (Fraser 1998: 31). It also involves the demand that "institutionalized patterns of interpretation and evaluation express equal respect for all participants and ensure equal opportunity for achieving social esteem" (Fraser 1998: 31). The latter aspect is also reflected in the "ability to appear in public without shame"[13] (i. e. the ability to avoid humiliation) which is broadly considered as a very basic capability (cf. De Herdt 2001, Sen 1983). This also points to the close relations between issues of 'recognition' and 'redistribution'. Both are not only related because "feelings of ambivalence, inferiority and superiority, visceral aversions, recognition, abjection and the markings of taste constitute a psychic economy of social class" (Reay 2005: 911) but, as Andrew Sayer (2005a: 947) points out, also because "class inequal-

---

13 There is hardly any doubt that self-respect – and subsequently social esteem – itself is a very central functioning (see Ziegler 2004). As Sen figures out: "An absolute approach in the space of capabilities translates into a relative approach in the space of commodities, resources and income if dealing with some important capabilities, such as avoiding shame from failure to meet social conventions, participating in social activities, and retaining self-respect" (Sen 1983: 167).

ities render equality of conditional recognition impossible, because they prevent equal access to practices and goods worthy of recognition".

However, public institutions of education may not support a comprehensive broadening of the space of capabilities. Elizabeth Andersons takes the example of an individual caring about playing cards well. We should not doubt that being a good card player is a functioning, and it is not hard to imagine that some people may reasonably value such capabilities against the background of their conception of a good life. For starters, there is nothing wrong with individuals striving to be good at playing cards. However, as Anderson (1999) puts it: "Being a poor card player does not make one oppressed. More precisely, the social order can and should be arranged so that one's skill at cards does not determine one's status in civil society. Nor is being a good card player necessary for functioning as a citizen". With respect to such considerations, Anderson (1999) concludes that a formulation of the capabilities approach aiming at "democratic equality" would be appropriate. Such a formulation would aim "for equality across a wide range of capabilities" but it would, nevertheless, not be endless and thus impossible to measure and be reconstructed in empirical terms – as "it does not support comprehensive equality in the space of capabilities". Thus also in terms of education as an individually incorporated good delivered by public human services, it seems to be justifiable not to focus on all thinkable capabilities that individual persons may or may not want to achieve but rather on the capabilities necessary for functioning as an equal citizen within a modern, democratic society. This does not only imply an appropriate provision of distributable resources and infrastructures but also includes a focus on agency, voice and recognition.

So what are the capabilities necessary for functioning as an equal citizen – i. e. the capabilities that public institutions following the principle of democratic equality should minimally guarantee to every single individual? Anderson (1999) argues that to "be capable of functioning as an equal citizen involves not just the ability to effectively exercise specifically political rights, but also to participate in the various activities of civil society more broadly, including participation in the economy. And functioning in these ways presupposes functioning as a human being". Thus there are three basic "aspects of individual functioning: as a human being, as a participant in a system of cooperative production, and as a citizen of a democratic state".

These three aspects fit well to suggestions about democracy and education such as Amy Gutmanns well known "democratic authorization" and "democratic threshold principle". Basically, both of these principles require "to provide all children with an ability adequate to participate in the democratic process" (Gutman 1987: 136). Drawing on Gutmann, the suggestions of the German Philosopher Ulrich Steinvorth (1999) about what education should provide even sound like an implicit application of Andersons' capabilities for functioning as an equal citizen. At least it shows that such a capability perspective does provide a convincing space to evaluate the 'capability inputs' of educational institutions. Steinvorth (1999: 277) argues that education has to provide "abilities which are not discretionary in a succession which is not discretionary. It is necessary to give priority to those which secure the capability of political codetermination, because without these abilities a human being is excluded from all decisions that concern herself and that constitute the scope of self-determination. Thereafter the abilities to participate in processes of production are central, which make available the material conditions of her existence. If education is able to provide both capabilities to everybody it fulfils the democratic minimum of what is to be expected from education"[14].

A further aspect of the provision of democratic 'capability inputs' in the field of education might be the creation of space for a "capability for voice" (Bonvin/ Thelen 2003) to become effective. This implies the creation of places where individuals get the opportunity to express their own opinion as well as the creation of a space for the 'meta-capability' of reflection (cf. Ziegler 2004). This 'meta-capability' refers to the ability and opportunity "to form a conception of the good" (Nussbaum 2000: 79). It is also a basic precondition for the process of generating those informed and considered decisions that are important for planning and shaping one's life (cf. Walker 2003) i. e. for individuals and groups to be able to identify valuable capabilities and to participate in informed discussions (including criticism and dissent) on this subject[15]. This points to the fact that, as Elizabeth Anderson (1999) puts it, democratic equality is based, inter alias, on the "education needed to know and deliberate about one's options, and the social bases of self-respect".

Given these considerations, one might draw the conclusion that there are indeed strong and intrinsic relations between education and the capabilities approach.

---

14 Erziehung hat "nicht beliebige Fähigkeiten und nicht in beliebiger Reihenfolge [... zu vermitteln], sondern zuerst solche, die jedem die Fähigkeit zu politischer Mitbestimmung sichern; denn ohne diese Fähigkeit bleibt der Mensch von allen Entscheidungen ausgeschlossen, die ihn selbst betreffen und den Rahmen der Selbstbestimmung bilden; sodann die Fähigkeit zur Teilnahme am Produktionsprozess, in dem er sich die materiellen Bedingungen seiner Existenz verschaffen kann. Kann die Erziehung jedem diese beiden Fähigkeiten sichern, so erfüllt sie ein Mindestmaß dessen, was man von Erziehung verlangen muss" (Steinvorth 1999: 277).

15 As Sen (1999: 241-242) puts it: "Ways of life can be preserved if the society decides to do just that, and it is a question of balancing the costs of such preservation with the value that the society attaches to the objects and the lifestyles preserved. There is, of course, no ready formula for this cost-benefit analysis, but what is crucial for a rational assessment of such choices is the ability of the people to participate in public discussions on the subject. We come back again to the perspective of capabilities: that different sections of the society (and not just the socially privileged) should be able to be active in the decisions regarding what to preserve and what to let go.
There is no compulsion to preserve every departing lifestyle even at heavy cost, but there is a real need – for social justice – for people to be able to take part in these social decisions, if they so choose".

The capabilities approach is able to provide a convincing social justice framework for the formation and evaluation of educational practices. Moreover, it transcends other approaches to social justice with respect to domains which come very close to issues of education particularly in terms of *Bildung*. Of course, the capabilities approach is not exclusively related to education. However, taking all of these aspects into consideration, one may draw the conclusion that the capabilities approach may most notably be interpreted as an educational approach to social justice.

References

Alexander, J., 2002: Capability Egalitarianism and Moral Selfhood. Paper at the Conference Promoting Women's Capabilities: examining Nussbaum's Approach, September 2002 in Cambridge, UK.

Alkire, S., 2004: Resourcing gender equality in education: thinking through rights. Paper presented at the seminar Beyond Access – Resources for Gender Equality and Quality Education April 2004, in Oxford. Oxford.

Anderson E. S., 1999: What is the point of equality? In: Ethics 109: 287-337.

Anderson, E., 2006: Justifying the Capabilities Approach to Justice. Forthcoming in: *Brighouse, H./ Robeyns, I.* (eds.): Measuring Justice: Capabilities and Primary Goods. Cambridge: Cambridge University Press.

Arndt, Ch./Volkert, J., 2006: Assessing Capability Determinants in Germany: Concept and First Empirical Results. Paper at the 6th Human Development and Capability Association (HDCA) Conference at the University of Groningen, NL, August/September 2006.

Arneson, R., 2002: Egalitarianism. In: *Zalta, N.* (ed.): The Stanford Encyclopedia of Philosophy http://plato.stanford.edu/archives/fall2002/entries/egalitarianism.

Arneson, R., 2005: Distributive Justice and Basic Capability Equality: 'Good Enough' Is Not Good Enough. In: *Kaufman, A.* (ed.): Capabilities Equality: Basic Issues and Problems: London: Routledge.

Begg, I./Berghman, J., 2002: Introduction: EU social (exclusion) policy revisited? In: Journal of European Social Policy 12, 3: 179-194.

Bénicourt, E., 2002: Is Amartya Sen a post-autistic economist? In: Post-Autistic Economics Review, 15, 4 (www.paecon.net/PAEReview/issue15/Benicourt15.htm).

Bhargava, R., 1992: Individualism in Social Science: Forms and Limits of a Methodology. Oxford: Clarendon Press.

Biesta, G., 2002: How General Can Bildung Be? Reflections on the Future of a Modern Educational Ideal. In: Journal of Philosophy of Education 36, 3: 377-390.

Biesta G./Tedder, M., 2006: How is Agency possible? Towards an ecological understanding of agency-as-achievement. Learning Lives/TLRP Working Paper 5. University of Exter. Exter.

Bleicher, J., 2006: Bildung. In: Theory, Culture & Society 23: 364-365.

BMAS, 2005: Lebenslagen in Deutschland – Der 2. Armuts- und Reichtumsbericht der Bundesregierung. Berlin: BMAS.

Bittlingmayer, U./Bauer, U./Ziegler, H., 2005: Grundlinien einer politischen Soziologie der Ungleichheit und Herrschaft. In: Widersprüche, 98: 13-28.

Bögenhold, D., 2001: Social Inequality and the Sociology of Life Style. In: The American Journal of Economics and Sociology 60, 4: 829-847.

Böhnke, P., 2007: Policy or Privacy – What Matters Most for Individual Well-Being? Determinants of life satisfaction in the enlarged Europe. WZB Discussion Paper – SP I 2007-203. Berlin: WZB.

Bojer, H., 2006: Resourcism as an alternative to capabilities: a critical discussion. Online: mora. rente.nhh.no/projects/EqualityExchange/Portals/0/articles/resourcismboyermarch2006.pdf.

Bonvin, J.-M./Farvaque, N., 2005: Promoting Capability for Work. The Role of Local Actors. Preprint. Forthcoming in *Deneulin, S. et al.* (eds.): Capability and Justice. Towards Structural Transformation. La Haye: Kluwer Academic Press.

Bonvin, J.-M./Farvaque, N., 2005: Social Opportunities and Individual Responsibility: The Capability Approach and the Third Way. In: Ethique et Economie. No. 3.

Bonvin, J.-M./Thelen, M., 2003: Deliberative Democracy and Capabilities. The Impact and Significance of Capability for Voice. Paper at the 3rd Conference on the Capability Approach: From Sustainable Development to Sustainable Freedom, September 2003 in Pavia. Pavia.

Borghi, V./Van Berkel, R., 2005: Activation, participation, individualisation: shifting public private boundaries, shifting roles of citizens? Paper at the 3rd ESPAnet Conference, September 2005, Fribourg.

Bourdieu, P., 1986: The forms of capital. In: *Richardson, J.* (ed.): Handbook of Theory and Research for the Sociology of Education. New York: Greenwood Press.

Bourdieu, P., 2000: Pascalian Meditations. Stanford: Stanford University Press.

Browne, J./Stears, M., 2005: Capabilities, resources, and systematic injustice: a case of gender inequality. In: Politics Philosophy Economics 4: 355-373.

Butler, B., 2003. Nussbaum's Capabilities Approach: Political Criticism and the Burden of Proof. In: International Journal of Politics and Ethics, Spring 2003.

Callinicos, A., 2000: **Titel????** Cambridge: Polity Press.

Clement, W., 2000: Contribution in: *Social Democratic Party of Germany* (ed.): Grundwerte heute: Gerechtigkeit. (Basic values today: Justice.) Berlin. Berlin: SPD.

Cooke, B./Kothari, U., 2001 (eds.): Participation: The New Tyranny? New York: Zed Books.

Cohen G. A., 1993: Equality of what? On welfare, goods, and capabilities. In: *Nussbaum, M./Sen, A.* (eds.): The quality of life. Oxford: Oxford University Press.

Cohen, E. H., 2001: A Structural Analysis of the R. Kahane Code of Informality: Elements toward a Theory of Informal Education. In: Sociological Inquiry 71, 3: 357-380.

Crompton, R., 2006: Employment and the Family: The Reconfiguration of Work and Family Life in Contemporary Societies. Cambridge: Cambridge University Press.

De Herdt, T., 2005: Capability-oriented social policy and the ability to appear in public without shame. In: *Qizilbash, M./Comim, F./Alkire, S.* (eds.): The Capability Approach. Concepts, Measures and Applications. Cambridge: Cambridge University Press.

Dean, H./Bonvin, J.-M./Vielle, P./Farvaque, N., 2004: Reconceptualising the European Employment Strategy from a capabilities and a rights Perspective. Paper presented at the final conference of the European Union COST A15 research network, Reforming Social Protection Systems in Europe. May 2004. Nantes.

Dean, H./Bonvin, J. M./Vielle, P./Farvaque, N., 2005: Developing capabilities and rights in welfare-to-work policies. In: European Societies 71: 3-26.

Deneulin, S., 2002: Perfectionism, Paternalism and Liberalism in Sen and Nussbaum's Capability Approach. In: Review of Political Economy, 14: 497-518.

Drèze, J./Sen, A., 1995: India: Economic Development and Social Opportunity. Oxford: Clarendon.

Dworkin, R., 2000: Sovereign Virtue: The Theory and Practice of Equality. Cambridge: Harvard University Press.

Dworkin, R., 2002: Sovereign Virtue. Revisited. In: Ethics 113: 106-143.

Erikson, R., 1974: Welfare as a Planning Goal. In: acta sociologica 17, 3: 273-288.

Erikson, R., 1993: Descriptions of Inequality: The Swedish Approach to Welfare. In: *Nussbaum, M./Sen, A.* (eds.): The Quality of Life. Oxford: Clarendon Press.

Farvaque, N./Robeyns, I., 2005: L'approche alternative d'Amartya Sen. Réponse à Emmanuelle Bénicourt. In: L'Economie Politique, 27, 3: 38-51.

Flores-Crespo, P., 2004: Situating education in the capability approach. Paper presented at the 4th International Conference on the Capability Approach, September 2004. Pavia.

Fraser, N., 1998: Social Justice in the Age of Identity Politics: Redistribution, Recognition and Participation. In: *Peterson, G.* (ed.): The Tanner Lectures on Human Values, 19. Salt Lake City: University of Utah Press.

Fraser, N., 1997: Justice Interruptus. Critical Reflections on the 'Postsocialist' Condition. New York/London: Routledge.

Garrett, J., 2001: The Ethics of Substantial Freedom. Western Kentucky University (Online: www.wku.edu/~jan.garrett/senethic.htm).

Gasper, D., 1997: Sen's Capability Approach and Nussbaum's Capability Ethics. In: Journal of International Development 9, 2: 281-302.

Gasper, D., 2002: Is Sen's capability approach an adequate basis for considering human development? In: Review of Political Economy 14: 435-460.

Gasper, D., 2007: What is the capability approach? Its core, rationale, partners and dangers. In: The Journal of Socio-Economics 36: 335-359.

Gautié, J., 2003: Which Third Way? Asset Based versus Capability Based Citizenship. Paper at the final Cost a 13 conference in Oslo, October 2003. Oslo.

Giddens, A., 2002: Where Now for New Labour? Cambridge: Polity Press.

Gutmann, A., 1987: Democratic Education. Princeton: Princeton University Press.

Hasenfeld, Y., 1983: Human Service Organizations. Englewood Cliffs: Prentice-Hall.

Hemerijck, A., 2006: Recalibrating Europe's Semi-Sovereign Welfare. Berlin: WZB.

Heite, C./Klein, A./Landhäußer, S./Ziegler, H., 2007: Das Elend der Sozialen Arbeit – Die ‚neue Unterschicht' und die Schwächung des Sozialen. In: *Kessl, F./Reutlinger, C./Ziegler, H.* (eds.): Erziehung zur Armut? Soziale Arbeit und die ‚neue Unterschicht'. Wiesbaden: VS Verlag für Sozialwissenschaften.

Jordan, B., 2003: Social Work, Mobility and Membership. Social Work & Society 1: 1-12 (www.socwork.de/jordan.html).

Kahane, R., 1975: Informal youth organizations: A general model. In: Sociological Inquiry 45, 4: 17-28.

Kahneman, D./Diener, E./Schwarz, N., 1999 (eds.): Well-being: The foundation of hedonic psychology. New York: Russell Sage Foundation.

Kraut, R., 1999: Politics, neutrality, and the good. In: Social Philosophy and Policy 16, 1: 315-332.

Kraut, R., **2007: What Is Good and Why: The Ethics of Well-Being. Cambridge: Harvard University Press.**

Kymlicka, W., 1995: Multicultural Citizenship. Oxford: Clarendon Press.

Lareau, A., 2003: Unequal childhoods: Class, race, and family life. Berkeley: University of California Press.

Lavin, C., 2005: Postliberal agency in Marx's Brumaire. In: Rethinking Marxism 17, 3: 439-454.

Layard, R., 2005: Happiness: lessons from a new science. London: Penguin.

LeGrand, J., 2003: Motivation, agency, and public policy: of knights and knaves, pawns and queens. Oxford: Oxford University Press.

Levitas, R., 2004: Beyond bourgeois right: freedom, equality and Utopia in Marx and Morris. In: The European Legacy 9, 5: 605-618.

Lister, R., 2002: Citizenship: Feminist Perspectives. Basingstoke: Palgrave Macmillan.

Lister, R., 2004: Poverty. Cambridge: Polity Press.

Marx, K., 1971: Capital. Volume III. Moscow: Progress.

Morris, P., 2002: The capabilities perspective: A framework for social justice. In: Families in Society 83, 3: 365-373.

Mollenhauer, K., 1983: Vergessene Zusammenhänge. München: Juventa.

Navarro, V., 2000: Development and quality of life: a critique of Amartya Sen's 'Development as Freedom'. In: International Journal of Health Services 30: 661-674.

Nolan, B./Whelan, Ch., 1996: Resources, Deprivation and Poverty. Oxford: Clarendon Press.

Nussbaum, M. C., 1990: Aristotelian Social Democracy. In: *Douglass, B./Mara, G. M./Richardson, H. S.* (eds.): Liberalism and the Good. New York: Routledge.

Nussbaum, M. C., 1992: Human Functioning and Social Justice: In Defense of Aristotelian Essentialism. In: Political Theory 20: 202-246.

Nussbaum, M., 1995: Human Functioning and Social Justice: in Defence of Aristotelian Essentialism. In: *Tallack, D.* (ed.): Critical Theory: A Reader. New York: Harvestor/Wheatsheaf.

Nussbaum, M. C., 1999: Gerechtigkeit oder Das gute Leben. Frankfurt a. M.: Suhrkamp.

Nussbaum, M. C., 2000: Women and Human Development. Cambridge: Cambridge University Press.

Nussbaum, M. C., 2003: Aristotelian Social Democracy: Defending Universal Values in a Pluralistic World. In: Internationale Zeitschrift für Philosophie 2003: 115-29.

Nussbaum, M. C., 2003b: Capabilities as Fundamental Entitlements: Sen and Social Justice. Feminist Economics 9, 33-59.

Nussbaum, M. C., 2003c: The Complexity of groups: A Comment on Jorge Valadez. In: Philosophy and Social Criticism 29, 1, S.57-69.

Nussbaum, M. C., 2006a: Frontiers of Justice. Cambridge: Harvard University Press.

Nussbaum, M. C., 2006b: Poverty and Human Functioning: Capabilities and Human Functioning: Capabilities as Fundamental Entitlements In: *Grusky, D./Kanbur, R.* (eds.): Poverty and Inequality. Stanford: Stanford University Press.

Pauer-Studer, H., 2000: Autonom Leben. Reflexionen über Freiheit und Gleichheit. Frankfurt a. M.: Suhrkamp.

Pauer-Studer, H., 2002: Freedom and Equality: Beyond Egalitarianism and Anti-Egalitarianism. In: *Christensen, B., et al.* (eds.): Wissen. Macht. Geschlecht. Akten der IAPH-Tagung Zürich 2000/Power. Gender. Knowledge. IAPH-Proceedings. Zürich: Chronos.

Picht, G., 1964: Die deutsche Bildungskatastrophe. Freiburg: Walter Verlag.

Pogge, Th., 2002: Can the Capability Approach be justified? In: Philosophical Topics 30, 2: 167-228.

Pressman, S./Summerfield, G., 2002: Sen and Capabilities. In: Review of Political Economy, 14, 4: 429-434.

Rawls, J., 1971: A Theory of Justice. Cambridge: Harvard University Press.

Rawls, J., 1997: The Idea of Public Reason Revisited. In: University of Chicago Law Review 64: 765-807.

Rawls, J., 2001: Justice as Fairness: A Restatement. Cambridge: Harvard University Press.

Reay, D., 2005: Beyond Consciousness? The Psychic Landscape of Social Class. In: Sociology 39: 911-928.

Robeyns, I., 2003: The capability approach: an interdisciplinary introduction. Teaching material for the training course preceding the 3rd International Conference on the capability approach in Pavia, September 2003. Pavia.

Robeyns, I., 2005: The capability approach: a theoretical survey. In: Journal of Human Development 6, 1: 93-114.

Robeyns, I., 2005a: Three models of education: rights, capabilities and human capital. Preprint. Online-Paper. Also published in: Theory and Research in Education 4, 1: 69-84, 2006.

Ruta, D./Camfield, L./Donaldson, C., 2007: Sen and the art of quality of life maintenance: Towards a general theory of quality of life and its causation. In: The Journal of Socio-Economics 36: 397-423.

Saito, M., 2003: Amartya Sen's Capability approach to Education: A critical exploration. In: Journal of Philosophy of Education 37,1: 17 33.

Salais, R./Villeneuve, R., 2004: Europe and the Politics of Capabilities. Introduction. In: *Salais, R./ Villeneuve, R.* (eds.): Europe and the Politics of Capabilities. Cambridge: Cambridge University Press.

Savage, M./Scott, J./Crompton, R., 2005: Rethinking Class: Culture, Identities and Lifestyles. Basingstoke: Palgrave Macmillan.

Sayer, A., 2005a: The Moral Significance of Class. Cambridge: Cambridge University Press.

Sayer, A., 2005b: Class, Moral Worth and Recognition. In: Sociology 39, 5: 947-63.

Schaber, P., 1998: Gründe für eine objektive Theorie menschlichen Wohls. In: *Steinfath, H.* (ed.): Was ist ein gutes Leben? Frankfurt a. M.: Suhrkamp.

Sen, A., 1983: Poor, Relatively Speaking. In: Oxford Economic Papers. New Series 3, 52: 153-169.

Sen, A., 1985: Commodities and Capabilities. Lectures in Economics: Theory, Institutions, Policy. Volume 7. Amsterdam/New York/Oxford: Elsevier Science.

Sen, A. K., 1992: Inequality Re-examined. Oxford: Oxford University Press.

Sen, A. K., 1999: Development as Freedom, Oxford: Oxford University Press.

Sen, A., 2002: Rationality and Freedom. Boston: Harvard University Press.

Standing, G., 2003: CI, COAG and COG: a comment on a debate. In: *Wright, E. O.* (ed): Redesigning Distribution: basic income and stakeholder grants as alternative cornerstones for a more egalitarian capitalism. The Real Utopias Project Volume V. London: Verso.

Steinert, H./Pilgram, A., 2003 (eds.): Welfare Policy from Below: Struggles Against Social Exclusion in Europe. Aldershot: Ashgate.

Steinvorth, U., 1999: Gleiche Freiheit. Politische Philosophie und Verteilungsgerechtigkeit. Berlin: Akademie Verlag.

Sturma, D., 2000: Universalismus und Neoaristotelismus. Amartya Sen und Martha C. Nussbaum über soziale Gerechtigkeit. In: *Kersting, W.* (ed.): Politische Philosophie des Sozialstaats. Weilerswist: Velbrück.

Swanson, J., 2000: Self Help: Clinton, Blair and the Politics of Personal Responsibility. In: Radical Philosophy 101: 29-38.

Swedberg, R., 2003: Principles of Economic Sociology. Princeton: Princeton University Press.

Tobias, S., 2005: Foucault on Freedom and Capabilities. In: Theory, Culture & Society, 22, 4: 65-85.

Thålin, M., 1990: Politics, Dynamics and Individualism – The Swedish Approach to Level of Living Research. In: Social Indicators Research 22, 2: 155-180.

Unterhalter, E., 2003: The capabilities approach and gendered education. In: Theory and Research in Education 1, 1: 7-22.

Unterhalter, E./Brighouse, H., 2003: 'Distribution of What? How will we know if we have achieved education for all by 2015?' Paper presented at the 3rd International Conference on the Capability Approach, Pavia, September 2003.

Unterhalter, E./Walker, M., 2007 (eds.): Amartya Sen's capability approach and social justice in education. New York: Palgrave Macmillan.

Van den Bosch, K., 2001: Identifying the Poor. Using subjective and consensual methods. Aldershot: Ashgate.

Van Parijs, Ph., 1995: Real Freedom for All: What (If Anything) Can Justify Capitalism? Oxford: Clarendon.

Vester, M./von Oertzen, P./Geiling, H., et al., 2001: Soziale Milieus im gesellschaftlichen Strukturwandel. Frankfurt a. M.: Suhrkamp.

Walker, M., 2004: Insights from and for education: the capability approach and South African girls' lives and learning. Paper presented at the 4th International Capability Approach conference, University of Pavia, September 2004. Pavia.

Weale, A., 2005: Welfare. In: *Craig, E.* (ed.): The Shorter Routledge Encyclopedia of Philosophy. London: Routledge.

Williams, A., 2002: Dworkin on Capability. In: Ethics 113: 23-39.

Winslow, T., 2006: Marx on the Relation between 'Justice', 'Freedom' and 'Capabilities'. Paper presented as the 6th International Conference of the Human Development and Capability Association, September 2006 in Groningen.

Wolff, J., 2003: Karl Marx. In: *Zalta, E.* (ed.): *The Stanford Encyclopedia of Philosophy* (Fall 2003 Edition) URL = http://plato.stanford.edu/archives/fall2003/entries/marx.

Wouters, C., 1986: Formalization and Informalization: Changing Tension Balances in Civilizing Processes. In: Theory, Culture and Society 3: 1-18.

Wright, E. O., 2002: Theses for mapping the contours of the Marxist tradition. Online-publication; www.ssc.wisc.edu/~wright/SOC621/16theses.PDF.

Wright, E. O., 2006: What is so bad about capitalism? In: *Wright, E. O.* (ed.): Envisioning Real Utopias. Internet pre-print: www.ssc.wisc.edu/~wright/Published%20writing/ERU-c2.pdf.

Wright, E. O./Brighouse, H., 2001: Complex Egalitarianism: a review of Alex Callinicos, in: Historical. Materialism 10: 193-222.

Young, I. M., 1987: Five Faces of Oppression. In: *Young, I. M.* (Hg.): Justice and the Politics of Difference. Princeton: Princeton University Press.

Ziegler, H., 2004: Jugendhilfe als Prävention: Die Refiguration sozialer Hilfe und Herrschaft in fortgeschritten liberalen Gesellschaftsformationen. Bielefeld.

Zimmermann, B., 2006: Pragmatism and the Capability Approach. Challenges in Social Theory and Empirical Research. In: European Journal of Social Theory, 9, 4: 467-484.

Autorinnen und Autoren

Sabine Andresen, Dr., Professorin für Allgemeine Erziehungswissenschaft an der Fakultät für Pädagogik der Universität Bielefeld

Harry Brighouse, PhD, Professor für Politische Philosophie and Affiliate Professor für Educational Policy Studies am Philosophy Department der University of Wisconsin-Madison, USA

Peter Dabrock, Dr., Juniorprofessor für Sozialethik am Fachbereich Evangelische Theologie an der Philipps-Universität Marburg

Matthias Grundmann, Dr., Professor für Soziologie mit dem Schwerpunkt „Sozialisation, Bildung, Schule" am Institut für Soziologie der Westfälischen Wilhelms-Universität Münster

Jan-Hendrik Heinrichs, Dr., wissenschaftlicher Mitarbeiter an der Philosophischen Fakultät der Universität Erfurt

Nina Oelkers, Dr., wissenschaftliche Mitarbeiterin am Institut für Erziehungswissenschaft der Westfälischen Wilhelms-Universität Münster

Hans-Uwe Otto, Dr. Dres. h.c., Professur für Erziehungswissenschaft mit dem Schwerpunkt Soziale Arbeit an der Fakultät für Pädagogik der Universität Bielefeld, Adjunct Professor an der School of Social Policy and Practice der University of Pennsylvania, Philadelphia, USA und Sprecher des Bielefeld Center for Education and Capability Research

Mark Schrödter, Dr., wissenschaftlicher Mitarbeiter an der Universität Bielefeld und Geschäftsführer im Bielefeld Center for Education and Capability Research

Ulrich Steckmann, M. A., wissenschaftlicher Mitarbeiter am Institut für Philosophie der Universität Duisburg-Essen

Elaine Unterhalter, PhD., Senior Lecturer in Education and International Development am Institute of Education der University of London

Melanie Walker, PhD., Professorin für Higher Education an der School of Education der University of Nottingham und außerplanmäßige Professorin an der University of the Western Cape (Südafrika)

Holger Ziegler, Dr., Juniorprofessor für Erziehungswissenschaft mit Schwerpunkt Sozialpädagogik am Institut für Erziehungswissenschaft der Westfälischen Wilhelms-Universität Münster

Handbücher Soziale Arbeit

Kirsten Aner / Ute Karl (Hrsg.)

Handbuch Soziale Arbeit und Alter

2009. ca. 550 S. Br. ca. EUR 49,90
ISBN 978-3-531-15560-9

Soziale Arbeit für und mit älteren und alten Menschen meint mehr als nur Altenhilfe. Vor dem Hintergrund des demografischen Wandels, der vor allem eine Zunahme der Altenpopulation mit sich bringt, eröffnet sich ein breites Handlungsfeld für die Soziale Arbeit. Mit dem Handbuch werden zum einen die gegenwärtigen Strukturprobleme sozialer Altenarbeit aufgezeigt und gleichzeitig wird das Spektrum, das weit über die reine ‚Altenpflege' hinaus geht, vorgestellt.

Bernd Dollinger / Henning Schmidt-Semisch (Hrsg.)

Handbuch Jugendkriminalität

Kriminologie und Sozialpädagogik im Dialog

2010. ca. 700 S. Br. ca. EUR 49,90
ISBN 978-3-531-16067-2

Kriminalität Jugendlicher erweist sich regelmäßig als mediales und politisches Ereignis. Wenig relevant sind in diesen Zusammenhängen kriminologische und sozialpädagogische Befunde, die wissenschaftlich fundiert tatsächlich vorliegen. An einer Schnittstelle von Sozialpädagogik und Kriminologie setzt dieses Handbuch an und fasst die gegenwärtigen Diskurse für die (Fach-)Öffentlichkeit zusammen. Thematisiert werden zentrale Diskussionsfelder der aktuellen Auseinandersetzung um die Erscheinung und Bearbeitung jugendlicher Kriminalität.

Ulrich Deinet / Benedikt Sturzenhecker (Hrsg.)

Handbuch Offene Kinder- und Jugendarbeit

3., völlig überarb. Aufl. 2005. 662 S. Geb. EUR 59,90
ISBN 978-3-8100-4077-0

Barbara Kavemann / Ulrike Kreyssig (Hrsg.)

Handbuch Kinder und häusliche Gewalt

2., durchges. Aufl. 2007. 475 S. Br. EUR 39,90
ISBN 978-3-531-15377-3

Werner Thole (Hrsg.)

Grundriss Soziale Arbeit

Ein einführendes Handbuch

2., überarb. und akt. Aufl. 2005. 983 S. Br. EUR 44,90
ISBN 978-3-531-14832-8

Der „Grundriss Soziale Arbeit" ist ein sozialpädagogisches Lehrbuch mit der Funktionalität eines Nachschlagewerks und ein sozialpädagogisches Nachschlagewerk mit ausgesprochenem Lehrbuchcharakter.

Lehrbücher Soziale Arbeit

Karl-Heinz Braun / Martin Felinger /
Konstanze Wetzel
Sozialreportage
Einführung in eine Handlungs- und For-
schungsmethode der Sozialen Arbeit
2009. ca. 220 S. Br. ca. EUR 19,90
ISBN 978-3-531-16332-1

Karl August Chassé
Unterschichten in Deutschland
Materialien zu einer kritischen Debatte
2009. ca. 200 S. Br. ca. EUR 16,90
ISBN 978-3-531-16183-9

Katharina Gröning
Pädagogische Beratung
Konzepte und Positionen
2006. 166 S. Br. EUR 16,90
ISBN 978-3-531-14874-8

Christina Hölzle / Irma Jansen (Hrsg.)
**Ressourcenorientierte
Biografiearbeit**
Einführung in Theorie und Praxis
2009. 341 S. Br. EUR 19,90
ISBN 978-3-531-16377-2

Fabian Kessl / Melanie Plößer (Hrsg.)
**Differenzierung, Normalisierung,
Andersheit**
Soziale Arbeit als Arbeit mit den Anderen
2009. ca. 200 S. Br. ca. EUR 19,90
ISBN 978-3-531-16371-0

Erhältlich im Buchhandel oder beim Verlag.
Änderungen vorbehalten. Stand: Juli 2009.

Michael May
**Aktuelle Theoriediskurse
Sozialer Arbeit**
Eine Einführung
2., überarb. und erw. Aufl. 2009. 321 S.
Br. EUR 29,90
ISBN 978-3-531-16372-7

Brigitta Michel-Schwartze (Hrsg.)
Methodenbuch Soziale Arbeit
Basiswissen für die Praxis
2., überarb. u. erw. Aufl. 2009. 346 S.
Br. EUR 19,90
ISBN 978-3-531-16163-1

Herbert Schubert (Hrsg.)
Netzwerkmanagement
Koordination von professionellen Vernet-
zungen – Grundlagen und Praxisbeispiele
2008. 272 S. Br. EUR 19,90
ISBN 978-3-531-15444-2

Mechthild Seithe
Engaging
Möglichkeiten Klientenzentrierter
Beratung in der Sozialen Arbeit
2008. 141 S. Br. EUR 14,90
ISBN 978-3-531-15424-4

Wolfgang Widulle
**Handlungsorientiert Lernen
im Studium**
Arbeitsbuch für sozialpädagogische Berufe
2009. 254 S. Br. EUR 24,90
ISBN 978-3-531-16578-3

www.vs-verlag.de

VS VERLAG FÜR SOZIALWISSENSCHAFTEN

Abraham-Lincoln-Straße 46
65189 Wiesbaden
Tel. 0611.7878-722
Fax 0611.7878-400